Der Brief an die Hebräer

Michael Eaton

Durch die Bibel predigen

Titel der Originalausgabe:
Preaching Through The Bible – Hebrews
© 2009, Dr. Michael Eaton

International Biblical Teaching Books
Sovereign World Trust, United Kingdom

Übersetzung aus dem Englischen:
Dr. Rainer Güting

Webseite des Autors mit einer kompletten Liste aller Bücher und vielen
Informationen und kostenlosen Downloads: **www.michael-eaton.de**

Verlag: Telliton GmbH, Strückerberger Straße 50, D-58256 Ennepetal
          www.telliton.de / info@telliton.de

Druck: cpibooks

ISBN 978-3-9815069-0-7

Allgemeines Vorwort

Mehr denn je ist es heute nötig, eine Reihe biblischer Auslegungen für eine weltweite Leserschaft zu haben.

Diese Auslegungen müssen durch eine klare Gliederung denen entgegenkommen, die ihr Material gern in klaren Punkten formuliert lesen möchten, oder – wenn sie Prediger sind – sie in dieser Form weitergeben möchten. Dabei sollte auf schwierige Ausdrücke und komplizierte grammatische Strukturen genauso verzichtet werden wie auf europäische oder nordamerikanische Beispiele.

„Durch die Bibel predigen" bemüht sich, diesem Bedarf gerecht zu werden.

Die Auslegungen basieren auf dem hebräischen und griechischen Bibeltext. Dem deutschen Leser werden die Elberfelder Bibel oder die Züricher Bibel empfohlen.

Es ist nicht die Absicht des Autors, unbedeutende exegetische Einzelheiten zu behandeln, obwohl er sich als Teil seiner Vorbereitung mit solchen Fragen beschäftigen muss. Aber ebenso, wie eine gute Hausfrau lieber ein gutes Essen servieren möchte als ihre Töpfe und Pfannen zu zeigen, so beschäftigt sich der Verfasser lieber mit „dem guten Mahl" der Heiligen Schrift als mit den „Töpfen und Pfannen" von Wörterbüchern, umstrittenen Interpretationen und Ähnlichem. Nur gelegentlich müssen solche Dinge zur Sprache kommen. Aus dem gleichen Grund werden `Einleitungsfragen´ nicht detailliert behandelt, sondern nur soweit nötig, damit die Auslegung verständlich wird. Wenn nötig, wird eine einfache Übersicht über Einleitungsfragen beigefügt, etwa als Anhang, aber grundsätzlich steigt der Verfasser so schnell wie möglich in die biblische Botschaft ein.

Die Einfachheit des Stils bedeutet aber keinesfalls Einfachheit des Inhalts! Obwohl diese Auslegungen, oberflächlich betrachtet, einfach gehalten sind, bemühen sie sich doch um ein hohes wissenschaftliches Fundament und versuchen die theologische und praktische Botschaft jedes biblischen Buches klar und sachlich zu formulieren. Wie gesagt: Einfachheit des Stils ist nicht Einfachheit des Inhalts, denn Gottes Wort muss gründlich ausgelegt werden, aber die Sprache muss einfach und verständlich bleiben. In diesen Auslegungen wird versucht, diesen Weg zu gehen.

Inhalt

Vorwort des Verfassers

Der Brief an die Hebräer ist eines der Bücher der Bibel mit dem größten Einfluss auf mein Leben, auch wenn einige Jahrzehnte meines Dienstes als Prediger vergingen, bevor mich dieses Buch wirklich packte. Als Teenager hatten der Epheserbrief und der Römerbrief den größten Einfluss auf mich. In den 1960ern in Cambridge arbeitete ich durch das Buch Prediger. Dann in Lusaka widmete ich mich dem Römerbrief und dem Titusbrief und insbesondere der Bergpredigt. Ab 1973 war es der Galaterbrief, der mir wichtiger wurde als je zuvor. Etwa 1981 begann ich mich ernsthaft mit dem Brief an die Hebräer zu beschäftigen, wobei ich zugeben muss, dass ich einige Jahre damit zu kämpfen hatte. Meine Versuche, während meiner Zeit in Johannesburg durch den Hebräerbrief zu predigen, waren sicher nicht sehr klar. Das änderte sich in den Jahren 1987/89, als ich für zwei Jahre in den „City Hall"- Gottesdiensten in Nairobi jede Gelegenheit wahrnahm, über den Hebräerbrief zu predigen. Damals gab man mir den Spitznamen „Mr. Hebrews". Alle diese Predigten wiederholte ich dann in vielen Radiosendungen, die von „Trans World Radio" ausgestrahlt wurden. Seitdem habe ich von Zeit zu Zeit ganze Serien oder auch nur über Teile des Hebräerbriefs gepredigt.

Der Grund, warum ich meine Kommentare so aufbaue, liegt darin, dass ich ermutigen möchte, auslegend zu predigen. Wenn ich Predigern dabei helfen kann, die Botschaft gegliedert darzustellen, tue ich das sehr gern. Meine Betonung liegt dabei auf den beiden Worten: „auslegend" und „predigen". Das zweite ist das Wichtigste. Es ist wichtiger, dass Predigen wirklich Predigen bleibt, als nur auslegend zu sein. Wirkliches Predigen – lebendig, kraftvoll, Geist-erfüllte Verkündigung der zentralen Tatsachen des christlichen Glaubens – ist die größte Notwendigkeit in unseren Kirchen und Gemeinden heute. Vieles, was heute als Predigt durchgeht, ist es im Grunde genommen nicht. Etwas nur vorzutragen oder zu unterrichten ist keine Predigt. Schon gar nicht geht es beim Predigen darum, die Kanzel für eine Selbstdarstellung, für Selbstverherrlichung, für Witze oder Spendenaufrufe zu missbrauchen. Könnten wir uns so die Verkündigung des Apostel Paulus vorstellen? Wenn eine geistliche Erweckung in die Gemeinde kommt, dann ist es zuerst die Predigt, die sich ändert, denn die erste Person, die berührt wird, ist im Allgemeinen der Prediger selbst.

Als Zweites liegt mir die „auslegende" Predigt am Herzen. Manchmal verwirrt schon der Begriff selbst. Das Verb „auslegen" bedeutet: etwas zu lehren, ein Dokument, das vor mir liegt, detailliert zu erklären. Serien, die sich über Jahre, Sonntag für Sonntag hinziehen, sind nicht immer der richtige Weg. Meine Empfehlung ist es, eine Serie ohne Unterbrechung nicht länger als drei Monate oder 13 Sonntage zu predigen. Allerdings muss ich bekennen, dass ich in diesem Punkt oft mein eigenes „Gesetz" breche. Auf jeden Fall ist es dringend notwendig, in unseren Predigten wieder zurück zur Bibel zu kommen. Die Charismatische Bewegung, die in den 1960ern begann und zu der ich mich zähle, hat mittlerweile viele Teile und Hunderte von Untergruppen. Ich denke an Gemeinden, die mir bekannt sind, in denen man Scheckbücher mit Öl gesalbt hat. In anderen liefen die Zuhörer während der Predigt nach vorn und warfen Geldscheine, wenn immer der Prediger in seiner Predigt lebhaft wurde. Ich denke an Zeiten, als Menschen, für die gebetet wurde, derart mit Gewalt umgestoßen wurden, dass es an Körperverletzung grenzte. Ich musste Menschen aus „Befreiungs-Seminaren" befreien, die dabei waren, ihren Verstand zu verlieren.

Einiges von der Schlichtheit und Natürlichkeit, die in Jesus ist, ist uns verloren gegangen. Ich selbst weiß, was ich in solchen Situationen zu tun habe: Ich vertraue nicht Menschen mit verrückten Ideen; aber ich vertraue meiner Bibel! **„Wenn sie anders sprechen, gibt es für keinen von ihnen ein Morgenlicht."** (Jesaja 8,20) Lasst uns wieder die Bibel predigen!

14

Wie immer danke ich meiner Familie, meinen Freunden und meinen Verlegern, die es mir möglich machen diese Arbeit zu tun.

Michael Eaton

1
Gottes letztes Wort
Hebräer 1,1-2a

Der Hebräerbrief wurde (wie aus Hebräer 13,23 hervorgeht) von einem Freund des Apostels Paulus geschrieben, aber wahrscheinlich nicht von Paulus selbst. Der Stil des Griechischen, in dem er ursprünglich geschrieben wurde, ist von dem Griechisch, in dem die dreizehn Paulusbriefe geschrieben sind, ziemlich verschieden. Ich nehme an, es ist möglich, dass der Brief im Auftrag des Paulus geschrieben wurde (Lukas wäre meiner Meinung nach ein guter Kandidat dafür, denn das Griechisch des Briefes erinnert uns ans Lukasevangelium und die Apostelgeschichte), aber dafür gibt es keinerlei Beweis. Wir können höchstens sagen: einer der Freunde des Paulus hat es geschrieben.

Er wurde `an die Hebräer´ geschrieben. Aber wer sind `die Hebräer´ und wo lebten sie? Offensichtlich sind es jüdische Christen. Sie könnten in Rom gelebt haben (was Hebräer 13,24 erklären würde). Oder jemand in Italien schrieb den Brief für Christen in Israel. Auf diese Fragen können wir keine sicheren Antworten geben.

Viel wichtiger als diese Fragen ist eine andere: Was waren die Probleme dieser Leute und warum schreibt ihnen unser Verfasser? Das ist etwas leichter zu beantworten. (i) Sie waren Christen. (ii) Sie waren Judenchristen. (iii) Sie hatten eine Zeit der Verfolgung durchgemacht und sahen sich wahrscheinlich erneuter Verfolgung ausgesetzt. (iv) Sie waren unter Druck, in Jesus nur einen Engel zu sehen.

Die Situation ist anscheinend wie folgt: Jüdische Leute waren dabei, diese Judenchristen schwer zu verfolgen. Wenn die Judenchristen sich von ihrem Glauben an Jesus als Sohn Gottes lösen könnten, Jesus nur als Engel ansehen und innerhalb des Judentums bleiben könnten, dann wäre ihr Leben viel leichter. Aber der Schreiber sagt, das ist für einen wahren Christen völlig unmöglich. Der `Hebräerbrief´ beginnt damit, dass er die Größe des Herrn Jesus Christus vor Augen stellt. Er ist kein Engel. Er ist der heilige Sohn Gottes, der jedoch ein Mensch wurde, um menschliche Wesen aufs Äußerste zu retten (1,1-2,18). Unter keinen Umständen dürfen sich diese hebräischen Christen von dem abwenden, was sie über Jesus, den Sohn Gottes, zu glauben bekannt haben. Jesus ist größer als Mose. Diese hebräischen Christen dürfen nicht aufhören, Gottes Stimme zu hören, so wie die früheren Israeliten auf Gott hörten, als er durch Mose mit ihnen sprach. Würden sie in dieser Hinsicht versagen, so würden sie viel geistlichen Segen verlieren, so wie eine frühere Generation jüdischer Gläubigen es nicht schaffte, das Land zu betreten, wo Milch und Honig fließen (3,1-4,13). Sie können nicht zum Judentum zurückkehren, weil Jesus die Erfüllung von allem ist, worauf das mosaische Gesetz hinwies. Er ist ein großer Hoherpriester. Sie müssen vorwärtsdrängen, um von seinem Priestertum zu leben. In mancher Hinsicht ist er die Erfüllung dessen, was die levitischen Priester symbolisierten. Und doch hat er ein noch höheres Priesteramt, das dem Priesteramt Melchisedeks ähnlicher ist (4,14-7,28). Indem sie ihr Leben auf Jesus als ihren Hohenpriester gründen, werden die neuen Bundeszusagen in ihrem Leben erfüllt. Jesus ist die Erfüllung der Symbolik des Versöhnungstags. Sein Blut wurde im Himmel dargebracht, und dieses Blut im Himmel hat die Kraft, die neuen Bundeszusagen in unserem Leben zu erfüllen. Es ist nicht das Blut von Tieren, das volle Errettung bringt. Das geschieht vielmehr durch das Opfer Jesu, bei dem Jesus bis zum Tod gehorsam war. Dieses Blut ist es, das Kraft hat, Gottes Zusagen zu erfüllen (8,1-10,18).

Deshalb haben Christen einen guten Grund, im Glauben vorwärts zu drängen. Sie müssen festhalten, was sie zu glauben behauptet haben. Sie müssen einander ermutigen, das christliche Leben wirklich umzusetzen. Jetzt, wo sie so viel wissen, dürfen sie nicht gegen das sündigen, was sie wissen. Sie müssen den Glaubenshelden gleichen, die im Alten Testament erwähnt werden, und Jesus folgen, dem größten Glaubenshelden von allen. Jesus Christus ist derselbe, gestern, heute und für immer. Er wird ihnen treu sein. Sie brauchen sich nicht von ihm abwenden und eine jüdische Sekte werden. Jesus litt außerhalb der Tore Jerusalems. Judenchristen müssen `aus dem Lager´ der ungläubigen Nation Israel hinausgehen und die Schmach tragen, die Jesus trug. Hier haben wir keine bleibende Stadt. Wir suchen die zukünftige. Der Gott des Friedens wird sie mit allem Guten versorgen, damit sie in dieser Prüfungszeit ihres Lebens Gottes Willen tun (10,19-13,25).

Wann wurde das alles geschrieben? Einige Zeit vor dem Fall Jerusalems im Jahr 70 n. Chr., vielleicht um das Jahr 68 n. Chr.

Unser Schreiber beginnt damit, dass er auf die Größe Jesu hinweist. Eigentlich macht er in Hebräer 1,1-4 acht Aussagen. Wir wollen eine von ihnen betrachten.

1. **Jesus ist Gottes Wort an die Menschheit**. Der Brief beginnt mit den Worten: [1]*In vielen Teilen und mit vielen Methoden hat Gott vor langer Zeit durch die Propheten zu den Vätern gesprochen,* [2]*aber in diesen letzten Tagen sprach er zu uns durch den Sohn* ... Die Offenbarung Gottes vor dem Kommen Jesu war verschiedenartig (`In vielen Teilen und mit vielen Methoden...´). Sie wurde Israel vor langer Zeit gegeben. Aber jetzt gibt es eine neue Offenbarung. Sie konzentriert sich auf eine Person. Es gibt einen, der alles erfüllt, was Gott zur Zeit des Alten Testaments gesagt hat. Die **Erfüllung** des Alten Testaments ist gekommen; sie hat die letzte Zeit der Menschheit eingeläutet. Wir leben jetzt in `diesen letzten Tagen´. Der die letzte Zeit ins Leben rief, ist Jesus selbst, der einzigartige heilige Sohn Gottes.

2
Erbe aller Dinge
Hebräer 1,1-4

Hebräer 1,1-4 macht acht Aussagen über unseren Herrn Jesus Christus. Eine davon haben wir uns schon angesehen: Jesus ist Gottes letztes Wort. Es gibt aber noch sieben weitere:

2. Jesus ist der `Erbe aller Dinge´. *Gott ²hat zu uns durch den Sohn gesprochen,* sagt unser Schreiber, *den er zum Erben aller Dinge bestimmt hat ...* Erbe ist Belohnung. Weil Jesus gehorsam war, wurde er als König des Universums eingesetzt, um Gottes Pläne zu verwalten. Die Auferstehung / Himmelfahrt hat Jesus in sein Erbe eingeführt. Jesus, der Sohn, ist der Herrscher des gesamten Universums. Seine Aufgabe ist es nun, den Willen des Vaters zu verwalten und alle Söhne und Töchter Gottes zu ihrem Erbe zu bringen. Er hat sein Erbe erhalten. Jetzt hilft er seinen Leuten, ihr Erbe zu erhalten.

3. Jesus ist der Schöpfer. *Er hat zu uns durch den Sohn gesprochen,* sagt unser Schreiber, *den er zum Erben aller Dinge bestimmt hat, durch den er auch die Welten gemacht hat.* Jesus hat einen Rechtsanspruch auf das Erbe, da er der Schöpfer ist (1,2c). Als der Vater die Welt erschaffen wollte, übergab er diese Aufgabe seinem Sohn. `Durch ihn wurde alles gemacht´ (siehe Johannes 1,1-3). Es ist `der Herr Jesus Christus, durch den alle Dinge ins Leben kamen´ (siehe 1. Korinther 8,6). `Durch ihn wurde alles geschaffen´(siehe Kolosser 1,15-16). Jesus kann die Welt verwalten, so wie ein Erfinder seine eigene Erfindung kennt.

4. Jesus ist göttlich. *³Er, der der Abglanz seiner Herrlichkeit und das Ebenbild seines Wesens ist ...* Die vierte Aussage besteht aus zwei Teilen: Jesus ist Gott; (i) er ist der `Sonnenschein´ des Vaters, und (ii) er ist ein Ebenbild des Vaters (1,3a. 3b). Der Sohn

Gottes ist das Leuchten der Herrlichkeit des Vaters. Er strahlt wie die Sonne. Seine Ausstrahlung ist die Herrlichkeit des Vaters. Der Sohn Gottes ist auch `das genaue Ebenbild des Wesens seines Vaters´. Jesus ist das `exakte Doppel´, die `vollkommene Kopie´ des Vaters. Was der Vater ist, ist auch der Sohn.

5. **Jesus ist der Herr der Geschichte.** *Er, der der Abglanz seiner Herrlichkeit und das Ebenbild seines Wesens ist und alle Dinge durch sein mächtiges Wort hochhält* ...Der Schreiber geht von der Person Jesu zur Macht Jesu. Das Wort `hochhält´ bedeutet zugleich `stützen´ und `weitertragen´. Es enthält den Gedanken, dass Jesus Erhalter und Träger der Welt ist, und auch der Herr der Geschichte, der die Welt zu ihrer Bestimmung führt. Seine Entscheidung Moment-für-Moment erhält ihre Existenz und bringt sie voran.

6. **Jesus ist der Retter.** *Er, der ... alle Dinge durch sein mächtiges Wort hochhält, nachdem er die Reinigung von Sünden vollbracht hatte ...* Jesus hat eine Reinigung von Sünden bewirkt (1,3d). Wir bemerken hier einen Übergang von dem, was er unaufhörlich tut, zu dem, was er bei einer bestimmten Gelegenheit in der Weltgeschichte getan hat. Am Kreuz hat Jesus etwas getan, was abgeschlossen ist. Der Schreiber sagt nicht: `Er hat die Reinigung **unserer** Sünden vollbracht´. Er bezieht sich auf etwas, was er getan hat, ob wir es glauben oder nicht, etwas, was vollbracht wurde, bevor wir glauben.

7. **Jesus ist inthronisiert als König des Universums.** *Er ... nachdem er die Reinigung von Sünden vollbracht hatte, setzte sich zur Rechten der Majestät in der Höhe.* Das Werk unseres Herrn Jesus Christus geschieht in zwei Phasen. Die eine umfasst sein Leben auf der Erde und dessen Höhepunkt in seinem Tod am Kreuz. Es war ein Leben des Leidens und der Höhepunkt dieses Leidenswegs war sein Selbstopfer am Kreuz. Sein Werk am Kreuz ist zu Ende, deshalb setzte er sich. Das Sitzen ist auch die Körperhaltung eines Königs.

8. **Jesus ist größer als die Engel.** *Er... setzte sich zur Rechten der Majestät in der Höhe, [4]nachdem er so viel größer geworden war als*

die Engel, als er einen vorzüglicheren Namen als sie ererbt hat. Jesus erhielt einen neuen Namen und eine neue Herrschaft. Das hat kein Engel so erlebt. Nachdem er gelitten und die Berufung erfüllt hat, die er während seines irdischen Lebens hatte, und den Willen seines Vaters ausgeführt hat, wurde er belohnt. Seine Belohnung ist sein `Erbe´. Drei Aspekte seines Erbes werden hier erkennbar: seine Königsherrschaft, seine Autorität und sein Name.

Das alles ist die Grundlage von allem, was unser Schreiber in seinem Brief zu sagen vorhat. Jesus hat sein ewiges Erbe erhalten. Er wurde vom Vater belohnt. Daher ist er jetzt in der Lage, den Menschen, die das ewige Heil bekommen haben, zu helfen, damit auch sie ihr Erbe empfangen. Er hat es zuerst bekommen. Jetzt hilft uns der verherrlichte Herr Jesus Christus, ihm nachzufolgen und hohe Ehre zu erlangen, ebenso wie er hohe Ehre erlangte.

Erbe ist Belohnung und Leistung. Es ist das Lob des Vaters: `Gut gemacht!´ Mit unserem eigenen Erbe ist es genauso. Ebenso wie Abraham eine Berufung erhielt, zu der es gehörte, dass er `einen Namen erhalten sollte´ (1. Mose 12, 1-3), haben auch wir eine Berufung, in Verbindung mit der wir einen Namen erhalten sollen. Wir werden an seinem Erbe beteiligt. Jesus ist jetzt in die zweite Phase seines Werkes eingetreten: die Aufgabe, viele Söhne zur Herrlichkeit zu bringen. Die zukünftige Welt ist nicht für Engel (2,5), sie ist für Christus und für die, die ihm auf seinem Weg folgen. Er erreichte die Herrlichkeit, indem er dem Weg des Gehorsams gegenüber der Berufung Gottes für sein Leben folgte. Wir folgen demselben Weg. Sein Blut ist für uns wirksam, damit `die Berufenen das verheißene ewige Erbe erhalten´ (9,15). Aber er erhielt das verheißene ewige Erbe zuerst!

3

Die Erfüllung des Alten Testaments
Hebräer 1,5-9

Was der Schreiber in 1,1-4 gesagt hat, steht eigentlich schon im Alten Testament. Wir haben hier sieben Zitate aus dem Alten Testament.

1. **Der Vers 5a zitiert den Psalm 2.** *Denn zu welchem Engel hat er je gesagt: `Du bist mein Sohn; heute bin ich dein Vater geworden´?* Es bestätigt eine Aussage in 1,1-4. Jesus ist Gottes einziger Sohn.

Was meinen wir, wenn wir Jesus Gottes `Sohn´ nennen? Das Wort enthält mehrere Ideen, und verschiedene biblische Schreiber verwenden es mit verschiedenen Betonungen. In Psalm 2 bedeutet `Sohnschaft´ hauptsächlich Vertretung. Gottes König **vertritt** ihn. Im Kontext von Psalm 2 und Hebräer 1 bedeutet die Formulierung `Heute bin ich dein Vater geworden´ oder (buchstäblicher) `Heute habe ich dich gezeugt´: `Heute habe ich dich als meinen Vertreter eingesetzt´. Der Zeitpunkt, in dem Jesus in diesem Abschnitt Gottes Sohn wurde, ist der Augenblick seiner Auferstehung. Natürlich **war** Jesus schon Gottes Sohn (und Hebräer 1,8 verbindet die Sohnschaft mit ewiger Gottheit), aber darum geht es hier im Vers 5 nicht. Er ist eine Parallele zu Matthäus 28,18. Zur Zeit der Auferstehung sagte Jesus zu seinen Jüngern: `Mir ist gegeben alle Autorität …´.

2. **Der Vers 5b zitiert 2. Samuel 7.** *Oder hat er je gesagt: `Ich werde für ihn ein Vater sein, und er wird für mich ein Sohn sein´?* Die ursprünglichen Worte beziehen sich auf Salomo, aber derselbe Abschnitt bezieht sich auf ein `ewiges Reich´ (2. Samuel 7,16). Die Könige, die vom König David abstammten, waren Vorwegnahmen und Vorläufer Jesu, `des Sohnes Davids´. Jesus ist **der** König, **der** höchste Sohn Gottes. Die Könige in Jerusalem waren provisorische grobe Umrisse dessen, was Gott wollte,

aber sie waren nicht der endgültige König. Der Schreiber fragt: Welchem Engel hat Gott jemals einen solchen Plan gezeigt?

3. **Der Vers 6 zitiert 5. Mose 32**. *Und als er den Erstgeborenen wieder in die Welt bringt, sagt er: `Und lasst alle Engel Gottes ihn anbeten.´* Jesus ist Gott; er muss von den Engeln angebetet werden. In 5. Mose 32,43-47 kommt Mose zum Ende eines Liedes, in dem er Gott für seine Treue zu Israel lobt, trotz Israels Schwachheit und Untreue. Unser hebräischer Standardtext scheint einige Sätze verloren zu haben, aber der ursprüngliche Wortlaut kann von der griechischen Übersetzung und einem in Qumran gefundenen hebräischen Text des 5. Buchs Mose abgeleitet werden. Wie der exakte Wortlaut von 5. Mose 32 auch aussah, es ist klar, dass es eine poetische Zeile im Alten Testament war, die die Engel aufrief, Gott zu Ehren seines mächtigen Gerichts in der Geschichte anzubeten. Das Lied ist erfüllt in der Königsherrschaft Jesu. Sogar die Engel bewundern und verehren Jesus, wenn sie sehen, wie er Gottes Absichten erfüllt, die in 5. Mose 32 programmatisch bekannt gemacht werden. Man dachte an eine besondere Gelegenheit. Hebräer 1,6 muss sich auf die Zeitspanne zwischen der Auferstehung/Himmelfahrt und dem zweiten Kommen Jesu beziehen. Sie **beginnt** zur Zeit der Auferstehung/Himmelfahrt, aber sie geht immer noch weiter. Jesus wurde über die Engel gestellt (siehe 1,4; Epheser 1,21; 1. Petrus 3,22). Die himmlischen Wesen beten ihn an. Jesus wurde `…von den Engeln gesehen, …in der Welt wurde an ihn geglaubt´ (1. Timotheus 3,16). 5. Mose 32,43 ist erfüllt. Jauchzt vor Freude, ihr Himmel, vor ihm. Ihr Engel, betet ihn an!

4. **Der Vers 7 zitiert den Psalm 104.** *Und einerseits sagt er über die Engel: `Er macht seine Engel zu Winden, und seine Diener zu Feuerflammen´.* Es besteht ein starker Gegensatz zwischen Hebräer 1,7 (das den Psalm 104 zitiert) und Hebräer 1,8-9 (das den Psalm 45 zitiert). Das Griechisch hat zwei kleine Wörter, die ich übersetzen kann mit `**Einerseits** über die Engel … Aber **anderseits** über den Sohn …´. Der Schreiber stellt immer noch Jesus den Engeln gegenüber.

24

Der Psalmist – und der Verfasser des Hebräerbriefs – beziehen sich auf die Gelegenheiten, bei denen Gott sichtbar erschien. Im Alten Testament hat Gott offenbar oft eine sichtbare Form angenommen. Die Gestalt in 1. Mose 32,24 wird an verschiedenen Stellen `Gott´ oder `ein Mann´ oder `Engel´ genannt. Man hat Anlass zu meinen, dass es ein Engel war, der in Menschengestalt erschien, um Gott darzustellen. Aber als Gott in der Form des Windes und des Feuers erschien, war da der `Stoff´ Gottes sichtbar geworden? Nein, niemand hat Gott jemals gesehen (Johannes 1,18). Hebräer 1,7 hat die Erklärung: `Er macht seine Engel zu Winden und seine Diener zu Feuerflammen´. Der `Stoff´, der sichtbar wurde, ist nicht die göttliche Natur. Es ist ein Engel, der Formen annimmt, die Gott darstellen. Die Engel sind nur Diener, die Gott darstellen. Sie verbergen sich. Meistens sind sie unsichtbar. Wenn sie wirklich sichtbar werden, können sie Feuer oder Wind sein. Man kann kaum sagen, dass ein Engel da ist. Sie zeigen ihre eigene Herrlichkeit nicht.

5. **Die Verse 8-9 zitieren den Psalm 45**. *Aber über den Sohn sagt er: `Dein Thron, o Gott, ist für immer und ewig, und das Zepter der Gerechtigkeit ist das Zepter deines Reiches. Du hast Gerechtigkeit geliebt und Gesetzlosigkeit gehasst; darum hat Gott, dein Gott, dich mit Freudenöl gesalbt noch mehr als deine Gefährten.´* Die beiden gegensätzlichen Zitate (`Einerseits ... Aber anderseits ...´) machen die Feststellung, dass Jesus das Universum übergeben wurde, damit er darüber herrscht. Er hat (seit seiner Auferstehung) die Welt `ererbt´. Jesus hat ein Zepter; er regiert als König. Hinter all diesen Zitaten steht die offensichtliche Tatsache, dass der Sohn Gottes, der göttliche Messias, weit größer ist als die Engel. Die Engel sind seine Bewunderer und seine Verehrer. Er ist nicht einer von ihnen, sondern ist hoch erhaben über sie (1,6).

4

Die Herrlichkeit Jesu
Hebräer 1,8-13

Unser Schreiber argumentiert, dass die Größe des Sohnes Gottes jeder Art Größe, die wir vielleicht in Engeln sehen, bei weitem überlegen ist. Es scheint, dass diese Gemeinschaft hebräischer Christen in Versuchung war zu glauben, dass Jesus nur ein Engel war. Es würde das Leben für verfolgte Christen leichter machen, wenn sie im Rahmen des Judentums bleiben könnten, aber Jesus nur als Engel oder als sehr wichtigen Boten Gottes betrachteten. Aber Jesus ist nicht nur ein `Engel´. Die Engel beten ihn an! Das war offenbar eine Tatsache, die dieser Gemeinschaft offen und überzeugend dargelegt werden musste.

Lasst uns damit fortfahren, den fünfundvierzigsten Psalm zu betrachten, der in Hebräer 1,8-9 zitiert wird. Er spricht von einem majestätischen König und einer Königin. Dem Psalmisten ist bewusst, dass er inspiriert ist, Hohes und Großes über den König zu sagen (45,1-5). Er ist sogar göttlich. `Dein Thron, o Gott, ist für immer und ewig´, sagt der Psalmist. Er herrscht in Gerechtigkeit (45,6b) und hat einen glühenden Hass auf die Sünde (45,7a). Deshalb belohnt ihn Gott mit Freude (45,7b). Er hat wohlriechende und attraktive Gewänder (45,8). Sein Reichtum zeigt sich an seinem Palast und an der Musik (45,8). Der König hat liebliche Begleiter und eine prächtige Königin (45,9).

Der Psalm muss für eine königliche Hochzeit geschrieben worden sein, zweifellos für die Hochzeit eines davidschen Königs. Doch hat er eine außerordentlich übertriebene Sprache (ein König, die schönste jemals gesehene Person; Völker, die er unterwirft; eine göttliche Natur, ein ewiger Thron; einflussreiche Kinder überall in der Welt; ein Name, der ewig in Erinnerung bleibt). Der Schreiber muss sich den irdischen König als blassen Schatten des zukünftigen Königs Gottes vorgestellt haben. Der Schreiber unseres Hebräerbriefs sieht seine Erfüllung in Jesus. Der Sohn Gottes – unser Herr Jesus Christus – ist ein Sohn nach Gottes Art. Jetzt wird deutlich, dass Sohnschaft Gottheit und Repräsentation bedeutet. Der göttliche Sohn ist König in einem ewigen Reich der Gerechtigkeit.

In der ursprünglichen Fassung dieses Liedes waren die `Begleiter´ zweifellos Gehilfen bei der Hochzeit, aber für den Verfasser des Hebräerbriefs sind die ´Gehilfen´ sicher Engel gewesen.

Auch Jesus hat Gehilfen – die Engel! Was ist das `Freudenöl´, wovon Jesus mehr hat als die Engel? Es ist die höchste Stufe der Begabung mit dem Heiligen Geist, die Salbung mit dem Geist zur Übertragung der Auferstehungsherrlichkeit. Unser Psalm ist eine erstaunlich reichhaltige und liebevolle Beschreibung unseres Erretters Jesus, des Gesalbten Gottes, des königlichen Liebhabers und Bräutigams.

6. **Hebräer 1,10-12 zitiert Psalm 102,25-27**, wo es heißt:

> [10]*Und `du, Herr, hast am Anfang das Fundament der Erde gelegt,*
> *und die Himmel sind die Werke deiner Hände.*
> [11]*Sie werden vergehen, aber du bleibst.*
> *Sie werden alle alt werden wie ein Kleid.*
> [12]*Du wirst sie zusammenrollen wie ein Gewand;*
> *wie ein Kleid werden sie ausgewechselt.*
> *Aber du bleibst derselbe, und deine Jahre hören nie auf.´*

In dem Psalm betet der Psalmist, dass er die Todesdrohung, der er sich ausgesetzt sieht, überlebt (Psalm 102,23-24). Das bringt ihn dazu, die Größe Gottes des Schöpfers zu betrachten (Psalm 102,25 27). Der Psalmist war sich der Zerbrechlichkeit der Erde bewusst. Sie ist in einer Gefangenschaft, aus der sie sich nicht befreien kann. Sie kann ihr volles Potential nicht ausschöpfen. Ihre Ressourcen verderben. Der Psalmist konnte sehen, wohin das alles ging. `Sie werden vergehen ... Sie werden alle alt werden wie ein Kleid ... Du wirst sie zusammenrollen wie ein Gewand´. Es deutet sich an, dass Gott für diesen Prozess der Verderblichkeit verantwortlich ist. Sie ist sein Urteilsspruch über eine Welt, in der der sündige Mensch zu Hause ist. Als der Mensch in Sünde fiel, da fiel das Universum mit ihm. Das war Gottes Gericht über die Menschheit. Er fiel; und seine Welt fiel auch. Gleichzeitig wusste der Psalmist, dass Gott dem Zerfall nicht ausgesetzt war. Er hat die Erde zum Verfall verurteilt, aber er selbst ist von diesem Verfall nicht betroffen. `Du bleibst ... du bleibst derselbe, und deine Jahre hören nie auf´. Der Psalmist stellt sich vor, dass der Zerfall zu einem dramatischen Ende kommt. Sie werden alle alt werden wie ein Kleid. Du wirst sie wie ein Gewand zusammenrollen; wie ein Kleid werden sie ausgewechselt. Die Welt wird zu einem Endpunkt kommen. Das Wort `ausgewechselt´ ist ein Hinweis darauf, dass eine alte Welt durch eine neue Welt ersetzt wird.

Der Hebräerbrief wendet das alles auf unseren Herrn Jesus Christus an. Das waren die Worte des Psalmisten an Gott, mit denen er sich in einer lebensbedrohlichen Notzeit selbst ermutigte. Aber unser Brief wendet das auf Jesus an. Jesus ist der `Jahwe´, der so oft in dem Psalm erwähnt wird (Psalm 102,1. 12. 15. 16. 18. 19. 21. 22). Er ist der Herr über den Anfang der Schöpfung. Er ist der Herr über das Ende der Schöpfung. Jesus wird es sein, der die Welt zum Ende bringt. `Du wirst sie ... zusammenrollen´, sagt der Psalmdichter und der Hebräerbrief wendet seine Worte auf Jesus an. Er ist der Herr durch die Zeit hindurch. Er ist der Herr der neuen Schöpfung. Der Schreiber lässt durchblicken, dass Jesus der Schöpfer der neuen Himmel[a] und der neuen Erde sein wird, in denen Gerechtigkeit wohnt (2. Petrus 3,13). Die Schöpfung wird wiederhergestellt werden, und es wird Jesus sein, der sie wiederherstellt.

7. **Hebräer 1,13 zitiert den Psalm 110.** Die Reihe von Zitaten hört genauso auf, wie sie begonnen hat. Der Vers 5 fing an: `Oder zu welchem Engel hat Gott je gesagt ...?´ Ein Hauptanliegen der sieben Zitate in 1,5-13 ist es, die

Überlegenheit Christi über die Engel zu zeigen, und jede Deutung der Person Jesu zum Schweigen zu bringen, die ihn nur als Engel sieht.

Zu welchem Engel hat Gott je gesagt: `Setze dich an meine rechte Seite, bis ich deine Feinde zum Schemel deiner Füße mache´? Wieder bestätigt damit das Alte Testament Jesu einzigartiges Königtum. Ein großer Teil des Hebräerbriefs ist eine Meditation darüber, wie der Psalm 110 auf Jesus und seine Leute Anwendung findet (siehe 5,6; 7,17. 21; und Formulierungen in 8,1; 10,12; 12,2). Sein Gebrauch geht auf Jesus selbst zurück (siehe Matthäus 22,41-45; Markus 12,35-37; Lukas 20,41-44). Es ist in der Tat der im Neuen Testament am häufigsten zitierte Abschnitt aus dem Alten Testament (siehe auch 1. Korinther 15,25; Apostelgeschichte 2,34-35 und viele Andeutungen überall im Neuen Testament). Im Psalm 110 (dessen Überschrift erklärt, dass er vom König David geschrieben wurde) denkt David darüber nach, dass Jahwe, der Gott Israels, dem kommenden Messias Autorität verliehen hat. Der vollkommene Priester-König, der von Gott gesandte Messias (durch David selbst repräsentiert), regiert in Jerusalem, aber überall um ihn her sind Feinde; der Tag des völligen Sieges ist noch nicht gekommen. Und doch hat der Messias totale Kontrolle mitten unter seinen Feinden (Psalm 110,2). Er hat auch ein Volk, das ihm völlig hingegeben ist. Sie werden `die Bereitwilligkeit selbst´ sein an dem Tag, an dem er seine Macht zeigt. Aber nichts Ähnliches konnte je von irgendeinem Engel gesagt werden! Jesus ist es, der Gottes unübertrefflicher König ist und kein anderer.

Anmerkung:

a.   Im Neuen Testament steht das griechische Wort für Himmel (*ouranos*) häufig im Plural (zum Beispiel in Matthäus 3,16; 5,12. 16. 45; 6,1. 9; 7,11. 21... , und auch in 2. Petrus 3,13).

5
Der göttliche Messias
Hebräer 1,13-14

Jesus ist der, auf den David wartete. Er ist der letzte Erbe des priesterlichen Königtums, das Melchisedek von Jerusalem innehatte. Der König David erbte das einzigartige königliche Priestertum, als er die Stadt Jerusalem einnahm. Jesus als Nachkomme und Erbe Davids ist der letzte Inhaber des Priester-/Königtums von Jerusalem. Dieses Priester-/Königtum kann weit zurückverfolgt werden bis zu der schattenhaften Gestalt aus 1. Mose 14, in der Abraham jemand erkannte, der größer war als er selbst.

1. **Jesus hat den Königsthron bestiegen und regiert jetzt als König.** Er wurde als `König der Juden geboren´, aber sein Königtum umfasst die ganze Welt. Der Herr gibt ihm den Thron seines Vaters David; sein Königtum hat kein Ende. Gott hat dem David einen König erweckt, der weise regieren und tun wird, was gerecht und richtig ist (Matthäus 2,2; Lukas 1,32; Jeremia 23,5).

`Ich will ihn als meinen Erstgeborenen einsetzen´, heißt es in Psalm 89,27. Er ist `der höchste König auf der Erde´. Die königliche Macht Jesu fing an, als er vom Geist Gottes im Jordan gesalbt wurde. Von diesem Augenblick an begann er, das Reich Satans zurückzudrängen. `Wenn ich durch Gottes Geist Dämonen austreibe, ist das Reich Gottes zu euch gekommen´, sagte er (Lukas 11,20). Ein weiterer Schritt zum Sieg erfolgte am Kreuz. `Jetzt wird der Fürst dieser Welt hinausgeworfen´, sagte er (Johannes 12,31). Er vernichtete `Fürstentümer und Gewalten´ und `triumphierte über sie´ (Kolosser 2,15). Dann stand er von den Toten auf und fuhr auf zum Himmel, um seinen Thron einzunehmen. Seine `Einsetzung´ als König des Universums fand statt zur Zeit der Auferstehung und Himmelfahrt Jesu. Der Stein, den die Bauleute verworfen haben, wurde zum Eckstein (Psalm 118,22). Er wurde in diesem Moment `zur rechten Seite des Vaters erhoben´ (Apostelgeschichte 2, 33; 5,31). Paulus sagt, Gott hat ihn `auferweckt ... und eingesetzt ... weit über alle Herrschaft und Autorität, Gewalt und Macht ... Und Gott hat alle Dinge unter seine Füße gesetzt´ (Epheser 1,19-23; siehe auch Philipper 2,9; Kolosser 2,10; 3,1; 1. Petrus 3,22; Offenbarung 3,21). Es ist dieses Thema, das überall im Hebräerbrief aufgegriffen wird (siehe besonders 2,5-9; 10,12; 12,2).

2. **Das Königtum des Herrn Jesus Christus führt nicht zu sofortigem Sieg.** Das Königtum des Herrn Jesus Christus beginnt nicht zur Zeit seines zweiten Kommens. Es hat schon begonnen! Und doch dauert es eine gewisse Zeit, bis alle Feinde niedergeworfen sind. `Setze dich auf meine rechte Seite, bis ... ´ Vieles muss geschehen, und Jesus übt sein Königsamt aus, `bis´ alles stattfindet. Der Sieg ist auf dem Vormarsch. Die heidnische Finsternis muss völlig überwunden werden. Es gab eine Zeit, als die ganze Welt in Finsternis war, in Unkenntnis Gottes. Aber die ganze Welt wird von Jesus, dem Sohn Gottes hören. Jesus baut und verherrlicht seine Kirche, keine von Menschen gemachte Organisation, sondern die Gemeinschaft all derer, die Jesus als Erlöser und Herrn kennen. Er hat die wahre Kirche sich selbst geweiht und reinigt sie mit der reinigenden Kraft seines Wortes, bis seine Kirche für sein Kommen bereit ist.

3. **Eines Tages wird der Sieg vollkommen sein.** Wir können uns das bildlich so vorstellen, dass die Feinde im Staub auf dem Boden liegen vor dem Sieger, der seine Füße auf sie stellt als Zeichen ihrer völligen demütigenden Unterwerfung. Josua 10,24 gibt uns eine gute Illustration dafür. Jesus muss herrschen, bis er die Sünde abgeschafft und den Teufel in den Feuersee geworfen hat. Dann wird es schließlich in den neuen Himmeln und auf der neuen Erde, in der Gerechtigkeit wohnt, keinen Satan mehr geben. Der letzte Feind ist der Tod. Der Tod selbst wird sterben und es wird keinen Tod mehr geben. Jesus wird der höchste Herrscher sein und das Königtum dem Vater übergeben.

Inzwischen herrscht er auch weiterhin in dieser Welt und gebraucht seine Leute, die seine Herrschaft mit ihm teilen. Er bleibt immer jung. Wie der lebensspendende Tau behält er seine jugendliche Energie so kraftvoll wie am Tag seiner Himmelfahrt. Bald werden alle Feinde bezwungen sein und die Erde wird – für immer –erfüllt sein von der Herrlichkeit Gottes.

Wenn die Engel dem Herrn Jesus Christus untergeordnet sind und Jesus ihnen weit überlegen ist (wie in Hebräer 1,1-13 begründet wird), dann bleibt noch eine offensichtliche Frage zu klären: Was ist dann die Stellung und der Status der Engel? Der Schreiber beantwortet die Frage in Hebräer 1,14: *Sind sie nicht alle dienende Geister, die ausgesandt sind zum Dienst um derer willen, die die Errettung ererben werden?* Engel sind `Geister´, keine materiellen Wesen.

Sie sind berühmt für ihre Anbetung, ihre Demut und ihren Gehorsam. Unserem Hebräerbrief ist es ein besonderes Anliegen zu betonen, dass die Engel Diener sind. Sie sind keine Herren der Schöpfung. Weder die Errettung noch die Erlösung ist speziell auf sie zugeschnitten. Sie sind dienende Geister, ausgesandt zum Dienst. Sie arbeiten für Jesus und für seine Leute, `die die Errettung ererben werden´. Wie dienen sie uns? (i) Sie unterstützen uns. Wie die Engel kamen, um Jesus zu helfen, als er außergewöhnlich hungrig war und vom Satan angegriffen wurde, so dürfen wir glauben, dass sie dasselbe für uns tun (siehe Matthäus 4,11; Lukas 22,43; 1. Könige 19,5). Ihre Gegenwart ist uns vielleicht nicht immer bewusst, aber wenn wir feststellen, dass wir ungewöhnliche Hilfe empfangen haben, kann es gut sein, dass Engel am Werk waren. Sie beschützen und bewahren Gottes Volk (1. Mose 16,7; 24,7; 2. Mose 23,20; Offenbarung 7,1). Sie kommen gelegentlich, um uns zu befreien und zu retten, wenn es nötig wird (siehe 1. Mose 48,16; 4. Mose 20,16; Psalm 34,7; 91,11; Jesaja 63,9; Daniel 6,22; Matthäus 26,53). Obwohl wir nie versuchen sollten, zu einem Engel zu beten, so spricht doch manches dafür, dass sie sich heimlich – und ohne unsere Mitwirkung – für Gottes Volk einsetzen (wie Sacharja 1,12 zeigt). Sie sind nach Offenbarung 8,3-4 heimlich beteiligt an

Gebeten der Heiligen. Die Engel dienen den Gerechten unmittelbar nach dem Tod (Lukas 16,22). In allem ist es das Ziel der Engel, dem Volk Gottes zu helfen, zu ihrer endgültigen `Errettung´ zu gelangen, zu ihrer Belohnung in himmlischer Herrlichkeit.

Das alles, was wir hier lesen, müssen wir uns vor Augen halten, wenn wir in spätere Abschnitte des Hebräerbriefs einsteigen. Die Größe dessen, was Jesus für uns tut, ist bestimmt durch die Größe seiner Person. Die Engel sind nur Diener mit der Vorgabe, sich versteckt zu halten. Aber der am Kreuz starb, der sein Blut im himmlischen Heiligtum vorlegte, der immer lebt, um für uns zu beten, ist kein gewöhnlicher Mensch. Er ist nicht einmal ein Engel. Er ist Gott selbst, der für uns vor Gott erscheint.

6

Die erste Warnung
Hebräer 2,1-4

Wir kommen jetzt zum ersten warnenden Abschnitt im Hebräerbrief. Bisher war das Hauptthema des Hebräerbriefs die Größe Jesu, des Sohnes Gottes und seine große Überlegenheit über die Engel (1,1-14). Aber unser Schreiber möchte, dass wir das, was er sagt, wirklich ganz ernst nehmen.

1. **Zuerst wendet er sich an uns mit einer Aufforderung.** ¹*Deshalb ist es nötig, dass wir umso mehr auf das achten, was wir gehört haben, damit wir nicht vom Weg abkommen.* Es ist eine Aufforderung an Christen. Sie sind jedenfalls ˋheilige Brüder und Schwestern …, die an der himmlischen Berufung teilhabenˊ (3,1). Die Echtheit ihres jetzigen Glaubens wird nicht in Frage gestellt. Wir müssen auch beachten, dass der Schreiber nicht sagt: ˋWie werdet ihr entkommen, wenn ihr eine so große Errettung ablehnt?ˊ Er sagt: ˋWie werden wir entkommen, wenn wir eine so große Errettung vernachlässigen? Man **lehnt** etwas **ab**, wenn man es nicht haben will und es zurückweist. Man **vernachlässigt** etwas, wenn man es hat, aber nicht gebraucht. Der Schreiber spricht zu Christen, die in Gefahr sind, nicht zu gebrauchen, was sie haben.

Das Schlüsselwort hier ist ˋvernachlässigenˊ. Vernachlässige es nicht, die vollen Konsequenzen deines Glaubensschritts zu Jesus Christus im Leben umzusetzen. Das Wort wird in Matthäus 22,5 gebraucht. Der König schickt eine Einladung aus zu einem Hochzeitsfest, aber ˋsie nahmen sie auf die leichte Schulterˊ. Es wird in 1. Timotheus 4,14 gebraucht, wo Paulus dem Timotheus sagt, er soll die Gabe, die in ihm ist, nicht ˋvernachlässigenˊ. Es wird in Hebräer 8,9 gebraucht, wo Gott sagt, dass er nicht auf die Leute achtete, die seinem Bund nicht gehorchten.

Wir dürfen nicht von der vollen Umsetzung unseres Glaubens an Jesus Christus `abgleiten´ oder `abgetrieben werden´. Dieses Wort kommt nur an dieser Stelle im Neuen Testament vor, aber es erscheint in der griechischen Übersetzung von Sprüche 3,21 (`Mein Sohn, lasse meinen Rat nicht von dir **wegtreiben**...´) und von Jesaja 44,4 (`die Weiden an den Flussufern mit **vorbei gleitendem** Wasser´). Unser Schreiber warnt uns daher vor der großen Gefahr, dass wir gegenüber solch einem herrlichen Herrn Jesus Christus, wie er ihn uns im 1. Kapitel des Hebräerbriefs beschrieben hat, unachtsam werden.

Wie könnten wir die Errettung `vernachlässigen´? Im Fall der Hebräer scheint es vor allem die Folge einer schweren Entmutigung gewesen zu sein, die sie träge und unmotiviert machte. Es gibt aber auch andere Möglichkeiten, die Errettung zu vernachlässigen, die Gott uns geschenkt hat. Das kann so aussehen, dass man sich mit dem Glauben zufrieden gibt, dass die eigenen Sünden vergeben sind, und man sich nur geringe oder gar keine Mühe gibt, Gott zu dienen. Es kann sein, dass man denkt, weil die Errettung sicher ist (und das ist sie!), dass man automatisch etwas für Gott erreicht (das ist nicht so!). Einige kümmern sich mehr um das, was sie von Gott empfangen, als um das, was sie für ihn tun. Es kann so aussehen, dass wir die Dankbarkeit vermissen lassen, die Gott sich von uns wünscht. Oder vielleicht haben wir auch den Sinn der Errettung nicht begriffen. `Er hat sich für uns gegeben, um uns von aller Gesetzlosigkeit zu erlösen und sich ein Volk zum Eigentum zu reinigen, das eifrig ist zu guten Werken´ (Titus 2,14). Gott hat Aufgaben, die wir für ihn ausführen sollen. Wir sind wie die Helden in Hebräer 11; es gibt Dinge, die wir `im Glauben´ tun müssen. Sonst ist es uns unmöglich, Gott zu gefallen.

Unser Schreiber wird einen großen Teil dieses Briefes darauf verwenden, uns zu zeigen, dass es unvernünftig ist, `die Errettung zu vernachlässigen´; denn wir haben einen sympathischen Erretter, der entschlossen ist, uns zu Ehre und Herrlichkeit zu bringen.

2. Er untermauert seine Aufforderung mit einer Warnung. *²Denn wenn das von Engeln gesprochene Wort gültig war und jede Übertretung und jeder Ungehorsam seine gerechte Strafe empfangen hat, ³wie werden wir entrinnen, wenn wir eine so große Errettung vernachlässigen?* Er vergleicht das mosaische Gesetz mit dem Evangelium. Das Gesetz wurde von Engeln gegeben (die Erscheinungen in 2. Mose 19,16. 18-19; 20,18. 21; 24,15-16 wurden von Engeln hervorgerufen; siehe Hebräer 1,7; Apostelgeschichte 7,53, Galater 3,19). Gegen das Gesetz zu sündigen war gefährlich und wurde streng bestraft. Aber gegen unsere Erfahrung des Evangeliums zu sündigen, ist noch schlimmer. Strafen unter dem Gesetz waren physisch (Schläge, finanzielle Strafen, Hinrichtung), aber gegen Christi Gnade zu sündigen, die in uns wirkt, hat geistlichen Verlust zur Folge. Wir werden wahrscheinlich streng gezüchtigt oder sogar `aus dem Feuer gerettet´, indem wir beim Throngericht Christi Verluste hinnehmen müssen (siehe 1. Korinther 3,15).

Die gute Nachricht ist `eine so große Errettung´: (i) Die Errettung bewirkt viel mehr als das Gesetz, indem sie uns völlige Reinigung von der Sünde bringt; (ii) Sie kommt nicht durch Engel, sondern durch den Herrn Jesus Christus selbst, und dadurch, dass er für uns ans Kreuz ging; (iii) Gott hat so viel Mühe auf sich genommen, um die gute Nachricht zu bezeugen: *Sie wurde ursprünglich durch den Herrn verkündigt, sie wurde von denen bestätigt, die sie hörten, ⁴während Gott das Zeugnis mit Zeichen und Wundern und verschiedenen Machttaten und Gaben des Heiligen Geistes nach seinem Willen bekräftigte.* Zuerst predigte Jesus die gute Nachricht. Dann sandte Gott die Apostel, um sicher zu gehen, dass die Botschaft in alle Welt ging. Gleichzeitig gab Gott Heilungen und vielerlei Wunder, um auf die Botschaft aufmerksam zu machen. Wenn Gott sich so viel Mühe gemacht hat, unsere Aufmerksamkeit zu gewinnen, dann ist es gefährlich zu vernachlässigen, was er uns so unübersehbar vor Augen stellt.

Unser Schreiber möchte daher, dass wir dem, was Gott durch ihn sagt, große Beachtung schenken. Was er zu sagen im Begriff ist, ist höchst lebenswichtig. Es ist gefährlich, es zu vernachlässigen oder leicht zu nehmen. Gott hat kein andres Mittel, uns zu segnen, uns zu reinigen und unser Leben zu gebrauchen. Wie werden wir einen schrecklichen Verlust vermeiden, wenn wir missachten, was Gott in uns und für uns getan hat?

7

Gottes Liebe zur Menschheit
Hebräer 2,5-8a

Das Werk und der Charakter unseres Herrn Jesus Christus haben zwei Seiten. Wir haben seine Größe gesehen (1,1-14). Nun stellt der Schreiber dem, was er in Hebräer 1 sagte, einen Abschnitt gegenüber, in dem er sich mit der Sympathie Christi beschäftigt (2,5-18). Wir befinden uns immer noch in einem Hauptabschnitt (1,1-2,18), aber hier ist neues Gedankengut.

1. **Gott zeigt große Sorge um die menschliche Rasse.** Es ist wirklich ganz unglaublich, dass Gott uns mehr liebt als unseren Planeten, mehr als die Tiere und Vögel, mehr als die Sonne und die Sterne, sogar mehr als die Engel. Unser Schreiber erklärt die Größe des Evangeliums als Gottes große Freundlichkeit gegenüber der Menschheit. *5Denn Gott hat die kommende Welt, von der wir sprechen, nicht unter die Autorität von Engeln gestellt.* Überall im ganzen Brief ist die ständige Sorge das `Erbe´ oder (wie der Verfasser es hier ausdrückt) `die kommende Welt´. Der Christ eilt vorwärts zum `Erbe´ oder zur ` kommenden Welt´, zur Belohnung, die mit der Verherrlichung seines Leibes einhergeht. Unser `verheißenes Land´ ist unser endgültiges Erbe in `der kommenden Welt´. Jesus, der Sohn Gottes, ist der Erbe des Universums (1,2b). Sein Volk erbt es mit ihm. Es hofft auf ein größeres Heimatland, eine himmlische Stadt (11,14. 16). Man könnte denken, diese kommende Welt, die zukünftige Welt der Herrlichkeit, zu der Gott sein Volk bringt, ist für Engel. Engel scheinen so viel größer als Menschen zu sein. Viele Juden im ersten Jahrhundert dachten, es wäre wunderbar, Gottes Herrlichkeit bei den Engeln zu preisen, aber sie meinten, dass sie selbst geringer seien als die Engel. Unser Schreiber sagt: `Nein!´ Die Engel werden geringer sein als menschliche Wesen! Unsere

jetzige Minderwertigkeit gegenüber Engeln ist nur vorläufig. Er zitiert den Psalm 8, um diesen Gedanken zu entwickeln.

> *6Aber jemand hat irgendwo bezeugt:*
> *Was ist ein Mensch, dass du an ihn denkst,*
> *Was ist ein Sterblicher, dass du ihn besuchst?*
> *7Du hast ihn ein wenig niedriger gemacht als die Engel,*
> *du hast ihn mit Herrlichkeit und Ehre gekrönt*
> *8und alle Dinge unter seine Füße gelegt.*

Der achte Psalm feiert Gottes Güte zum Menschen (Verse 3-5, zum Teil zitiert in Hebräer 2,6-7) und die Herrschaft der Menschheit über die Schöpfung (Verse 6-8, zum Teil zitiert in Hebräer 2,8a). Die Zeilen, die in Hebräer 2,6-8a zitiert werden, haben es damit zu tun, wie Gott den Menschen geschaffen hat und wie Gottes Plan für die endgültige Bestimmung des Menschengeschlechts aussieht.

2. **Gott hatte einen Plan für die Menschheit, aber dieser Plan ist mit einer Prüfung verbunden, die Gott den Menschen auferlegt**. Er wollte, dass Männer und Frauen die Prüfung ihres Gehorsams bestehen. Er machte sie `ein wenig´ niedriger als die Engel. Wie wir in 1. Mose 2 sehen können, hat Gott von den Menschen Gehorsam verlangt. Die Worte `ein wenig´ (sowohl im Hebräischen als auch im Griechischen) können sich auf das Ausmaß (`in geringem Maß´) oder auf die Zeit (`eine kurze Zeitlang´) beziehen. Sowohl im Psalm als auch im Hebräerbrief ist es der zeitliche Bezug, der dem Gedankengang am besten entspricht. Gottes Plan war es, die Menschheit `eine kurze Zeitlang´ niedriger als die Engel zu machen. Die Menschheit wurde vorübergehend in eine niedrige Stellung gebracht, bis sie als Lohn für Gehorsam zur Herrlichkeit aufgestiegen war.

3. **Der Lohn für Gehorsam war, mit Herrlichkeit und Ehre gekrönt zu werden.** Wenn Männer und Frauen Gott gehorcht hätten, dann hätte es dazu geführt, dass sie zu einem hohen Maß an Prestige über die Engel aufgestiegen wären. Aber die Menschheit fiel und, anstatt zur Herrlichkeit aufzusteigen, fiel

sie in geistlichen Tod. Gott gab Männern und Frauen einen Bereich, für den sie verantwortlich waren. Er wollte, dass die Menschheit völlige Herrschaft über die Erde erlangte. Alles sollte unter menschliche Kontrolle kommen. Nichts sollte ihn beherrschen außer Gott. Alles sollte von ihm kontrolliert werden außer Gott. Unser Schreiber spricht nur von der Menschheit. An dieser Stelle sagt er nichts über Jesus, der nur im Vers 9a erwähnt wird.

Gott ist freundlich zu jedem Glied des Menschengeschlechts. Er erinnert sich an sie und besucht sie. Jeder von uns muss diesen Gedanken auf sein eigenes Leben anwenden. Gott hat einen Plan für mein Leben. In der Gemeinschaft mit anderen Menschen gibt es etwas, was Gott mit mir und durch mich tun will. Wie wir sehen werden, ist es eine Bestimmung, die nur durch Jesus erfüllt werden kann.

Gott liegt viel an der Menschheit. Er denkt immer an sie. Männer und Frauen vergessen oft andere Menschen. Wir vergessen einander und wir vergessen Gott, aber Gott vergisst uns nicht. Es sind nicht nur seine eigenen Leute, an die Gott immer denkt. Er achtet auf jeden einzelnen. Er gibt dem Menschen seine Umgebung. Er stellt die Erde auf ihr Fundament. Er kontrolliert die Meere. Er erhält die Geschöpfe auf dem irdischen Planeten und trifft Vorkehrungen, dass die wilden Esel ihren Durst löschen, dass die Vögel in der Luft Nahrung finden und dass die Lilien auf dem Feld gekleidet werden. Er verschafft dem Menschen Nahrung. Er macht ihm Pflanzen, die er züchten kann, Wein, um sein Herz zu erfreuen und Öl, um sein Gesicht leuchten zu lassen. Der Gott der Bibel ist uns nahe. Er ist aktiv in der Natur und in der Geschichte. `Seine Augen beobachten die Völker´(Psalm 66,7).

4. **Gottes Beziehung zu uns ist erstaunlich gnädig**. Der Psalmist staunte, dass Gott sich so viel Mühe macht mit jemandem, der so schwach und unwürdig ist. Warum sollte Gott sich so viel Arbeit mit uns machen? Die Engel sind stark, aber wir sind schwach. Warum sollte Gott uns lieben und Pläne haben, um uns sogar höher zu stellen als die Engel? Es gibt

nichts an unserer geistlichen Einstellung, was Gottes Liebe hervorrufen könnte. Männer und Frauen versagten, sobald sie geschaffen waren. Selbst der vollkommenste Mensch konnte es nicht mit der Schlange aufnehmen.

Was für einen Grund können wir finden, dass Gott die Menschheit so liebt? Wir können überhaupt keinen Grund dafür finden. Seine Liebe zu den Menschen entspringt ausschließlich seinem eigenen Willen, sie ist ganz und gar seine eigene Entscheidung. Er ist gut; seine Liebe hört nie auf. Das erstaunte den Psalmisten und es erstaunt uns, wenn wir daran denken. Gott bleibt immer dabei, dass er an uns denkt. Er ist ein treuer Schöpfer (1. Petrus 4,19). Es ist erstaunlich, dass er uns geschaffen hat, erstaunlich, dass er uns beobachtet. Es ist noch erstaunlicher, dass er auf uns Rücksicht nimmt und uns einen Erlöser schickt; und noch erstaunlicher, dass der Erlöser sein eigener Sohn ist, und noch erstaunlicher, dass seine Liebe zu den Menschen seinem Sohn den Tod bringt. Und was können wir über seinen Tod am Kreuz sagen? Sogar die Engel können nur staunen.

8

Gottes Plan in Jesus erfüllt
Hebräer 2,8b-10

Unser Schreiber hat uns vom Plan Gottes für die Menschheit erzählt. Wir wurden einer Prüfung unterzogen. Der Menschheit wurde eine niedrige Stellung gegeben – eine niedrigere als die der Engel – mit der Möglichkeit, dass sie durch ihren Gehorsam zu Herrlichkeit und Ehre aufsteigen und so über die Engel gesetzt würde. Gott wollte, dass die Menschheit nach dem im Psalm 8 skizzierten Programm zur totalen Herrschaft über die Erde gelangt. Der Hebräerbrief unterstreicht, was zu Gottes Plan gehört (2,8b) und macht dann zwei Bemerkungen dazu (2,8c. 9). Der Schreiber weist darauf hin, wie gewaltig das Ausmaß dessen ist, was nach Psalm 8 für die Menschheit bestimmt war. [8]*Indem er nun alles unter die Autorität von Menschen stellte, hat Gott nichts übrig gelassen, was außerhalb ihrer Kontrolle war.* Kein Bereich des Universums ist außerhalb des Rahmens seiner Herrschaft. Anscheinend ist jeder Bereich des Universums für den Menschen da: Land und Meer, Sonne und Mond, Tiere und Engel, Geräusche und Anblicke, alles ist für Männer und Frauen, alles soll von ihnen gehütet, genossen, zu ihrer Freude gebraucht werden und dazu, dass sie Gott verherrlichen. Die Menschheit wird hinsichtlich ihrer Befugnis gleich nach Gott kommen. Aber jetzt hat der Schreiber zwei Bemerkungen zur Erfüllung des im Psalm 8 entworfenen Bildes.

1. **Er sagt uns, dass wir die Erfüllung des Planes Gottes für die Menschheit jetzt nicht erkennen können**. *Aber wir sehen noch nicht, dass alles der Autorität der Menschheit unterworfen ist.* Die Zukunftsschau des Psalms 8 ist nicht erfüllt. Hunger, Armut, Übergebrauch der irdischen Ressourcen, Raubbau der Wälder, abnehmende Kraftstoffvorräte, ländliche Armut Unter-

ernährung, übermäßige Abweidung, weltweite Erwärmung – was der Schreiber sagen will, ist klarer als je zuvor! Die Zukunftsidee des Psalms 8 ist wegen menschlicher Sünde ins Abseits geraten.

2. **Wir sehen aber in Jesus die Erfüllung des Planes Gottes für die menschliche Rasse.** Das `Sehen´ ist in beiden Fällen verschieden. Das erste Sehen bezieht sich auf das gewöhnliche Augenlicht. Es ist ganz offensichtlich, dass das Universum nicht völlig unter menschlicher Kontrolle ist. Aber wenn er sagt: `Wir sehen aber Jesus… gekrönt mit Herrlichkeit und Ehre´, dann spricht er von dem Sehen des Glaubens. *9Aber wir sehen Jesus, der eine kurze Zeit niedriger als die Engel gemacht wurde, um seines Todesleidens willen mit Herrlichkeit und Ehre gekrönt. Das hatte den Sinn, dass er durch Gottes Gnade für jeden den Tod schmeckte.* Was sehen wir mit dem Auge des Glaubens?

Wir sehen Jesus. Er spricht von dem Menschen Jesus, der hier auf dem irdischen Planet war und jetzt auf der rechten Seite Gottes als verherrlichter Mensch ist. Der Glaube sieht, dass Jesus ein Mensch wurde. Auch er wurde `eine kurze Zeitlang´ niedriger als die Engel gestellt. Auch er wurde einer Prüfung unterzogen, ebenso wie Adam. Er ist der `zweite Adam´, ein neuer Anfang in der menschlichen Rasse. Gott wollte, dass Männer und Frauen die Gehorsamsprüfung bestehen. Jesus hatte auch ein Angebot an Herrlichkeit – aber es bedeutete zuerst den Gehorsam am Kreuz. Auch er hatte einen Verantwortungsbereich; seine Aufgabe war es, die Menschheit zu retten. Die Bestimmung des Menschen kann nur durch Jesus verwirklicht werden.

Wir sehen jetzt Jesus mit Herrlichkeit und Ehre gekrönt. Jesus hat die ursprüngliche Bestimmung des Menschen erfüllt. Er hat jetzt die Stellung höchster Autorität über alle Werke Gottes im Himmel und auf der Erde. Er hat eine Stellung, die selbst von dem Größten unter den Engeln nie eingenommen wurde. Seine Krönung mit Herrlichkeit und Ehre war eine Belohnung. Jesus ist in der Herrlichkeit angekommen. Es ist ihm gelungen, die Belohnung für den Gehorsam zu bekommen, die Männer und Frauen verloren haben.

Unser Schreiber sagt: *Das hatte den Sinn, dass er durch Gottes Gnade für jeden den Tod schmeckte.* Jesus war gehorsam bis zum Tod, und er bekam einen Namen, der über jedem Namen ist, weil er bis zum Tod gehorsam war. Unser Schreiber fügt etwas anderes hinzu. Es hatte einen Sinn, dass Jesus auf die Erde kam und niedriger wurde als die Engel. Es hatte Sinn, dass er den Tod erduldete. Es war Gottes Plan, dass er für alle den Tod schmeckte.

Die Verse 10-13 erklären es noch weiter. [10]*Denn es war angemessen, dass er, für den alle Dinge sind und durch den alle Dinge sind, indem er viele Söhne zur Herrlichkeit brachte, den Pionier ihrer Errettung durch Leiden vollkommen machte.*

1. **Der Plan kommt von Gott, dem Vater.** Wir haben hier einen Hinweis auf ihn, `für den alle Dinge sind und durch den alle Dinge sind´ und auf seinen Wunsch, dass seine `Söhne´ zur Herrlichkeit geführt werden. Das ist offensichtlich ein Hinweis auf Gott den Vater, der Jesus als Retter gesandt hat. Alles – einschließlich des Heilsplans – hat seinen Ursprung im Vater und existiert weiter durch ihn.

2. **Sein Plan besteht darin, `Söhne und Töchter´ zu erschaffen und sie zu befähigen, das Programm aus Psalm 8 zu erfüllen und so zu Herrlichkeit und Ehre zu gelangen.** Gottes Plan besteht aus zwei Schritten. Erstens bringt Gott Menschen zu sich selbst, er bringt sie zum Glauben an Christus und macht sie so zu Söhnen und Töchtern. Im Hebräerbrief wird das nur nebenbei erwähnt. Durch ein einziges Opfer hat er `die geheiligt werden, für immer vollkommen gemacht´ (10,14). Er hat seinem Volk eine `ewige Erlösung´ erworben (9,12). Wir sind ausgesondert für Gott, für immer freigekauft, eingesetzt als seine Söhne und Töchter. Die Erlösung, das `Ausgesondertsein´, die Sohnschaft, kann nie verloren gehen.

Doch im Mittelpunkt des Hebräerbriefs steht der zweite Schritt. Die zweite Stufe des Gottesplans ist, dass diese Söhne und Töchter Gott dienen, dass sie sich selbst und die Welt beherrschen, und dass sie belohnt werden, indem sie mit Herrlichkeit und Ehre gekrönt werden. Die `Krönung´ ist nicht die Belohnung mit der ewigen Erlösung; es ist die Belohnung für das, was Gottes Leute **mit** ihrer ewigen Erlösung machen. Die Herrlichkeit ist nicht einfach der Himmel, sie ist ein Schatz **im** Himmel.

3. **Gott gab einen Retter, um seine Söhne und Töchter zu ihrer himmlischen Herrlichkeit zu bringen.** Gott, der Vater, hielt es für richtig und angemessen, Jesus als Retter für sein Volk zu senden. Aber Jesus ist unser `Retter´ auf mehr als nur eine Art. Er rettet uns nicht nur vor Gottes Zorn über die Sünde (was in 2,17 erwähnt wird). Jesus befähigt uns auch, alles zu überwinden, was uns daran hindern könnte, hohe Ehre und Belohnung in der himmlischen Herrlichkeit zu erhalten. Jesus kam, um viele Söhne und Töchter zur Herrlichkeit zu bringen trotz allem, was ihnen im Weg stehen mag, um im Glauben voranzukommen. Wie macht er das? Es fängt damit an, dass er in der Lage ist, uns wohlwollend zu begleiten. Was bringt ihn dazu, dass er Verständnis für uns haben kann? Seine Leiden! Es war richtig, dass Gott Jesus darauf vorbereitete, ein vollkommener Erlöser zu sein, indem er ihm viele Leiden auferlegte. Jesus kam als Pionier, Begründer, Initiator und Urheber der Errettung. Aber er führt und unterstützt uns immer weiter und sorgt dafür – wenn wir ihm vertrauen –, dass wir unsere himmlische Belohnung bekommen.

9

Der mitfühlende Bruder
Hebräer 2,11-13

Unser Schreiber erklärt, dass es uns nur durch Jesus möglich ist, die Bestimmung, die Gott für uns hat, zu verwirklichen. Gott hat Männer und Frauen für kurze Zeit geringer gestellt als die Engel. Durch ihren Gehorsam sollten sie zu Ehre und Herrlichkeit kommen und damit höher gestellt werden als die Engel. Doch wir sehen nicht, dass das passiert! Stattdessen sehen wir, dass Jesus kam und dem Vater gehorcht und dass er mit Herrlichkeit und Ehre gekrönt wird. Jetzt können alle, die zu Jesus gehören, ihre verlorene Bestimmung erreichen – durch Jesus. Jesus hat sich selbst zu Ehre und Herrlichkeit verholfen. Er kann auch uns dazu verhelfen. Er wurde vom Vater dazu ausgebildet, der vollkommene Erretter zu sein. Aber was macht Jesus zu einem solch vollkommenen Retter? Sein Leiden! Denn es war richtig und zweckmäßig, dass Gott Jesus durch Leiden zu einem vollkommenen Retter gemacht hat (siehe Vers 10). Wenn wir versucht werden oder leiden, weint Jesus an unserer Schulter. Er ist nicht schwach oder sentimental. Daran ist nichts Sentimentales, aber Jesus weiß genau, wie wir uns fühlen, wenn wir Not und Leid begegnen oder wenn in einer Versuchung das Aufgeben unserer eigenen Wünsche zur Qual wird. Jesus war genau in dieser Situation. Er war selbst in einer Situation, in der er sagte: `Alles ist dir möglich, nimm diesen Kelch von mir´, und dann, in quälender Pein, fügte er hinzu: `Doch nicht mein Wille, sondern dein Wille geschehe!´ Manchmal sind wir in Not und müssen dieselben Worte benutzen, aber Jesus hat sie zuerst gebraucht! Er führt uns zu unserer Bestimmung auf einem Weg, den er schon gegangen ist.

Jesus teilt unser Menschsein. [11]*Denn der, welcher heiligt, und die, welche geheiligt werden, haben alle denselben Ursprung. Aus diesem Grund schämt er sich auch nicht, sie Brüder und Schwestern zu nennen.* `Der, welcher heiligt´ bezieht sich auf Jesus. Die Aufgabe Jesu, `viele Söhne zur Herrlichkeit zu führen´ (2,10), bedeutet, diese Söhne und Töchter zu weihen, Verunreinigungen zu entfernen und sie von sündhaften Wegen zu reinigen. Der Hebräerbrief nennt das `sie zu heiligen´. Die Menschheit ist von ihrer Natur her zu unrein, um Gott dienen zu können, untauglich für seine Gegenwart, unqualifiziert, um irgendetwas für ihn erreichen zu können. `Heiligung´ ist also nötig, und das ist eins der Ziele des Sohnes Gottes.

`Die, welche geheiligt werden´, bezieht sich auf Männer und Frauen, die Söhne und Töchter Gottes geworden sind und auf himmlische Ehren vorbereitet werden. Dieses Werk der `Heiligung´ hat mehr als nur einen Aspekt. Nach dem Hebräerbrief beginnt sie mit dem, was Jesus am Kreuz tat. Am Kreuz bewirkte Jesus eine Reinigung von allen Sünden für die gesamte Menschheit. Diese Reinigung erfahren wir, wenn wir glauben. Dann sind wir für immer geheiligt durch das Blut Christi. Doch das ist nicht das Ende der Sache, denn diese `Heiligung´ muss sich in unserem Leben entwickeln, und das braucht Zeit. Das Kreuz war ein einmaliges Ereignis, aber seine Auswirkung in unserem Leben dauert lange und geschieht schrittweise. Dem Hebräerbrief zufolge ist dazu Leid und Strafe nötig. Wie der Sohn Gottes lernen wir Gehorsam durch Leiden (siehe 5,8); wir müssen mit Strafen und Schwierigkeiten rechnen.

Worauf der Schreiber Wert legt, ist, dass Jesus sich in diesem Werk der `Heiligung´ stark mit uns identifiziert. `Denn der, welcher heiligt, und die, welche geheiligt werden, haben alle denselben Ursprung. Aus diesem Grund schämt er sich auch nicht, sie Brüder und Schwestern zu nennen´ (2,11). Im Griechischen steht wörtlich: `Der, welcher heiligt, und die, welche geheiligt werden, sind alle von einem´. Das griechische Wort für `einem´ kann neutral oder männlich sein. Hier ist es am besten, man fasst es neutral auf. Der Gedanke dahinter ist

`...von derselben menschlichen Natur´. Der eine Ursprung, den wir mit Jesus gemeinsam haben, ist unser Menschsein. Jesus teilt unser Menschsein. Wenn wir Leid und Not erleben, ist Jesus unser `Bruder´. Er hat genauso eine menschliche Natur wie wir und empfindet deshalb genau dieselben menschlichen Gefühle wie wir, wenn wir in Not sind.

1. **Jesus betet mit uns an.** Psalm 22 (in Hebräer 2,12 zitiert) zeigt uns den Leidenden, dessen Gebete erhört wurden, so dass er nun Gott vor seinen Brüdern und Schwestern lobt.

> *12Er sagt:*
> *`Ich will deinen Namen meinen Brüdern verkündigen;*
> *inmitten der Gemeinde will ich dir ein Loblied singen.´*

Jesus lobt Gott vor seinen Brüdern und Schwestern, denen er dieselbe Art von Herrlichkeit bringen wird, die er schon erhalten hat.

2. **Jesus ist ein Glaubenspartner.** Jesaja 8,17 (zitiert in Hebräer 2,13a) zeigt uns einen Retter, der ein Muster für Glauben ist. *13Und wieder: `Ich will mein Vertrauen auf ihn setzen.´* Jeder echte Prophet ist ein Muster Jesu. In diesem Sinne ist Jesus wie Jesaja ein erfahrener Gläubiger, der jüngeren Gläubigen, seinen Geschwistern, hilft so zu leben, wie er lebte. Der Glaube Jesu gehört zu seinem Menschsein.

3. **Jesus ist für alle Gläubigen ein älterer Bruder.** Jesaja 8,18 (zitiert in Hebräer 2,13b) zeigt uns das Bild eines älteren Bruders, der auf die jüngeren Mitglieder der Familie aufpasst. *Und wieder, hier bin ich und die Kinder, die Gott mir gegeben hat.* Jesaja sprach hier von sich selbst. Und wieder erfüllt sein prophetischer Charakter sich in Jesus. Wenn Jesaja sich so sehr um seine Jünger kümmerte, wird Jesus denselben prophetischen Charakter in weit größerem Maß zeigen. Gottes Kinder wurden Jesus gegeben, damit er sie bewacht und sie auf einem Weg treuen Gehorsams zu Ehre bringt. Wie ein jüngerer Bruder sich an seinen älteren Bruder wendet, um Leitung und Hilfe zu bekommen, so wenden wir uns an Jesus. Jesus ist der Pionier.

Er ist den Weg des Gehorsams, des Leidens und des Glaubens schon gegangen, bevor wir ihn gehen mussten. Und weil er denselben Weg, den wir jetzt gehen, schon gegangen ist, fühlt er mit uns. Er wendet sich nicht von uns ab, wenn wir auf unserer Reise hinfallen. Er ist unser mitfühlender Bruder! Wir hatten unsere eigentliche Bestimmung schon fast verloren, aber Jesus, unser Bruder, führt uns zurück auf den Weg und zieht uns hinter sich her, damit wir die Herrlichkeit erlangen, die er schon hat.

10

Ein mitfühlender Hoherpriester
Hebräer 2,14-18

Hebräer 2,14-18 kommt nun zum Kernpunkt der Leiden Jesu:
14Da nun die Kinder Fleisch und Blut haben, hat er genauso Fleisch und Blut angenommen. Das tat er, um durch den Tod den zu vernichten, der die Macht des Todes hatte, nämlich den Teufel, 15und um alle die zu befreien, die in Todesfurcht ihr ganzes Leben lang in Knechtschaft waren. Wir wollen uns das schrittweise anschauen.

    1. **Die Kinder Gottes haben Fleisch und Blut.** Der Schreiber, der bisher von der ganzen Menschheit gesprochen hat, spricht nun von Gottes Kindern. Die Erlösung ist ein Angebot für die Menschheit. Jesus starb für die Sünden der Menschheit. Doch nicht jeder wird ein Kind Gottes, weil nicht jeder Gottes Angebot annimmt. Nur die, die an den Herrn Jesus Christus glauben, werden in Gottes neue Menschheit integriert, die auf ihrer Reise zur Herrlichkeit Gottes Hilfe bekommen. `Fleisch und Blut´ bezieht sich auf die Schwachheit der menschlichen Natur.

    2. **Wegen wiederholten Versagens haben Männer und Frauen Angst vor dem Tod.** Der Tod ist der Lohn, den die Sünde uns zahlt. Wegen unserer gerechtfertigten Schuldgefühle haben wir Angst vor dem Tod und das führt zu vielen anderen Ängsten. Wir würden den Tod nicht fürchten, wenn wir uns nicht schuldig fühlten.

    3. **Satan nutzt unsere Furcht vor dem Tod aus, um Männer und Frauen in Gebundenheit zu bringen.** Jede Art von Gebundenheit ist in Wirklichkeit eine Gebundenheit an die Angst vor dem Tod. Es ist möglich, dass ein Christ voller Furcht ist, ohne dass es einen Grund dafür gibt. Die Furcht selbst ist eine Gebundenheit, eine Versklavung. Der Weg aus dieser Art

Gefangenschaft ist zu sehen und zu glauben, dass Jesus mit der Sünde fertig geworden ist und damit auch mit dem Tod, der die Strafe für die Sünde ist.

4. **Jesus kommt in unsere Lage.** Er nimmt die menschliche Natur an mit all ihren Schwächen. Jesus war kein Supermann! Er war ein gewöhnlicher Mann. Er tat, was er tat, durch Gebet und Glauben. Er war nicht sündhaft, aber er war verwundbar in Versuchungen. Der Plan des Vaters war, dass er den Tod sterben sollte, den wir sterben müssten, damit wir keine Angst vor dem Tod haben müssen. Nichts davon war für Engel. *[16]Denn er nimmt sich ja nicht der Engel an, sondern der Nachkommen Abrahams* (derer, die an Jesus glauben) *nimmt er sich an.*

5. **Jesu echte menschliche Natur befähigt ihn dazu, ein mitfühlender Hoherpriester zu sein.** *[17]Daher musste er seinen Brüdern und Schwestern gleich werden, damit er ein barmherziger und treuer Hoherpriester im Dienst Gottes werden konnte, um die Sünden des Volkes zu sühnen.* Das ist das erste Mal in diesem Brief, dass Jesus `Hoherpriester´ genannt wird (auch wenn wir einen Hinweis darauf in 1,3 haben). Im mosaischen Bund musste der Hohepriester den Sündern helfen, zu Gott zu kommen. Jesus war kein Levit, aber er hat dieselbe Funktion, nämlich den Sündern und schwachen Christen (uns!) zu helfen, zu Gott zu kommen. Seine menschliche Natur befähigt ihn, absolut mitfühlend mit gefallenen Menschen zu sein.

6. **Jesus wollte unser Retter sein.** Wir könnten fragen: warum ging Jesus ans Kreuz für uns? Eine Antwort ist: Er ging ans Kreuz, weil er so sehr mit uns fühlte, dass er ans Kreuz gehen wollte, um uns zu retten. Er musste `seinen Brüdern und Schwestern gleich werden, um die Sünden des Volkes zu sühnen´ (2,17). Der Gedanke dahinter ist: Jesu Mitgefühl mit uns brachte ihn dazu, dass er das Opfer für unsere Sünden sein wollte. Er möchte uns mit vergebenen Sünden sehen. Er will uns zur Herrlichkeit bringen als Gottes gehorsame Diener.

Vers 18 fasst den Abschnitt zusammen und bringt ihn zum Abschluss. *Denn weil er selbst gelitten hat – denn er wurde versucht und geprüft – kann er denen helfen, die versucht und geprüft werden.*

Das griechische Wort für `versuchen´, *peirazo*, bedeutet sowohl `versuchen´ als auch `prüfen´ und oft enthält es beide Bedeutungen, so dass man es mit `versuchen und prüfen´ übersetzen muss. Der Schreiber bezieht sich hier auf das lebenslange Leiden Jesu, das in der Kreuzigung gipfelte. Jesus behält immer noch die Erfahrung, wie es war, als er litt.

In schwierigen Umständen kam Jesus unter ständigen Druck zu sündigen. Er war arm. Nur wenige Menschen verstanden ihn, noch nicht einmal seine Jünger. Seine Feinde verwendeten ihre gesamte Energie darauf, ihn dazu zu bringen, etwas zu sagen, das ihn in Schwierigkeiten bringen würde. Einer, der ihm sehr nah stand, verriet ihn. Als er verhaftet wurde, leugnete Petrus seine Gefolgschaft. Er wurde zum Tode verurteilt und in den Augen der Menschen endete sein Dienst damit in völligem Scheitern. Er hatte körperliche Schmerzen, als er das Kreuz trug und darunter zusammenbrach. Er wurde ausgepeitscht. Er wurde ans Kreuz genagelt. Er ertrug die Schande, dass ihm seine Kleider weggenommen wurden und er vor seiner Mutter nackt am Kreuz hing. In all dem wurde Jesus auf die schmerzlichste Art versucht und geprüft. Das ist es, was ihn dazu befähigt, seinen jüngeren Brüdern und Schwestern zu helfen. Wir erwarten zuversichtlich, die Herrlichkeit zu erlangen, nicht weil wir so stark wären, sondern wegen der Entschlossenheit unseres Bruders im Himmel, der alles erlitten hat, was wir erleiden. Er ist dazu in der Lage, uns mit ihm zu Ehre und Herrlichkeit zu bringen.

11

Auf Jesus sehen
Hebräer 3,1-6

Nun sind wir in einem neuen wichtigen Abschnitt im Hebräerbrief. Bisher hat der Schreiber die Größe und das Mitgefühl unseres Herrn Jesus Christus hervorgehoben. Er ist größer als die Engel. Er ist wie Aaron, der Hohepriester, aber hat so viel mehr Mitgefühl. Wir werden aufgefordert, die Person des Herrn Jesus Christus zu betrachten: *1Daher, Brüder und Schwestern, Teilhaber an der himmlischen Berufung, betrachtet Jesus, den Apostel und Hohenpriester unseres Bekenntnisses.* Das Wichtigste im Leben des Christen ist zu lernen, Jesus immer in unseren Gedanken zu haben. Wir hätten viel weniger Probleme, wenn wir das lernten.

1. **Wir sehen auf Jesus als unseren Apostel.** Jesus ist ein `Apostel´, ein vollständig bevollmächtigter Vertreter Gottes, der vollkommene Vertreter des Vaters. Wenn wir den Herrn Jesus Christus mit den Augen des Glaubens sehen, so sehen wir, wie Gott ist. `Wer mich gesehen hat, hat den Vater gesehen´, sagt Jesus.

2. **Wir sehen auf Jesus als unseren Hohenpriester.** Unser Schreiber hat schon gesagt, dass Jesus ein barmherziger und treuer Hoherpriester ist (2,17). Er fordert uns auf, darüber nachzudenken, was das heißt (3,1). In 4,14; 5,4-6; 5,9-10 und 6,20 wird er mehr dazu sagen. Kapitel 7-10 beinhalten detaillierte Beschreibungen des Werkes Jesu als Beistand, Fürsprecher und Vermittler.

3. **Wir sehen auf Jesus als höchstes Objekt unseres zuversichtlichen Glaubens.** Der Schreiber fordert uns auf, Jesus als Apostel und Hohenpriester unseres Bekenntnisses zu betrachten, das heißt, als den, auf den wir öffentlich und frei unser Vertrauen setzen. Eines der Anliegen unseres Schreibers ist, dass wir am Glauben festhalten, den wir mutig anderen bekannt haben. Er spricht vom standhaften Festhalten des Vertrauens (*parrhesia*, 3,6) und unseres `Rühmens´ (*kauchema*, 3,6), und davon, dass wir kein böses, ungläubiges Herz bekommen (3,12). Wir sollen unsere Zuversicht festhalten (*hypostasis*, 3,14) und dürfen nicht zulassen, dass sich Unglaube in unseren Herzen entwickelt (3,19). Wir müssen an unserem Bekenntnis festhalten (*homologia*, 4,14), das Vertrauen (*parrhesia*, 4,16) aufrecht erhalten, Eifer zeigen, um `volle Gewissheit´ zu erlangen (*plerophoria*, 6,11), und `starke Ermutigung´ haben (*paraklesis*, 6,18). Wir müssen Vertrauen haben (*parrhesia*, 10,19) und in `völliger Gewissheit´ (*plerophoria*, 10,22) das Bekenntnis (*homologia*) der Hoffnung festhalten (10,23). Wir sollen unser Vertrauen (*parrhesia*, 10,35) nicht wegwerfen. Der Glaube selbst ist ein Festhalten (*hypostasis*, 11,1) und eine Überzeugung (*elengchos*, 11,1), die unerlässlich ist, um Gott zu gefallen. Wie – könnte man fragen – behalten wir solch einen zuversichtlichen Glauben? Die Antwort unseres Schreibers ist: indem wir auf Jesus schauen.

4. **Wir sehen auf Jesus als einen, der größer ist als Mose.** Unser Schreiber ändert leicht die Richtung, indem er beginnt, Jesus mit Mose, dem Führer der Nation Israel und Vermittler des `alten´ Bundes zwischen Gott und Israel, zu vergleichen. Sowohl Jesus als auch Mose waren Gott treu. Er spricht von Jesus, wenn er sagt: *[2]Er ist dem treu, der ihn eingesetzt hat, wie auch Mose treu war in seinem ganzen Haus.* Mose war nicht immer treu. In seinen jüngeren Jahren tat er oft Dinge aus selbstsüchtigen Motiven (wie wir in den frühen Kapiteln des 2. Buchs Mose lesen können), aber wie Jesus lernte er Gehorsam durch Leid und letztendlich wurde er berühmt für seine Treue und Gewissenhaftigkeit, als er die Stiftshütte baute.

Jesus war auch treu. Wir sehen in den vier Evangelien, wie treu er in Gottes Wort war, wie treu im Gebet, wie treu, als er unbeirrbar ans Kreuz ging, treu, obwohl wir es nicht verdienen, treu gegenüber Gottes Willen. Seine Treue ist bedingungslos.

Hinter Jesu Treue ist sein Wissen, dass Gott wollte, dass er all das tat, was er tat. Hebräer 3,2 wird oft übersetzt mit: `Er war dem treu...´, doch das Wort, das der Schreiber hier benutzte, kann genauso gut mit der Gegenwartsform übersetzt werden (`Er ist dem treu ...´) und bei Jesus ist das eher angebracht. Jesus ist immer noch treu, er dient immer noch treu seinem Volk vom himmlischen Thron Gottes aus.

In Hebräer 3,3 werden Mose und Jesus weiter verglichen. Jesus hat eine höhere Stellung in Gottes Plänen und Absichten. Jesus ist größer als Mose. *3Denn er ist größerer Ehre wertgeachtet worden als Mose, wie ja der, welcher ein Haus gebaut hat, größere Ehre hat als das Haus selbst. 4Denn jedes Haus wird von jemand gebaut; der aber alles baut, ist Gott.* Häuser haben immer einen Erbauer. Wenn Gottes Kinder also wie ein Haus sind, dann muss es einen Erbauer gegeben haben. In diesem Fall gilt, `der alles baut, ist Gott´. Das muss ein Bezug auf Christus als den **göttlichen** Erretter sein (vgl. 1,3. 8). Das sich dies auf Gott, den Vater bezieht, ist eher unwahrscheinlich, denn der Schreiber vergleicht hier ja Mose mit Jesus. Gott, der Vater, wird nicht genannt. Jesus ist der göttliche Vermittler, er ist der Urheber der Erlösung mit aller Autorität von Gott, weil er Gott ist!

In Vers 4b wird zum ersten Mal ein Haus erwähnt: *5Auch Mose war treu als Diener in seinem ganzen Haus, zum Zeugnis für Dinge, die später verkündigt werden sollten, 6aber Christus ist treu als Sohn über Gottes Haus.* Hebräer 3,6b fügt eine Erklärung hinzu: *Wir selbst sind sein Haus, wenn wir an unserer Zuversicht und an unserer Freude an der Hoffnung standhaft festhalten.*

Sowohl Mose als auch Jesus waren Führer des Volkes Gottes, aber Jesus war und ist größer. Jesus baut ein geistliches Haus. Mose baute ein Haus aus Gold, Silber, Kupfer, Leinen, Ziegenfellen und ähnlichem. Mose ist ein Mitglied und Bewohner des geistlichen Hauses, aber er ist nicht sein Erbauer,

so wie Jesus es ist. Mose ist es wert, geehrt zu werden! Aber er ist
nicht der Erbauer des Hauses Gottes, seiner weltweiten
Gemeinde. Nur Jesus ist der Erbauer dieses geistlichen Hauses.
Moses Werk beim Bau der Stiftshütte war ein Zeugnis dessen,
was später verkündet werden sollte (3,5). Hier finden wir die
erste Aussage dieses Buches in Bezug auf den Zweck der
Stiftshütte. Ihre Funktion war prophetisch. Sie zeugte davon,
was Gott eines Tages tun würde, und was eines Tages deutlicher
werden würde. Die Stiftshütte war eine Art Prophetie der
kommenden Gnade Gottes, aber Jesus ist die Gnade Gottes, die
Fleisch wurde. Moses Werk war Vorhersage; Jesu Werk war
Erfüllung.

12

Ein empfängliches Herz behalten
Hebräer 3,1-11

In Hebräer 3,1-6 gibt es mindestens fünf Gegensätze: (i) Mose baut ein materielles Haus; Jesus baut ein geistliches Haus, (ii) Moses Haus war ein Zeugnis, das in die Zukunft wies; Jesu Haus ist die letzte Realität, (iii) Mose ist ein Diener; Jesus ist ein Sohn, (iv) Mose ist ein Bewohner des Hauses Jesu; Jesus ist der Sohn und Erbe, der Herr über das Haus, (v) Moses Arbeit ist vollendet und nur das `Zeugnis´ bleibt; Jesu Werk geht weiter. Er `lebt für immer´, um über das Haus zu herrschen und seinen Kindern zu dienen. Er tut dies Werk mit vollkommener Treue.

In Hebräer 3,6b wird der Schreiber des Hebräerbriefes von Gott geführt, seine zweite Warnung aufzuschreiben. Von Hebräer 3,7 bis 4,13 wird die Warnung von 2,1-4 entfaltet. Wenn es eine Strafe dafür gab, dass man nicht auf den durch Mose verkündeten Willen Gottes achtete (wie es in Hebräer 2,1-4 heißt), dann ist es noch viel schlimmer, wenn man nicht auf Gottes Gnade in Jesus reagiert. Wenn die Israeliten Gott nicht gehorchten, als sie von Mose geführt wurden (Hebräer 3,7- 4,13), dann besteht auch die Gefahr, dass die Generation des Schreibers, die jüdischen Christen, Gott nicht gehorchen, wenn sie von Jesus geführt werden. Der Abschnitt hat folgenden Aufbau:

Hebräer 3,1-6. Zwei Führer zur Errettung: Mose u. Christus
Hebräer 3,7-11. Zitat der Schrift
Hebräer 3,12- 4,11. Auslegung der Schrift
Das Versagen der Wüstengeneration (3,12-19)
Das Wesen der `Ruhe´ (4,1-5)
Aufforderung: Komme heute zu Gottes Ruhe (4,6-11)
Letzte Warnung: Gottes durchdringendes Wort (4,12-13)

Hebräer 3,6b fügt eine Erklärung hinzu: *Wir selbst sind sein Haus, wenn wir an unserer Zuversicht und an unserer Freude an der Hoffnung standhaft festhalten*. Das führt zu dem warnenden Abschnitt in Hebräer 3,7-4,13. Die Worte ˋstandhaft bis zum Ende´, die sich in einigen Übersetzungen finden, stehen für griechische Worte, die man in späteren Manuskripten fand, jedoch nicht in früheren. Das Haus sind die Leute, die Gottes lebendige Tempel sind. Es gibt aber eine Bedingung: ˋSein Haus sind wir, wenn …´.

Diese hebräischen Christen werden nur dann zu Gottes lebendigem Haus, wenn sie an ihrem Glauben festhalten. Dies ist einer von vielen Aufrufen im Hebräerbrief zu ausdauerndem und eifrigem Glauben. Wir finden dasselbe Thema wieder in 3,12. 14 (sehr ähnliche Verse). Der Schreiber möchte, dass wir Gott mit Mut und Zuversicht nahen (4,16; 10,19. 23-25) und unsere Hoffnung nicht wegwerfen (10,35-36). Unglaube beendet die Brauchbarkeit. Andauernder Glaube ist nötig. ˋHaus´ bedeutet nicht die Erwählten oder die Wiedergeborenen oder Gottes wahre Gemeinde. Es bedeutet, Gottes **funktionierendes** Haus. Der Schreiber hat die Erfahrung im Sinn. Die **Erfahrung, dass wir von Gott gebraucht werden, und unser Dienst für ihn** hören sofort auf, wenn wir in Unglauben zurückfallen. Durch den ganzen Hebräerbrief hindurch wird deutlich, dass nur andauernder Glaube dazu führt, dass wir Gottes Absicht erfüllen. Unglaube führt zu schlimmem Verlust, nicht zum Verlust der ˋewigen Erlösung´ (die keine ewige Erlösung wäre, wenn man sie verliert!) aber zum Verlust der Brauchbarkeit, der Freude, der Empfindsamkeit gegenüber Gott, der Ruhe, der ˋKrönung´ mit Herrlichkeit. Bibeltreue Kommentare lassen sich an dieser Stelle in drei Gruppen aufteilen, wie es oft der Fall ist, wenn Abschnitte mit Warnungen in der Schrift vorkommen.

(i) Einige fassen dies als Warnung auf, dass man seine Erlösung verlieren kann. ˋWir werden zu Gottes Haus gehören, vorausgesetzt, wir verlieren nicht den christlichen Glauben´, sagt ein Autor. (Es ist interessant, dass er die Zeitform des

Hebräerbriefs verändert. In Hebräer steht: `Wir **gehören** zu Gottes Haus ...´ und das bezieht sich nicht auf etwas, was in der Zukunft liegt.)

(ii) Eine andere Gruppe von Kommentaren meint, die Frage ist nicht: `Wird dein Glaube fortbestehen? ´, sondern (so hat es einer ausgedrückt) `War dein Glaube echt´? Wenn dein Glaube tatsächlich echt war, **wirst du** im Glauben vorangehen. Das Kennzeichen echten Glaubens ist, dass er bis zum Ende bestehen **bleibt.** Der Schreiber warnt also nicht davor, dass wir den Glauben verlieren (so diese Auffassung), sondern vor einem Glauben, der gar kein Glaube ist. Diese Interpretation liest den Vers so, als würde da stehen: `Wir sind (jetzt!) sein Haus, wenn wir festhalten...´ Die Zukunft beweist die Echtheit der Gegenwart. Aber tatsächlich benutzt der Schreiber nicht zuerst die Gegenwartsform und dann die Zukunftsform.

(iii) Der Schreiber gebraucht hier die Gegenwartsform zweimal. `**Wir selbst sind** (jetzt) **sein Haus, wenn wir an unserer Zuversicht und an unserer Freude an der Hoffnung standhaft festhalten**´. Er spricht nicht von endgültiger Erlösung oder verlorener Erlösung. Er spricht nicht von echter oder falscher Erlösung. Er spricht von der **Erfahrung, dass wir von Gott gebraucht werden, und von unserem Dienst für ihn** in einem geistlichen Haus, das Gottes Absicht in dieser Welt bezeugt. Der Schreiber denkt hier an die praktische Auswirkung der Erlösung und nicht an den Stand der Erlösung. Das `Haus´, das Mose baute – die Stiftshütte – war ein Zeugnis für Jesus. Das Haus, das Jesus baut, hat dieselbe Funktion. Es ist ebenfalls `ein Zeugnis´.

Weiter sagt er: *[7]Darum, wie der Heilige Geist spricht: `Heute, wenn ihr seine Stimme hört, [8]verstockt eure Herzen nicht, wie bei der Auflehnung in der Zeit der Versuchung in der Wüste, [9]wo mich eure Väter versuchten; sie prüften mich und sahen meine Werke vierzig Jahre lang. [10]Darum wurde ich zornig über jenes Geschlecht und sprach: Immer gehen sie in ihrem Herzen in die Irre, und sie kennen meine Wege nicht. [11]Deshalb schwor ich in meinem Zorn: Sie werden bestimmt nie zu meiner Ruhe kommen.´*

Um zu seiner `Ruhe zu kommen´ (das heißt, um nach einer Zeit der Konflikte zu Gottes **geschworenen** Segnungen zu kommen, müssen wir im Glauben durchhalten), müssen wir (i) Gottes Stimme hören. Einige Christen hören Gottes Stimme nicht. Darum sagt der Schreiber: `Wenn...´. (ii) Wir müssen unser Herz weich und empfänglich halten. (iii) Wir lehnen jede Neigung zur Auflehnung ab. (iv) Wir `stellen Gott nicht auf die Probe´– indem wir herausfinden, wie er reagiert, wenn wir riskieren zu sündigen. (v) Wir lernen Gottes `Wege´ kennen – seine Gewohnheiten, unseren Glauben zu prüfen.

Was heißt das, `zu seiner Ruhe kommen´[a]? Es ist die Belohnung für dauerhaften Glauben. Die erste Generation von Israeliten waren **zuerst** Helden des Glaubens (siehe 11,29), aber dann haben sie bekanntlich nicht am Glauben festgehalten. Also kamen sie nie zur `Ruhe´ in Kanaan. Sie erhielten nie das, was Gott ihnen zugedacht hatte. Sie waren erlöst durch das Blut des Lammes – und sie blieben auch erlöst. Aber sie haben nie die Verheißungen ererbt, auf die sie zugingen, in `dem Land, wo Milch und Honig fließen´. `Zur Ruhe kommen´ geschieht, wenn Gott sagt: `Nun weiß ich, dass du mich fürchtest´ – und einen Eid des Segens schwört. Wenn Gott einen Eid ablegt, fangen seine Zusagen an, in unser Leben zu fließen. Wir sehen Gott dabei zu, wie er seine Verheißungen erfüllt. Das ist wirklich Ruhe. Nichts kann die Segnungen Gottes stoppen, wenn er sich erst einmal mit einem Eid festgelegt hat. Doch so eine Höhe des Segens erfordert, dass wir seine Stimme hören und dass unsere Herzen ihm gegenüber empfänglich bleiben. `Zu seiner Ruhe zu kommen´ ist nicht der Himmel. Es ist nicht die Gewissheit der Errettung. Es ist nicht das Tausendjährige Reich oder das `siegreiche Leben´. Es ist nicht der neue Himmel und die neue Erde. Es ist die Belohnung für beständigen Glauben. Es bedeutet, seine Zusagen zu empfangen. Es bedeutet, Gottes Eid zu erfahren.

Anmerkung:
a. Andere übersetzen `in seine Ruhe eintreten´ oder `an seiner Ruhe teilhaben´ (so die Neue Genfer Übersetzung)

13

Zur Ruhe kommen

Hebräer 3,11

Wenn ein Christ es vernachlässigt, am Glauben festzuhalten, verliert er eine Menge! Er wird nicht zur Ruhe Gottes kommen. Er hat Gottes intensive Strafe zu erwarten. Er verliert viel beim letzten Gericht Christi. Er bleibt in der Wüste. Er ist immer noch ˋfür immer geheiligtˊ, aber die Freuden und der Segen, die damit verbunden sind, in Gottes Haus zu sein, werden verpasst. Gott gibt uns verschiedene Verheißungen und Drohungen und wartet ab, was wir damit tun. Wenn wir Gottes Stimme hören, und wenn wir am Glauben festhalten, kommen wir an den Punkt, an dem er den Segenseid ablegt. Gott wird zu uns sagen: ˋNun weiß ich, dass du mich fürchtest. Ich werde dich segnenˊ (1. Mose 22,12. 16. 17). Und wir kommen zu dem höchstmöglichen Segen, den es auf der Welt gibt, der Freude, von Gott auf eine Art gebraucht zu werden, die nicht umgekehrt oder aufgehalten werden kann.

Hebräer 3,11 zitiert Psalm 95.

So dass ich schwor in meinem Zorn: Sie werden nicht zu meiner Ruhe ᵃ kommen.

Es gibt drei Arten zu erleben, was es heißt ˋzur Ruhe Gottes zu kommenˊ. (i) Eine ist, die Veranschaulichung zu betrachten, die der Schreiber selbst gibt, wenn er über die Israeliten spricht, die das Rote Meer durchquerten. (ii) Eine andere Art ist, die gleichbedeutenden Redewendungen zu betrachten, die dafür gebraucht werden. Der Brief an die Hebräer drückt es auf unterschiedliche Weise aus. Es ist das Thema des ganzen Briefes. Die Formulierung ˋzur Ruhe kommenˊ wird in den Kapiteln 3 und 4 gebraucht, aber es gibt auch andere Wendungen wie ˋdie

Verheißungen erben´, die sich anscheinend auf dasselbe beziehen. (iii) Eine dritte Art, die Sache anzugehen, ist, die Bedeutung des Sabbats in 1. Mose 2,1-3 zu betrachten. Der Schreiber sagt, wir gehen in Gottes Ruhe ein. Wir erfahren denselben Segen, zu dem Gott nach der Schöpfung kam. Auch das wird uns helfen.

`Zur Ruhe kommen´ ist – so glaube ich – die Belohnung für den Christen in diesem Leben infolge eifrigen Glaubens. Es ist die Freude über sich erfüllende Verheißungen. Es ist das Erfahren von Gottes Eid – nicht den Eid des Zorns, sondern den der Barmherzigkeit. Es ist so, dass wir vielleicht nach Jahren beständigen Glaubens zu der Gewissheit kommen, dass wir das, was wir gesucht haben und was Gott uns verheißen hat, erlangt haben. Es ist das, was Abraham nach Jahren eifrigen Glaubens und der Erprobung erlebte, als Gott zu ihm sagte: `Nun sehe ich...´. An diesem Punkt legte Gott einen Eid ab. An diesem Punkt kam Abraham zur Ruhe Gottes. An diesem Punkt `erlangte er die Verheißung´. Vor diesem Punkt hätte es fehlschlagen können. `Zur Ruhe kommen´ ist das, was David passierte, als er nach Jahren von Anfechtungen und Trübsal endlich an den Punkt kam, wo Gott einen Eid ablegte und unwiderruflich zu David sagte: `Dein Same wird für immer bestehen. Ich schwöre es´! (wenn ich 2. Samuel 7 und Psalm 89 so zusammenfassen darf). Gott legte einen Eid ab. David fand nach vielen Kämpfen gegen seine Feinde Ruhe. `Der Herr hatte ihm Ruhe gegeben ringsumher´ (2. Samuel 7,1), aber Gott gab ihm auch innere Ruhe durch den unerschütterlichen Eid, dass seine Nachkommen für immer bestehen würden.

Die Israeliten wurden durch das Blut des Lammes gerettet. Was sie rettete, war der stellvertretende Tod des Passahlammes. Aus Gottes Sicht wurden sie durch Blutsühne gerettet. Aus ihrer Sicht wurden sie durch Glauben gerettet. Doch ihre Erlösung durch das Blut des Lammes machte sie nicht sofort zu dem, wozu sie gerettet wurden. Sie wurden gerettet, um in ein Land zu kommen, wo Milch und Honig fließen. Sie mussten im Glauben durchhalten. Sie mussten Gott vertrauen, dass er sie durch das Rote Meer führen und sie vor der sie verfolgenden Armee des Pharaos beschützen würde. Sie mussten Gott vertrauen, dass er sie durch die Wüste führen würde, wo es kaum Wasser und nichts zu essen gab. Sie mussten Gott vertrauen, dass er ihnen den Sieg über die Stämme schenken würde, auf die sie auf ihrem Weg ins gelobte Land trafen. Und bevor sie zu diesem Land kamen, war da der Fluss Jordan. Sie mussten Gott vertrauen, sie zu befähigen, diesen Fluss zu überqueren. Nachdem sie den Fluss überquert hatten, gab es Riesen im Land Israel. Sie mussten befestigte Städte wie Jericho einnehmen.

Sie mussten weiterhin glauben, dass Gott, der versprochen hatte, ihnen bei jedem Schritt zum Sieg zu verhelfen, seine Versprechen auch wirklich hält. Sie mussten darauf vertrauen, dass Gott ihnen zu all dem verhelfen würde, was er ihnen zu geben versprochen hatte. `Meine Gegenwart wird mit dir gehen und ich werde dir Ruhe geben´ war eine Verheißung von Gott (2. Mose 33,14). Wenn sie dieses große Ziel von Gott für ihr Leben erreicht hatten, würde Gott ihnen Ruhe geben, sie würden das Land erben (5. Mose 3,20). `Das Land erben´ und `zur Ruhe kommen´ ist dasselbe. Wenn die Israeliten im Glauben durchhalten und allen Widerstand überwunden hatten, würden sie `zur Ruhe kommen´. Sie würden das Land, in dem Milch und Honig fließen, genießen können. Sie würden den Segen ernten, auf den sie sich im Glauben so viele Jahre gefreut hatten.

Dieser Segen konnte verloren gehen, und die erste Generation der Israeliten hat ihn tatsächlich verloren. Sie verloren nicht ihre Erlösung, aber sie verloren das, wozu sie erlöst wurden. Der Schreiber zitiert in 3,7-11 den Psalm 95. Nun will er ihnen die Anwendung deutlich machen. Er fordert sie auf, wachsam und sensibel dafür zu sein, auf Gottes Wort zu hören. Wenn wir Gottes Stimme hören, liegt darin für uns immenser Segen.

Anmerkung:
a. Siehe die Anmerkung zu Kapitel 12

14

Die Gefahr des Unglaubens
Hebräer 3,12-19

1. Die Gefahr ist, dass man in Unglauben abgleitet. *12Passt auf, ihr Brüder und Schwestern, dass nicht in einem von euch ein böses, ungläubiges Herz ist, das vom lebendigen Gott abfällt!* Beachte: (i) Die Warnung richtet sich an Christen. Habt acht `ihr Brüder und Schwestern ...´. (ii) Sie warnt vor Unglauben. (iii) Diese Sünde kann von einer einzelnen Person begangen werden. `Passt auf´, sagt er `dass nicht in **einem von euch** ein böses, ungläubiges Herz ist´. Dieses Verschulden kann im Leben einer einzelnen Person vorkommen. Es ist nicht ausschließlich etwas Gemeinschaftliches. (iv) Abgleiten in Unglauben führt dazu, dass man Gott nicht als lebendigen Gott erfährt. (v) Unser Schreiber warnt, weil er annimmt, dass es noch nicht zu spät ist. (vi) Der Warnung folgt eine Ermutigung. Der Schreiber möchte seine christlichen Freunde ermutigen, sich gegenseitig zu helfen, am Glauben festzuhalten. *13Ermutigt einander jeden Tag, solange es heute heißt, dass nicht jemand unter euch verhärtet wird durch den Betrug der Sünde.*

2. Wir streben danach, Begleiter Christi zu sein. Die Freude daran, im täglichen Leben an den Segnungen unseres Herrn Jesus Christus teilzuhaben, hängt von unserem anhaltenden Glauben ab. *14Denn wir haben Anteil an Christus nur, wenn wir die ursprüngliche Zuversicht bis zum Ende festhalten, 15solange es heißt: `Heute, wenn ihr seine Stimme hört, so verhärtet eure Herzen nicht wie bei der Auflehnung´.* Diese Verse reden über geistliche Erfahrungen im jetzigen Leben. Christen, die die ursprüngliche Zuversicht bis zum Ende festhalten, freuen sich über den Segen der Gemeinschaft mit dem Herrn Jesus Christus und erfahren die Kraft seines Reiches. Jesus gefällt es, `Begleiter´ zu haben,

Menschen, die an dem teilhaben, was er tut. Der Herr Jesus Christus hat seine Begleiter, `die weiße Kleider tragen und immer bei ihm sind´ (Offenbarung 3,4-5). Wenn unser erster Glaubensschritt zu Jesus hin `der Anfang unserer Zuversicht´ ist, dann soll das übrige christliche Leben darin bestehen, dass wir in ständiger Zuversicht leben. Dem ersten Glauben muss der `zweite´ Glaube folgen. Der ersten Glaubensphase muss die zweite Glaubensphase folgen. Dem Glauben, der gerecht macht, muss der Glaube folgen, der heiligt. Passivem Glauben muss aktiver Glaube folgen.

Das zweiphasige Wesen des christlichen Glaubens wird oft mit einem zweistöckigen Gebäude verglichen. Da ist ein Fundament, der Glaube an den Herrn Jesus Christus. Und da ist etwas, was auf diesem Fundament errichtet wurde (siehe 1. Korinther 3,10-15). Man wird auf eine Rennbahn gestellt und dann rennt man um den Preis (1. Korinther 9,24-27). Man wird von Jesus Christus `ergriffen´ und dann gilt es festzuhalten, wozu man ergriffen wurde (Philipper 3,12-14). Man kommt aus Ägypten in die Wüste, und dann kommt man aus der Wüste ins verheißene Land. Man kommt nicht in einer Etappe von Ägypten ins verheißene Land. Die erste Etappe bringt dich aus Ägypten. Die zweite Etappe bringt dich ins verheißene Land. Die bemerkenswerteste Aussage findet sich vielleicht in Judas Vers 5: `Nachdem der Herr das Volk ein für allemal aus Ägypten gerettet hat, hat er in der zweiten Phase diejenigen vertilgt, die nicht glauben´. Judas gebraucht das griechische Wort *deuteron* – `an zweiter Stelle´.

Die erste Phase der Errettung ist sicher. Israel ging nie zurück nach Ägypten! Es ist die zweite Phase des Glaubens, für die das Neue Testament (einschließlich des Hebräerbriefs) viele Warnungen hat. Was ihnen in der ersten Glaubensphase (später auch `ewige Erlösung´ und `für immer geheiligt´ genannt) gegeben wurde, geht nicht verloren. Aber was möglicherweise verloren gehen konnte, war das verheißene Land, die ganze Erfüllung der Verheißungen Gottes. In der Wüste mussten Mose und Josua die Israeliten niemals ermutigen, ganz von Ägypten frei zu werden. Dieses Thema musste nicht diskutiert werden. Die Botschaft ist nicht: `Wenn du rebellisch wirst, gehst du zurück nach Ägypten´, sondern eher die: `Mache weiter. Wenn du rebellisch wirst, wirst du nicht ins Land kommen, wo Milch und Honig fließen´. Josuas Botschaft war: `Das Land ... ist ein überaus gutes Land! Der HERR wird uns in dieses Land bringen und es uns geben. Der HERR ist mit uns, fürchtet euch nicht´ (4. Mose 14,7-9). Die Phase 1 hatten sie schon erreicht; die Phase 2 lag noch vor ihnen. Bei den Warnungen geht es um die Phase 2, nicht um die Phase 1.

Denn wir haben Anteil an Christus nur, wenn wir die ursprüngliche Zuversicht festhalten. Wie lange? `Bis zum Ende!´ (3,14). Das Ende wovon? Bis zum Ende unseres Lebens? Das sollten wir sicher so auffassen. Wir sagen zu uns: `Ich entschließe mich, Gott bis zum letzten Tag meines Lebens zu glauben´. Doch `das Ende´ könnte sogar noch früher kommen! Zum Teil meint er auch (wie jeder weiß, der irgendwelche Erfahrungen im Leben für Gott gemacht hat) `bis zum Ende jeder Situation, in der wir uns befinden´. Aber im Licht des ganzen Hebräerbriefes wird auch deutlich, dass es auch bedeutet: `bis zu der Zeit, wenn Gott in seiner Barmherzigkeit schwört, dass wir seine Verheißungen geerbt haben´.

Wir halten `an unserer Zuversicht fest, solange es heißt: ‚Heute, wenn ihr seine Stimme hört, so verhärtet eure Herzen nicht...´. Die ganze Zeit über, während wir am Glauben festhalten, sagt Gott zu uns: `Höre meine Stimme. Werde nicht hart. Werde nicht aufsässig´.

Er will diesen Punkt deutlich machen, indem er einige Fragen stellt: **Erstens fragt er, wer war an dieser Sünde beteiligt?** Die Antwort: fast jeder. [16]*Denn wer war es, der Gott erzürnte, als sie ihn hörten? Waren es nicht alle, die durch Mose geführt aus Ägypten kamen?* Der Schreiber empfiehlt uns, dass wir in unserer Generation beschließen, zu den wenigen zu gehören, die zur Ruhe Gottes kommen. **Zweitens fragt er, was zu ihrer Bestrafung führte** (3,17). Wenn die große Mehrheit der Israeliten das verheißene Land in Wirklichkeit nicht erreichte, warum haben es so viele nicht geschafft? ¹⁷*Und auf wen war er vierzig Jahre lang zornig? Waren es nicht die, die gesündigt hatten, deren Leiber in der Wüste fielen?* Die Ursache dieses gigantischen Versagens war Sünde auf Seiten des Volkes Gottes. Sünde und nichts anderes verursachte ihren Fall. **Drittens fragt er nach dem Wesen ihrer Sünde** (3,18-19). Der Schreiber möchte noch weiter in das Wesen des Versagens vordringen. ¹⁸*Und wem schwor er, dass sie nicht zu seiner Ruhe kommen würden, wenn nicht denen, die nicht glaubten und nicht gehorchten?* Sein Wort hier (von *apeitheo* `sich weigern zu glauben´ oder `nicht gehorchen´) bezieht sich auf Ungehorsam, und zwar auf eine bestimmte Art von Ungehorsam. Ich übersetze zwei griechische Wörter (tois *apeithesasin*) mit acht Wörtern: `denen, die nicht glaubten und ihm nicht gehorchten´ (3,18).

Wer rebellierte gegen Gottes Stimme? Jeder! (3,16). Was für Menschen waren es? Sündhafte Menschen! (3,17). Was war das Wesen ihrer Sünde? Es war Unglaube! (3,18-19). ¹⁹*Und so sehen wir, dass sie nicht zu seiner Ruhe kommen konnten wegen ihres Unglaubens.* Der Glaube erbt Verheißungen – wenn er fortbesteht. Unglaube verliert das Vorrecht, `zur Ruhe Gottes zu kommen´.

15

Ein Angebot, das immer noch gilt
Hebräer 4,1-3a

`Gottes Ruhe´ können wir immer noch haben, sagt er. Sie endete nicht zur Zeit Josuas. *[1]Obwohl Gottes Zusage immer noch besteht, dass wir zu seiner Ruhe kommen können, lasst uns ängstlich darauf bedacht sein, dass nicht doch jemand von euch annimmt, er habe seine Gelegenheit verpasst!* Zum ersten Mal spricht der Verfasser von `seiner Ruhe´, nämlich von Gottes Ruhe. Diese Ruhe genießt Gott und wir dürfen an ihr teilhaben.

Es gibt eine richtige Art von Furcht. `Deshalb lasst uns nun ängstlich... ´, schreibt er. Wir wollen nicht versäumen, `zur Ruhe Gottes zu kommen´. Wir wollen in diesem Leben nicht unter den Eid des Zornes Gottes kommen, oder unter sein Feuergericht, das uns die Belohnung am Richterstuhl Christi raubt. Lasst uns – gemeinsam – ängstlich darauf bedacht sein, dass nicht du oder ich oder ein anderer Christ in unserer Gemeinschaft in Unglauben fällt und sein Herz verhärtet.

Es gibt Verheißungen, die uns noch in Aussicht gestellt werden. Das Wort `Verheißung´ (4,1) erscheint hier zum ersten Mal im Hebräerbrief. Bei diesen Verheißungen geht es nicht um unsere ursprüngliche Errettung; sondern um das, was **danach** kommt (nach der `Rechtfertigung´, wie Paulus sagen würde). `Erbschaft´ und `Rechtfertigung´ sind etwas anderes. Abraham musste warten, um die Erfüllung der Verheißung zu erleben (6,15), aber auf die Gewissheit, dass man errettet ist, muss man nicht warten. Wir werden im weiteren Verlauf sehen, um welche Verheißungen es geht: um Berufung zum Dienst, um Befähigung trotz Gebrechlichkeit und Schwächen, um die Erfahrung Jesu als unseren Melchisedek-Priester, und so weiter. Der größte Aspekt der Verheißung in diesem Leben ist die `Ruhe´, die wir mit Gott selbst teilen. Und dann ist da noch die Belohnung nach dem Tod für alles, was wir für Gott getan haben. Die Verheißungen werden in diesem Leben erlangt, aber zugleich sind sie Schätze, die im Himmel aufbewahrt werden.

Die Gelehrten debattieren beim Vers 1 über die Übersetzung. Das verwendete Wort (*dokeo*) bezieht sich oft auf eine verkehrte menschliche Meinung. Auch hier denkt der Schreiber an eine falsche Meinung. Die Übersetzung sollte lauten: `annimmt, dass er seine Gelegenheit verpasst hat´. (i) Zuerst könnten sie denken – da die Israeliten nur einmal in Ihrer Geschichte in Kanaan eingehen konnten – dass es nur um die erste Zeit nach dem Einzug ins verheißene Land ging. (ii) Aber auch die Leser sind entmutigt. Sie könnten leicht sagen: `Wir haben unsere Chance verpasst. Gott ist zornig auf uns. Wir können genauso gut aufgeben.´ Der Schreiber sagt, dass auch das Unglaube ist. Entmutigung ist eigentlich auch nur eine Art rebellischen Unglaubens. Sie lehnt es ab, an Gottes Gnade zu glauben.

Unsere Situation ist gar nicht so anders als die der ersten Generation von Israeliten. *2Denn auch wir sind Menschen, denen eine gute Nachricht verkündet worden ist, ebenso wie sie. Aber das Wort, das sie hörten, hat ihnen nichts genutzt, weil sie nicht mit denen, die es hörten, im Glauben verbunden waren.* Tatsächlich haben die Israeliten Mose geglaubt, als er ihnen die Botschaft ihrer Befreiung brachte. `Da glaubte das Volk´ (2. Mose 4,31). Es war ihr Glaube an das Blut des Lammes, der es dem Todesengel erlaubte, zur Zeit des Gerichtes Gottes an ihnen vorüberzugehen. Aber die `gute Nachricht´ vom Land Kanaan war auch wichtig. In der **zweiten** Phase ihrer Beziehung zu Gott entwickelten sie ein ungläubiges Herz. `Nachdem der Herr das Volk ein für allemal aus Ägypten gerettet hat, hat er **in der zweiten Phase** diejenigen vernichtet, die nicht glaubten´ (Judas 5). Später im Bericht erinnert Gott Mose daran, dass das Volk (einschließlich Mose) nicht nach Kanaan kommen durfte, `weil ihr mir nicht geglaubt habt´ (4. Mose 20,12).

Die gesamte christliche Botschaft enthält einen Aufruf, weiterzumachen, um zu Gottes Ruhe zu kommen. Uns, die wir schon unseren Glauben in das Blut des Lammes gesetzt haben, werden **noch mehr** gute Nachrichten erzählt. Durch das Blut des Herrn Jesus Christus sind wir Gottes Gericht **schon** entkommen. Aber es gibt noch mehr gute Nachrichten für uns. Es gibt einen Ort, an dem `Milch und Honig fließen´, einen Ort reichlichen Segens von Gott, einen Ort der Ruhe, wenn wir sehen, wie unser Herr Jesus Christus für uns arbeitet und wir ihn schwören hören: `Ich werde dich wirklich segnen´. Wir erhalten einen Bericht aus der Heiligen Schrift, so wie die Israeliten einen Bericht von Kanaan erhalten haben. Die Frage ist: Werden wir Christen beim `zweiten Mal´ mit Glauben reagieren (Judas 5, buchstäbliches Griechisch)? Was werden wir mit den guten Nachrichten über Gottes Zukunftspläne für uns machen? Gott hält uns eine Stange mit Weintrauben, Granatäpfeln und Feigen hin und sagt: `Schau, was ich dir geben will! Warum vertraust du mir nicht und machst nicht weiter bis zur Reife – im Land, wo Milch und Honig fließen´?

Die zwölf Spione stimmten in den grundlegenden Fakten überein. Alle zwölf waren sich einig, dass sie viele Menschen und befestigte Städte gesehen hatten sowie ein fruchtbares Land, welches mehr als genug hatte, um das ganze Volk zu versorgen. Aber zehn von ihnen sagten: `wir sind nicht fähig, dort einzuziehen´. Kaleb und Josua sahen es ganz anders: `Wir sollten auf jeden Fall hinaufziehen und das Land einnehmen, denn wir werden es bestimmt bezwingen!´ (4. Mose 13,30). Kaleb und Josua hatten Gottes Macht immer wieder erlebt. Sie hatten Manna vom Himmel fallen sehen. Josua und Kaleb hatten Gottes Wege kennen gelernt. Sie wussten, – auch wenn alles dagegen zu sprechen schien – dass Gott, wenn er etwas verspricht, auch dazu steht.

Zehn Spionen fehlte es am Glauben; zwei Spione setzten sich dafür ein, am Glauben festzuhalten. Was sollte das Volk tun? Hebräer 4,2 erzählt uns, was passierte. Das Volk war nicht im Glauben verbunden mit denen, die zugehört hatten. Josua und Kalb hatten den Verheißungen Gottes zugehört. Trotz der wunderbaren Zusage eines fruchtbaren Lands, das direkt vor ihnen lag, nützten ihnen die Worte, die sie gehört hatten, nichts. Das Volk war mit denen, die zuhörten, nicht im Glauben verbunden. In ihrem Unglauben verloren sie das verheißene Land. Gott vergab ihnen – eine Tatsache, die man nicht übersehen darf – aber er schwor, dass sie das Land Kanaan nicht betreten würden (4. Mose 14,20-24).

Hebräer 4,3 fordert uns zu einer Verpflichtung auf. Die ersten Israeliten hörten eine Botschaft über den Wert des Landes Kanaan, aber sie nahmen diese Botschaft nicht in anhaltendem Glauben auf (4,2), und deshalb verloren sie die Erfahrung, die ihnen angeboten wurde. Nun schreibt der Verfasser einige Worte der Erklärung: *3Denn wir, die wir geglaubt haben, kommen zur Ruhe Gottes, wie er gesagt hat: `Deshalb schwor ich in meinem Zorn: Sie werden bestimmt nie zu meiner Ruhe kommen!´* Was meint er in Vers 3a? **Bezieht sich `die wir geglaubt haben´ auf alle Christen?** Nein. Wenn es sich auf alle Christen beziehen würde, so würde er sagen: `Alle Christen kommen zur Ruhe Gottes´. Das ist offensichtlich nicht wahr. **Bezieht sich `die wir geglaubt haben´ nur auf einige Christen?** Ja. Es bezieht sich nur auf die, die eifrig am Glauben festhalten. Wenn der Unglaube von Hebräer 4,2 sich auf das Versäumnis, weiter zu glauben bezieht, dann bezieht sich der Glaube aus Hebräer 4,3 auf die, die es nicht versäumen und weiter glauben. Im Endeffekt bedeutet Hebräer 4,3 dann: `Wir, die wir uns fest dazu verpflichtet haben, im Glauben fortzufahren, erwarten, dass wir früher oder später zu Gottes Ruhe kommen werden´.

16

Gottes Ruhe
Hebräer 4, 3b-7

In den Tagen Moses bot Gott dem Volk Israel die Möglichkeit an, `zu seiner Ruhe zu kommen´. Aber das bedeutete nicht, dass `Gottes Ruhe´ zum ersten Mal wirksam war. *³Und doch waren seine Werke seit Grundlegung der Welt vollendet.* Gottes Ruhe existierte im Herzen Gottes schon seit der Zeit, als sein Werk der Schöpfung fertig gestellt war. Gottes Schöpfung wurde in einer bestimmten Zeitspanne fertig gestellt, und seitdem genießt Gott Ruhe. Nun erklärt der Hebräerbrief: *⁴Denn jemand hat irgendwo vom siebten Tag so gesprochen:* `Und Gott ruhte am siebten Tag von allen seinen Werken´, *⁵Und zum selben Thema sagt er:* `Sie sollen nicht zu meiner Ruhe kommen´. Die `Ruhe´, zu der der belohnte Christ kommt, ist `**Gottes** Ruhe´. `Zur Ruhe kommen´ besteht darin, dass der Christ teilhat an Gottes eigener Freude an dem, was er geschaffen hat.

Nach sieben `Tagen´ der Schöpfung `ruhte´ Gott. Es war eine Zeit, in der Gott Freude daran hatte zu betrachten, was er erschaffen hatte. Gottes Ruhe ist Gottes eigene `Belohnung´ für das, was er getan hatte. Sie geht immer noch weiter. Uns wird vom Ende jedes einzelnen Tages berichtet (1.Mose 1,5. 8. 13. 19. 23. 31). Aber nicht vom Ende des siebten Tages. Der ist nicht vorbei! Gottes Ruhe ist keine Untätigkeit. Sein Sabbat ist seine Freude an dem, was er getan hat. Er erntet den Nutzen seiner vorherigen Tätigkeit. Er kommt zum Segen seiner sechstägigen Arbeit.

Als Gott die Welt machte und sich an dem erfreute, was er gemacht hatte, war sein Plan, dass der Mensch, den er am Ende der sechs Tage machte, zu seiner Freude `kommen´ sollte. Gott hatte die ganze Schöpfung gemacht. Der Mensch sollte nun dazu

72

kommen und an allem teilhaben. Die Menschheit war darauf angelegt, den Nutzen von allem zu ernten, was Gott gemacht hatte, als er eine vollkommene Welt schuf, und sich mit Gott über das zu freuen, worüber Gott sich freute. Wenn die Menschheit gehorsam geblieben wäre, so wäre die Belohnung für den Gehorsam die vollkommene Freude gewesen an allem, was Gott für sie erschaffen hatte. Aber der Mensch verlor das Recht, zur `Ruhe Gottes´ zu kommen. Er rebellierte, und die Möglichkeit, sich über alles, was Gott gemacht hatte, zu freuen, war für die Menschheit verloren. Sie kann nur durch beharrlichen und gehorsamen Glauben an Jesus wiederhergestellt werden.

1. Mose 2 und Psalm 95 sprechen von demselben geistlichen Segen. Was in 1. Mose 2 über Gott selbst gesagt wird, ist genau dieselbe Ruhe, die in Psalm 95 erwähnt wurde. Bei der geistlichen Erfahrung des `zur Ruhe Kommens´ handelt es sich darum, `zur Ruhe **Gottes** zu kommen´, das heißt, wir erleben genau dieselbe Freude, die Gott empfand, als er seine Schöpfung beendet hatte. Gott hat etwas in und durch uns erreicht. Er erfüllt seinen Plan, uns mit Ehre und Herrlichkeit zu krönen. Wenn er uns zu einem hohen Grad an Gehorsam bringt, ist es ein Teil seiner Freude, das zu tun. Es ist seine ständige Freude an der Schöpfung. Wenn wir einen Grad an Gehorsam erreichen, dass Gott schwört: `Ich will dich wirklich segnen!´, dann erfüllt Gott die Absicht, die er mit der Schöpfung hatte. Er ruht in Freude in dem, was er getan hat. Und er teilt etwas von seiner Freude mit uns.

Weiter argumentiert der Schreiber, dass, wenn es die Möglichkeit der `Ruhe´ vor der Eroberung gab, es auch die Möglichkeit gibt, nach der Zeit der Eroberung zu `Gottes Ruhe zu kommen´ (4,6-7). Es war nicht alles aus und vorbei zur Zeit Josuas. Der Schreiber fordert uns auf: `So wollen wir nun eifrig bestrebt sein, zu jener Ruhe zu kommen´ (4,11). Diese `Ruhe´ ist der Zeitpunkt im Leben eines Christen, wenn (i) Gott dem Gläubigen offenbart, dass sein andauernder Glaube belohnt worden ist, (ii) wenn Gottes Verheißungen für unsere Berufung im Leben durch Gottes Eid unwiderruflich gewährleistet werden, und (iii) wenn wir an Gottes Freude an seiner Absicht mit der Schöpfung teilhaben. Zur Ruhe kommen geschieht dann, wenn Gott uns sagt, dass er einen Eid über uns geschworen hat, der seine Verheißungen bestätigt. Dieser Aspekt des Themas wird in Hebräer 6,13-20 behandelt. Der Bund wird bestätigt. Der Eid ist ein wesentlicher Bestandteil eines Bundes. Ein Bund ist nur `im Angebot´, bis der Bundeseid gegeben wird. Es ist dasselbe, wie `das Allerheiligste zu betreten´. Es ist nicht der Himmel, aber ein Vorgeschmack auf den Himmel. Es ist das Empfangen der Versicherung, dass Gott uns gehört hat. Jeder Christ, der schon einmal mit absoluter Sicherheit wusste, dass Gott ihn gehört hat, weiß, dass in diesem Moment seine Erfahrung mit Gott unglaublich ruhevoll war.

6Da nun noch vorbehalten bleibt, dass etliche zur Ruhe Gottes kommen sollen, und da die, welchen zuerst die Heilsbotschaft verkündigt worden ist, wegen ihres Unglaubens nicht dazu gekommen sind, 7so legt er wiederum einen Tag fest, ein `Heute´, indem er nach so langer Zeit durch David sagt, was vorher gesagt worden ist: `Heute, wenn ihr seine Stimme hört, verhärtet eure Herzen nicht!´ Als die Israeliten das irdische Land Kanaan betraten (vierzig Jahre, nachdem ihnen das Land ursprünglich angeboten wurde), war es zu diesem späten Zeitpunkt nicht ein Beispiel dafür, dass sie `in Gottes Ruhe eingegangen´ sind. Diese Chance hatten sie am Anfang der vierzig Jahre verspielt. Also selbst nachdem die Israeliten im Land Kanaan waren, war es **immer noch** so, dass keine größere Gemeinschaft von Gläubigen `in Gottes Ruhe eingegangen war´. Der ganzen Gemeinde des Herrn Jesus Christus steht es immer noch offen, die Freude zu entdecken, zu Gottes Ruhe zu kommen.

17

Gottes Ruhe genießen
Hebräer 4,8-13

David hatte eine Vorstellung davon, was es heißt, `zu Gottes Ruhe zu kommen´, denn das erlebte er selbst, als er nach Jahren von Kämpfen und Anfechtungen schließlich zu dem Punkt kam, wo Gott ihm einen Eid gab. Unwiderruflich sagte Gott zu David: `Dein Same wird für immer fortbestehen. Das schwöre ich!´ (wenn ich 2. Samuel 7 und Psalm 89 so zusammenfassen darf). `Der Herr hatte ihm ringsumher Ruhe gegeben´ (2. Samuel 7,1). Gott gab ihm auch innerlich Ruhe, indem er ihm einen unerschütterlichen Eid gab, dass seine Nachkommenschaft für immer fortdauern würde. David wusste, wovon er redete, als er das Volk zu seiner Zeit aufrief, als ganzes Volk Gottes `zur Ruhe zu kommen´. Keine große Gemeinschaft von Menschen war je zu `Gottes Ruhe´ gekommen, aber es war ein Angebot. Die Israeliten hätten ja konsequent glauben und Gott gehorchen können. Gott hielt das Angebot noch aufrecht. *8Denn wenn Josua sie zur Ruhe gebracht hätte, dann würde er* [David] *nicht von einem anderen, späteren Tag sprechen.* Man könnte meinen, dass die Israeliten, obwohl sie zuerst nicht nach Kanaan kamen und Gottes Ruhe nicht erfahren konnten, sie es doch vierzig Jahre später nachholten.

Aber nein, das passierte nicht. Vierzig Jahre später erlaubte Gott ihnen Kanaan zu betreten, **ohne** sie weiter zu prüfen. Es war nicht so, dass sie geistlich zu Gottes Ruhe kamen. Zu dieser späteren Zeit war es keine Frage des Glaubens und der Geduld, um die Verheißung zu ererben. Gott gab sie ihnen, ohne weiterhin Glauben und Geduld zu verlangen. Wenn die ganze Gemeinschaft **geistlich** in die Ruhe eingetreten wäre, so wäre es das Ziel gewesen, das sich Gott so viele Jahrhunderte gewünscht hatte. Aber das passierte nicht, und ein paar hundert Jahre später sprach Gott noch einmal zu den Israeliten über dieses Thema. Doch auch unter David gingen die Israeliten nicht als Gemeinschaft in die reiche geistliche Erfahrung ein, die Gott ihnen geben wollte. Das Ergebnis ist: *9Also bleibt dem Volk Gottes noch eine Sabbatruhe vorbehalten.* Die Möglichkeit für das ganze Volk Gottes, den Plan, den Gott seit Anbeginn der Schöpfung hatte, zu erfüllen, besteht immer noch. Sie besteht für uns. Wenn wir – mit der Hilfe Jesu, unseres großen Hohenpriesters – am Glauben und an der Geduld festhalten, werden wir zu Gottes Ruhe kommen. Das ist Gottes Ziel: zu sehen, wie eine ganze Generation zu seiner Ruhe gelangt. Wenn das ganze Volk Gottes seinen Eid in einer Generation erlebt, dann ist Gott zufrieden.

Diese `Sabbatruhe´ ist nicht der Sabbat vom Gesetz Moses oder der Sonntag als heiliger Tag. Es ist eher ein Muster, dem wir folgen sollen. Das Leben muss nach Gottes Plan geführt werden. Wir arbeiten mit ihm zusammen, bis er seine Absicht erreicht. `Zur Ruhe kommen´ ist der Augenblick, wenn wir die guten Dinge erben, die Gott in uns und durch uns getan hat. *10Denn wer zu seiner Ruhe gekommen ist, der ruht selbst von seinen Werken, ebenso wie Gott von seinen Werken ruhte.* Das beschreibt, wie sich der Gläubige fühlt, der mit Gottes Eid belohnt wird. Wir kommen zu **Gottes** Ruhe. Wir erleben in kleinerem Ausmaß, was Gott erlebte, als er mit dem Werk seiner Schöpfung zufrieden war. Wenn die Verheißung so empfangen wird, dass sie nicht verloren gehen kann, ist das äußerst ruhevoll. Wir erleben, was Gott erlebte, als er sich über die Schöpfung freute. Nach dem Ereignis in 1. Mose 22 war Abrahams Lebenswerk vollbracht. Er lebte noch. `Zur Ruhe kommen´ heißt nicht, zu sterben oder in Rente zu gehen! Abrahams Arbeit war oft sehr mühsam, aber als Gott in 1. Mose 22,16-18 den Eid gab, `kam er zur Ruhe´. Es war eine Zeit der Ernte. Die Mühsal, der Kampf im Glaubensleben hatte ein Ende. Der Eigenwille ist aufgegeben, wenn man zu Gottes Ruhe gekommen ist. Wenn man den Eid erlebt hat, gibt es ein zuversichtliches und ruhiges Tätigsein, das – obwohl nicht faul oder passiv– ohne Panik oder Sorge ist, weil wir wissen, dass unsere Sache ganz in Gottes Hand ist. Wir sind von unseren eigenen Werken abgelöst, um Gott Raum zum Handeln zu geben. Es ist ein Leben, das mehr denn je Gott hingegeben ist. Wir leben in der festen Überzeugung von Gottes Souveränität.

In Hebräer 4,11 kommen wir zum Schluss dieses Abschnitts, der uns seit Hebräer 3,7 beschäftigt. *[11]So wollen wir denn eifrig bestrebt sein, zu jener Ruhe zu kommen, damit niemand durch dieselbe Art von Unglauben zu Fall kommt.* Die Verse 12-13 sind die letzten Worte der Warnung, die erklären, warum man eifrig bemüht sein soll, an Gottes Ruhe teilzuhaben. *[12]Denn das Wort Gottes ist lebendig und wirksam und schärfer als ein zweischneidiges Schwert, es dringt durch, bis es scheidet Seele und Geist, Mark und Bein, und es unterscheidet die Gedanken und Absichten des Herzens. [13]Und vor Gott ist kein Geschöpf verborgen, sondern alles ist enthüllt und aufgedeckt vor den Augen dessen, der über uns entscheiden wird.* Wir müssen das `zur Ruhe kommen´ ernst nehmen. Gottes Wort wird bald eine Entscheidung über uns treffen. Es unterscheidet die Gedanken und Absichten unseres Herzens. Nicht nur beachtet Gott, was wir denken, sondern er beachtet auch, was wir beabsichtigen, in welche Richtung sich unser Leben bewegt. Vor Gott ist kein Geschöpf verborgen, sondern alle Dinge sind vor ihm offen und sichtbar. Früher oder später wird Gott im Licht seines Wortes handeln. Er wird segnen oder streng bestrafen. Wir werden etwas für ewig gewinnen oder für ewig verlieren. Er wird die Entscheidung über uns treffen. Wir werden einen Eid des Zorns oder einen Eid des Segens erleben.

18

Sich dem Thron nähern
Hebräer 4,14-16

Es besteht absolut kein Anlass dazu, nicht voranzugehen und nicht auf Gottes Stimme zu hören. Der mächtige Retter, der in Hebräer 1,1-14 und 2,5-18 so ausführlich beschrieben wird, ist bereit, uns zu helfen. ¹⁴*Da wir nun einen großen Hohenpriester haben, der die Himmel durchschritten hat, Jesus, den Sohn Gottes, so lasst uns festhalten an dem Glauben, zu dem wir uns bekannt haben!* Von diesem Punkt an wird unser Schreiber sehr gründlich ausarbeiten, was es heißt, Jesus unseren Hohenpriester zu nennen. (i) In Hebräer 4,14-16 gibt er eine allgemeine Einführung in das Thema. Jesus ist ein mitfühlender Hoherpriester. Er macht es uns möglich, in Gottes Nähe zu leben. (ii) In Hebräer 5,1-10 stellt unser Schreiber fest, dass Jesus das Vorbild des Priestertums, das wir bei den Priestern im mosaischen Bund sehen, erfüllt. (iii) In Hebräer 5,11-6,12 schweift er ab, um uns zu warnen, bevor er diesen Teil der Botschaft abschließt. Der Eid von Gottes Zorn kann geistlichen Fortschritt blockieren. (iv) In Hebräer 6,13-20 zeigt er den Lesern eine andere Art Eid: der Eid der Barmherzigkeit Gottes. (v) In Hebräer 7,1-28 greift er das Thema des Melchisedek-Priestertums Jesu wieder auf. Unser Herr Jesus Christus hat so viel Mitleid mit uns, aber es scheint, als bräuchten wir viel Überzeugungsarbeit, um zu glauben, dass es wirklich so ist. Jesus fühlt mit uns in unserer Unwissenheit. Er lernte Mitleid in der Schule des Leidens. Menschen, die niemals leiden mussten, haben kein Mitgefühl. Wenn wir leiden oder in Versuchungen stehen, sagt Jesus zu uns: ´Ich weiß, wie man sich dabei fühlt.´ Wir werden uns niemals kühn unserem Herrn Jesus Christus nähern, wenn wir nicht ein wenig davon ahnen können, wie sehr er für uns gelitten hat, wie sehr er fühlt, was wir fühlen.

Wir sollen nah bei Gott leben. Wir benutzen oft den Ausdruck, `sich Gott nähern´, wenn wir über das Gebet sprechen, aber ich glaube, dass es sich auf etwas viel Größeres bezieht, als ein Gebet zu sprechen oder eine Gebetszeit zu haben. Ich denke, es bezieht sich auf Nähe zu Gott als ständigen Lebensstil. Jesus, unser großer Hoherpriester, befähigt uns, ständig nahe bei Gott zu leben. In Hebräer 4,14 fängt dieses Thema an, sich zu entfalten. Jesus macht es möglich.

1. **Wer ist er?** Er ist `Jesus, der Sohn Gottes´. Hier finden wir eine Kombination zweier Ausdrücke. Er ist (i) Jesus; und er ist (ii) der Sohn Gottes. Das erste Wort weist hin auf Jesu Menschlichkeit. `Der Sohn Gottes´ ist Jesu göttlicher Titel. Er bedeutet, dass er der Messias ist und sogar dass er Gott ist. Wenn wir diesen Titel benutzen, denken wir an Jesu göttliche Macht.

2. **Was ist er?** Er ist ein großer Hoherpriester, die Erfüllung von allem, was die Priester im Alten Testament vorhergesagt und angekündigt hatten. Die Priester gaben (i) Anweisungen über das Opfersystem, (ii) sie waren symbolische Fürsprecher für das Volk und (iii) sie brachten Opfer für das Volk. In all dem wies das Priestertum auf den Herrn Jesus Christus hin. Jesus erzählt uns, dass er der Weg zur Errettung ist. Er ist unser Fürsprecher. Er bringt sein eigenes Blut dar als Opfer für unsere Sünden.

3. **Wo ist er?** Er ist durch die Himmel gegangen. So wie der Hohepriester durch die verschiedenen Abteilungen der Stiftshütte ging und das Allerheiligste am Versöhnungstag betrat, so ist Jesus zu dem Ort im Universum gegangen, wo der Charakter und das Wesen Gottes sichtbar in `Herrlichkeit´ erstrahlt. Er ist die unmittelbare, greifbare, sichtbare Gegenwart Gottes. Dort zeigt er sich, zieht die Aufmerksamkeit des Vaters auf sein Blut und bittet den Vater für uns. Jesus ist zur Rechten des Vaters. Er hat die Himmel durchschritten.

4. **Zu wem gehört er?** Für wen tut er sein Werk? Hebräer 4,14 sagt es uns. Er ist unser. `Wir haben einen großen Hohen- priester...´ Wir gehen auf ihn ein, indem wir am Glauben

festhalten. `Da wir einen großen Hohenpriester haben, ...lasst uns festhalten am Glauben, den wir bekennen!´

Unser Schreiber sagt uns andauernd, dass wir uns nicht von unserem Glauben abwenden, sondern am Glauben festhalten sollen. Unser Schreiber erklärt: *15Denn wir haben nicht einen Hohenpriester, der kein Mitleid haben könnte mit unseren Schwachheiten, sondern wir haben Jemand, der in allem versucht und geprüft worden ist genauso wie wir, doch ohne Sünde.* Eine der wichtigsten Eigenschaften, die ein Hoherpriester haben muss, ist Mitgefühl. Männer und Frauen haben viele Schwachheiten. Der Hohepriester darf nicht kritisieren oder verurteilen, wenn er Schwachheiten begegnet. Er muss vielmehr Mitgefühl für die Person vor ihm haben, und ihm muss klar sein, dass sie schwach ist und diese Schwäche Teil ihrer Natur ist. Wir alle haben unsere Schwächen, körperlich, geistlich oder intellektuell. Unsere Schwächen kommen vielleicht von unserem Temperament oder von unserer Herkunft in Armut. Viele werden von sexuellen Schwächen geplagt. Römer 14,1 spricht von Schwächen des Glaubens. Am schlimmsten ist geistliche Schwäche. Aber Jesus kennt das Schlimmste von uns – und er lehnt uns nicht ab! Jesus selbst hatte Schwächen. Wie gehen wir mit unseren Schwächen um? Wir müssen an das Mitgefühl von Jesus glauben.

Also – sagt der Schreiber – *16So lasst uns nun kühn und mutig hinzutreten zum Thron der Gnade, damit wir Barmherzigkeit erlangen und Gnade finden zu rechtzeitiger Hilfe, wenn wir in Not sind!* Wir müssen hier beide Seiten beachten. `Lasst uns festhalten am Glauben ... Lasst uns hinzutreten zum Thron der Gnade.´ **Beiden** Aufforderungen muss gehorcht werden. Es gibt immer Menschen, die glauben, dass sie vieles tun, um sich Gott zu nähern, aber sie halten nicht am Glauben an den einzigartigen Herrn Jesus Christus fest. Sie möchten religiös und Menschen des Gebets sein. Sie lieben Frömmigkeit! Aber sie scheinen zu denken, dass es keine Rolle spielt, ob wir an den einzigartigen Sohn Gottes, den Herrn Jesus Christus glauben. Sie möchten `zum Thron Gottes hinzutreten´, aber sie möchten nicht `am

Glauben festhalten´. Aber es gibt andere, die genau den umgekehrten Fehler machen. Sie finden Interesse an der christlich orthodoxen Lehre (und das ist gut!), aber sie nähern sich Gott nicht oft. Man kann auf Gemeinden stoßen, die biblische Lehre lieben, wo eine Gemeinde von einigen tausend Hörern auf auslegendes Predigen hört, aber niemand zu den Gebetstreffen kommt! Das bedeutet, dass sie ´am Glauben festhalten´, aber nicht ´zum Thron kommen´ wollen. Aber das ist gefährlicher Intellektualismus! Menschen, die die Lehre lieben, aber nicht das Gebet, sind in großer Gefahr! Man muss beiden Aufforderungen gehorchen. Es sind zwei Aufforderungen, nicht eine! Und die beiden sind miteinander verbunden! Man kommt nicht wirklich zu Gott, wenn man keinen Glauben an Jesus Christus hat. Und dein Festhalten am Glauben ist kein wirkliches Festhalten am Glauben, wenn er dich nicht zum Thron führt!

19

Die Erfüllung des Alten Testaments
Hebräer 5,1-7

Wir haben schon die Aufforderung gelesen, dass wir uns auf Jesus, unseren mitfühlenden Hohenpriester verlassen sollen (4,14-16). Nun will unser Brief uns zeigen, wie das Priestertum Jesu tatsächlich die Erfüllung des Priestertums ist, die Teil des Gesetzes war, das Israel durch Mose gegeben wurde. Jesus ist die wahre Bedeutung des mosaischen Systems. Die Priester des Stammes Levi waren ein `Schatten´ von Christus. Das Evangelium ist die Erfüllung des Gesetzes. Es ersetzt es und hebt es auf.

1. **Zuerst müssen wir eine Vorstellung davon haben, wer diese Priester waren und was sie taten.** Das erfahren wir in Hebräer 5,1-4. (i) Wir hören vom menschlichen Charakter des Hohenpriesters. Jeder Hohepriester wurde `unter Männern ausgewählt´ (5,1). Kein Engel, keine Frau, nur ein Mann konnte Hoherpriester sein. (ii) Unser Schreiber spricht von dem Werk eines Hohepriesters. *¹Denn jeder unter Männern ausgewählte Hoherpriester ist eingesetzt, um für andere Menschen in ihrer Beziehung zu Gott zu handeln. Deshalb bringt er Gott Gaben und Opfer für die Sünden.* `Gaben´ und `Opfer´ umfassen jede Art von Opfergabe, die Gott im mosaischen Ritual dargebracht wurde. Es gab einige Gaben, die keine Opfer waren (z.B. die Zehnten). Der Hohepriester repräsentierte das Volk und gab Gott, was Gott wollte, auf eine Art, die das Volk für Gott annehmbar machte. (iii) Vers 2 spricht von der Hauptqualifikation eines Hohenpriesters: *²Ein solcher kann Nachsicht üben mit den Unwissenden und Irrenden, da er auch selbst mit Schwachheit behaftet ist.* Der Grund dafür, dass der Hohepriester mitfühlen konnte war, dass er selbst ein Mensch war. Er diente Menschen wie er. (iv) Die

Schwachheit eines Hohenpriesters war so schlimm, dass sie einen gravierenden Fehler im System bedeutete. Denn der Hohepriester war selbst ein Sünder! Seine Schwachheit war **sündige** Schwachheit. *³Deshalb muss er für seine eigenen Sünden ebenso Opfer darbringen wie für die Sünden des Volkes.* (v) Der Hohepriester musste `eingesetzt´ werden. Nicht jeder konnte entscheiden, Hoherpriester zu werden. Es gab Vorschriften darüber, wer Hoherpriester werden konnte, und er musste von Gott `eingesetzt´ werden nach den Regeln des mosaischen Gesetzes. Das wird in Vers 1 erwähnt, aber der Schreiber sagt noch mehr: *⁴Und keiner nimmt sich selbst diese Ehre, sondern der empfängt sie, der von Gott berufen wird so wie Aaron.*

Weiter sehen wir, wie sich das Priestertum des Alten Testamentes in Jesus Christus erfüllt. *So hat auch Christus ... !* Jesus hatte viele der Merkmale, die eben genannt wurden. (i) Er hatte eine Berufung von Gott, Hoherpriester zu sein:

> *⁵So hat auch Christus sich nicht selbst die Ehre genommen, Hoherpriester zu werden. Vielmehr wurde er von dem eingesetzt, der zu ihm sprach:*

> *`Du bist mein Sohn,*
> *heute bin ich dein Vater geworden´ ;*

> *⁶wie er auch an anderer Stelle sagt:*

> *`Du bist Priester in Ewigkeit*
> *nach der Ordnung Melchisedeks.´*

Unser Schreiber zitiert hier Psalm 2 (in 5,5) und Psalm 110 (in 5,6). Das erste Zitat weist hin auf den königlichen Sohn Gottes, der durch Gott, den Vater `gezeugt´ wurde. Das bezieht sich auf die Auferstehung Christi von den Toten. Zu diesem Zeitpunkt wurde der fleischgewordene Sohn Gottes in die Stellung des auferstandenen Erlösers eingesetzt, um von da an als göttliches und menschliches Haupt des Volkes Gottes zu fungieren.

Das zweite Zitat erinnert an die Zeit, als David eine übernatürliche Vorschau auf einen Priester hatte, der in allem größer sein würde als die Priester des mosaischen Systems und der Melchisedek in seiner Einzigartigkeit ähneln würde. Dabei geht es vor allem darum, dass Christus zum auferstandenen Priesterkönig **berufen** wurde, der für Gottes Volk Fürsprache einlegen und es regieren sollte.

(ii) Christus kam in der Schwachheit der menschlichen Natur. So wie die ehemaligen aaronitischen Hohenpriester Menschen mit fleischlichen Schwächen waren, war es auch bei Christus. *7Jesus hat während seines Lebens auf der Erde (wörtlich: in den Tagen seines Fleisches) Bitten und Flehen mit lautem Rufen und Tränen dem dargebracht...* Ein Schlüsselwort hier ist `Fleisch´. Jesus sündigte nicht, aber er kam in der Schwachheit der menschlichen Natur. Er kannte Müdigkeit und Leid, Erschöpfung und Versuchung, Enttäuschung und Trauer. Er war Gottes Sohn in Kraft nach der Auferstehung, aber Gottes Sohn in Schwachheit `in den Tagen des Fleisches´.

(iii) Jesus hatte es nötig zu beten und das tat er sehr intensiv. *7Jesus hat während seines Lebens auf der Erde Bitten und Flehen mit lautem Rufen und Tränen dem dargebracht, der ihn vom Tod erretten konnte, und er ist auch erhört worden wegen seiner Hingabe an Gott.* Unser Verfasser denkt hier insbesondere an das Beten Jesu im Garten Gethsemane. Sein Gebet war energisch und laut! Er erlitt furchtbare Qual. An einer Stelle fragt er, ob es möglich sei, die Welt ohne die Qual der Kreuzigung und des damit verbundenen Tragens unserer Sünde zu retten. Die Antwort war `Nein´ und Jesus sagte: `Dein Wille geschehe´. Doch in anderem Sinn bat er auch darum, vom Tod errettet zu werden, und die Antwort war `Ja´. Die Auferstehung war Gottes Antwort auf Jesu Gebet.

In all dem erfüllte Jesus das Vorbild des Priestertums, das bei den Priestern des mosaischen Bundes zu finden ist. Er wurde ein mitfühlender Erlöser, weil er ein Mensch war, der in extremer Form solche Kämpfe, Versuchungen und Gebetsnöte ertrug, wie wir sie erleben. Er erinnert sich immer noch daran, und es sind diese Erfahrungen, die Jesus dazu führen, verständnisvoll für unsere Kämpfe auf dem Weg zur Herrlichkeit zu sein. Das Priestertum im Alten Testament ist als Schattenbild von Jesus zu sehen.

20

Schulung zu höherem Dienst
Hebräer 5,7-10

Jesus erfüllt das im mosaischen Gesetz erwähnte **levitische** Priestertum so, dass er es nicht nur erfüllte, sondern auch beendete! Die Hohenpriester des Alten Testaments hatten eine große Schwäche. Die menschliche Natur des Hohenpriesters war sündhaft und der Hohepriester sündigte selbst häufig. Wie konnte ein Sünder der vollkommene Erlöser für andere Sünder sein? Der Hohepriester musste für seine eigenen Sünden Opfer darbringen, genauso wie er es für das Volk tat. Er konnte `freundlich mit den Unwissenden und Eigensinnigen umgehen´, aber es gab eine Form von Sünde, mit der er nicht umgehen konnte. Er konnte nicht mit schwerer Sünde umgehen. Es gab kein Opfer für Mord, Ehebruch oder das Nichthalten des Sabbats.

Aber Jesus war ein sündloser Hoherpriester! *⁷Er ist auch erhört worden wegen seiner Hingabe an Gott.* Der Vater ehrte seine Fürbitte, weil er absolut gehorsam war. Jesus war in der Lage, im Namen seiner eigenen Gerechtigkeit zu beten – etwas wozu niemand sonst fähig ist. *⁸Und obwohl er Sohn war, hat er doch durch das, was er litt, Gehorsam gelernt.* Gott bildete Jesus dazu aus, ein vollkommen mitfühlender Mensch zu werden. Er tat es, indem er immer mehr Leid auf den Herrn Jesus Christus legte. In diesem Sinne `lernte´ Jesus Gehorsam. Es war nicht so, als wäre er jemals ungehorsam gewesen, aber sein Gehorsam gegenüber dem Vater wuchs mit den immer größeren Ansprüchen, die der Vater an ihn stellte.

Es sind dieser Gehorsam und dieses Mitgefühl, die Jesus dafür qualifizieren, unser himmlischer Hoherpriester zu sein. *⁹Und nachdem er vollkommen gemacht wurde* – vollkommen qualifiziert im Gehorsam – *wurde er für alle, die ihm gehorchen, der Urheber ewigen Heils,* [10]*indem er von Gott dazu bestimmt war, Hoherpriester zu sein, so ein Priester, wie Melchisedek es war.* Es war so, als hätte Jesus einen Job gehabt und wäre danach ausgebildet worden, eine größere Aufgabe zu erfüllen.

1. **Zuerst hatte er seine Ausbildung.** Menschen, die niemals gelitten haben, sind in der Regel nicht besonders mitfühlend mit Leidenden. Gott ließ Jesus viele Schwierigkeiten, Anfechtungen und Prüfungen durchmachen. Es genügte nicht, dass Jesus **von Leid wusste**; Gott wollte, dass er es persönlich **erlebte**. Es ist, zum Beispiel, ein großer Unterschied von den Victoriafällen – Mosi-Oa-Tunya (Der Rauch, der donnert) – am Sambesi zwischen Sambia und Simbabwe zu wissen, oder selbst dort gewesen zu sein, um sie zu sehen und zu hören. Vielleicht hast du ein Foto davon gesehen, aber selbst das ist nicht genug! Wirklich da gewesen zu sein, ist etwas Anderes. Zu sehen, wie hoch das Wasser in die Luft spritzt, das Grollen in der Ferne zu hören. David Livingstone sagte, dass selbst die Engel hier innehalten, um die Fälle zu bewundern! Etwas aus der Theorie zu wissen und etwas zu erleben sind zwei verschiedene Dinge. Gott wollte, dass Jesus die Anfechtungen und Versuchungen **erlebt**, die seine Leute erleben. Es war so, als hätte Jesus an einem Kurs teilgenommen und jeden Tag Unterricht erhalten, um für die Arbeit geschult zu werden, die er tun sollte. Er wurde zum mitfühlenden Erlöser ausgebildet.

2. **Dann kam sein `Abschluss´.** Jesus machte seinen Abschluss mit hundertprozentigem Erfolg. Unser Schreiber sagt, `er wurde vollkommen gemacht´. Das bedeutet, `vollkommen qualifiziert zum Erlöser´. Die Ausbildung wird immer schwieriger, doch Jesus besteht jeden Abschnitt der Ausbildung. Zuerst lebte er als kleiner Junge und war seinen Eltern und seinem himmlischen Vater völlig gehorsam. `Wusstet ihr nicht, dass ich in meines Vaters Haus sein muss? ´ sagte er... Und er war ihnen untertan... Und Jesus nahm zu an Weisheit und Alter und Gnade bei Gott und den Menschen (Lukas 2,49-52). Dann wurde er sich seiner Berufung zum Messias bewusst. Seine

Familie hat ihn oft nicht verstanden. Er war ein Prophet ohne Ehre in seinem eigenen Land. Aber er gehorchte dem Vater völlig inmitten aller Schwierigkeiten, die er hatte. Drei Jahre diente er. Seine Jünger waren schwach und streitfreudig. Seine Feinde trachteten ihm ständig nach dem Leben. Dann kam das Kreuz, wo Jesus dem Vater trotz aller Ungerechtigkeiten gehorchte. Er wurde vom Vater verlassen und trug die Sünden der Welt. Er wurde gehorsam bis zum Tod, sogar bis zum Tod am Kreuz. Doch nach ein paar Tagen erhöhte der Vater ihn. Das war sein Abschluss-Tag. Sein `Vollkommenheitstag´ als Erlöser. Er erreichte den Gipfel des Gehorsams in schrecklichem Leid, doch das erfüllte den Gehorsam gegenüber dem Gesetz und bereitete ihn **als Mensch** vor, denn sein Dienst war viel größer als der eines Hohenpriesters.

3. **Dann begann ein neuer Abschnitt im Dienst Jesu.** Nachdem er vollkommen qualifiziert war – als Mensch – als Gottes leidender Knecht *9wurde er für alle, die ihm gehorchen, der Urheber ewigen Heils, 10indem er von Gott dazu bestimmt wurde, Hoherpriester zu sein, ein Priester, wie Melchisedek es war.* Wenn wir dem Herrn Jesus Christus gehorchen, ist er der große Hoherpriester, der uns alle Segnungen des Vaters gibt. Unser Schreiber bezieht sich hier nicht auf die Bekehrung (obwohl Jesus uns auch diese gibt!), sondern auf den ständigen Kampf, etwas für Gott zu erreichen und in der Herrlichkeit zu hoher Ehre zu gelangen.

Weißt du irgendetwas darüber, mit Jesus als deinem Hohenpriester zu leben? Wir müssen das lernen. Wir brauchen uns niemals ängstlich oder panisch, schuldig oder hoffnungslos zu fühlen. Wir haben jemanden, der völlig mit uns fühlt. Er wird wie Melchisedek zu uns sein – worauf der Schreiber in Kapitel 7 noch näher eingehen wird. Er wird uns durch alle Schwierigkeiten in sein Königreich führen. Das ist sicher. Aber darüber hinaus möchte er, dass wir mit hoher Ehre zur Herrlichkeit kommen. Das tat er für sich. Das kann er auch für uns tun.

21

Zeit, erwachsen zu werden
Hebräer 5,11-13

In Hebräer 5,11 beginnt der Hebräerbrief mit einem langen Exkurs, der bis zu 6,20 geht. Es handelt sich nur **strukturell** gesehen um einen Exkurs. Ich meine nicht, dass er unwichtig ist. Unser Schreiber möchte über Jesu Werk als himmlischer Hoherpriester sprechen. Er hat uns schon aufgefordert, mit Blick auf Jesus als unserem Hohenpriester zu leben (4,14-16). Aber er möchte das Thema noch viel ausführlicher behandeln. Er hat erklärt, wie Jesus das levitische Priestertum erfüllt (5,1-7) und daher konnte er sein Hohenpriesteramt auf viel höherem Niveau erfüllen (5,8-10) als **ein Priester von der Art Melchisedeks.**

Aber an dieser Stelle hat unser Schreiber eine Frage an seine Leser: Sind sie bereit für das, was er ihnen sagen möchte? Sind sie bereit, die Lehre über Jesus als Priester von der Art Melchisedeks in sich aufzunehmen? Deshalb schweift der Schreiber ab, um über das Problem, das er hat, zu sprechen. Sind sie bereit für `feste Speise´ (5,11-14)? Er schlägt vor, mit seiner Unterweisung fortzufahren (6,1-2). Wenn Gott es zulässt, werden sie Gnade empfangen, um zu befolgen und im Leben umzusetzen, was er zu sagen hat (6,3). Aber es besteht die Gefahr, dass Gott in seinem Zorn einen Eid gegen rebellische Christen schwört und wenn er das tut, wird es unmöglich sein, ihnen zu helfen (6,4-8). Doch ist unser Schreiber überzeugt, dass seine Freunde nicht in eine so mitleiderregende Lage `abgerutscht´ sind (6,9). Sie zeigen, dass sie Eifer für Gottes Reich haben (6,10) und es besteht Hoffnung, dass sie schnelle Fortschritte im Glauben machen. Er möchte, dass sie eine `sichere Hoffnung´ anstreben – und die Verheißungen Gottes vollständig erhalten (6,11-12). **Wichtig ist für sie, dass sie das**

Wesen des Eides Gottes verstehen, und dafür ist es am besten, wenn sie Abraham betrachten. Wenn sie den Eid verstehen, den Gott Abraham gab, dann werden sie auch den Eid an Melchisedek verstehen und sie werden auch den Eid verstehen, den Gott den Hebräern anbieten möchte.

Gott gibt sowohl Verheißungen als auch Eide. Den höchsten Segen in diesem Leben erfahren wir, wenn Gott schwört, uns zu segnen. Wenn Gott das tut, `erhalten wir die Verheißungen´. Abraham hielt viele Jahre am Glauben fest, bis er die Verheißungen erhielt (6,13-15). Gottes Eid an Abraham gibt uns eine starke Ermutigung (6,16-18). Er gibt uns Hoffnung, dass auch wir die Verheißungen erhalten werden. Wenn Jesus auf Grund des Eides Gottes an Abraham in der himmlischen Welt ist, dann ist er in der Lage, ein Vorläufer für uns zu sein, damit auch wir Gottes Segenseid erfahren. Denn Jesus kann uns als Hoherpriester dienen, damit wir Abrahams Beispiel folgen und zu dem Punkt kommen, an dem Gott uns einen Eid gibt (6,19-20).

Schließlich kehrt unser Schreiber an die Stelle zurück, wo er vom Thema abgewichen ist. Jesus wurde `von Gott dazu bestimmt, ein Hoherpriester zu sein, so ein Priester wie Melchisedek´, heißt es in Hebräer 5,10. Jesus wurde `ein Hoherpriester für immer, solch ein Priester wie Melchisedek es war´, steht in Hebräer 6,20. Hebräer 6,20 greift den Faden von 5,10 wieder auf.

Lasst uns diesen Abschnitt in Angriff nehmen und Hebräer 5,11 näher betrachten. Es ist die Stelle, an der der lange Exkurs beginnt. Er spricht (i) von seiner Hoffnung, sie zu unterrichten (5,11a), (ii) davon, wo sie zurzeit stehen (5,11b-12), (iii) was er für sie hofft (5,13-14), und (iv) was er tun möchte (6,1-2).

1. **Was sie sein sollten**. Er sagt ihnen: [11]*Darüber haben wir viel zu sagen, und es ist schwer zu erklären, weil ihr schwerhörig geworden seid.* Sie sind in einem deprimierten Zustand. Ihre Kämpfe waren sehr anstrengend. Sie haben viel erlitten. Weil sie ziemlich junge Christen waren, sind sie in einen Zustand der Teilnahmslosigkeit und der Niedergeschlagenheit abgeglitten, und sie dienen Gott nicht mit der Zuversicht, die sie haben sollten. Ja, sie sind in

Gefahr, rebellisch zu werden, obwohl es noch nicht so weit gekommen ist. Sie hätten viel größere Fortschritte machen sollen. Unser Schreiber sagt: *12Denn obwohl ihr nach all dieser Zeit Lehrer sein solltet* ... Obwohl nicht jeder Christ die Gabe des Lehrens hat, sollte jeder Christ andere wenigstens etwas über das christliche Evangelium lehren können. Jungen Christen sollte von älteren Christen geholfen werden.

2. **Wo sie zurzeit stehen.** Er sagt: *12Denn obwohl ihr nach all dieser Zeit Lehrer sein solltet, braucht ihr jemand, der euch die Grundbegriffe der Aussprüche Gottes lehrt. Ihr habt noch Milch nötig und nicht feste Speise.* Anscheinend waren diese hebräischen Christen immer noch sehr unsicher hinsichtlich der Grundtatsachen des christlichen Evangeliums. Wenn Leute ihnen den Gedanken eingaben, dass Christus vielleicht nur ein Engel war, dann waren sie bereit zuzuhören. Sie verbrachten endlose Zeit damit, über Dinge zu diskutieren, die ihnen schon lange bekannt sein sollten. Ist Jesus der Messias? Ist er die Erfüllung des Alten Testaments? Diese Fragen hätten schon lange in ihrem Leben klar sein sollen.

Sie waren wie Baby-Christen immer noch im Milchstadium ihrer geistlichen Diät: Die Grundtatsachen des Evangeliums und der geistlichen Bekehrung sind nur Milch, um Menschen zu helfen, `wiedergeboren´ zu werden. Wir sind dazu bestimmt, erwachsen zu werden!

Sie waren noch nicht so weit, ein Glaubensleben nach Gottes Vorstellung zu verwirklichen. *13Denn jeder, der von Milch lebt, ist ungeschickt im Wort der Gerechtigkeit, da er immer noch ein Kind ist.* Baby-Christen haben noch nicht gelernt, ein von Gott geprägtes Leben zu führen – das `Wort der Gerechtigkeit´ auszuleben – nämlich ganz praktisch, indem sie sich auf Jesus, unseren Melchisedek verlassen. Und was sind wir? Babys? Oder Erwachsene?

22

Nahrung für Mündige
Hebräer 5,13-6,2

Wir erinnern uns, dass der Autor des Hebräerbriefs die hebräischen Christen wegen ihrer geistlichen Trägheit tadelt. Nicht sich selbst macht er Vorwürfe. Er tadelt sie! Er ist ein guter Lehrer – und er weiß es. Aber sie sind geistlich schwer von Begriff und machen keine guten Fortschritte im christlichen Leben. Zugegeben: sie stecken in einer schwierigen Lage. Wir können Verständnis für sie haben! Aber der Schreiber ruft sie auf zu einem höheren Grad der Frömmigkeit und der Reife. Sind sie bereit für ´feste Speise´ (5,11-14)? Er hat vor, mit seiner Unterweisung fortzufahren (6,1-2). Er hat darüber gesprochen, (i) dass er hofft, sie noch mehr zu lehren (5,11a) und (ii) darüber, wo sie zurzeit stehen – sie sind geistlich schwerhörig (5,11b-12). Die folgenden Verse sprechen darüber, (iii) was er für sie hofft (5,13-14) und (iv) darüber, was er zu tun vorhat (6,1-2). *13Denn jeder, der von Milch lebt, ist ungeschickt im Wort der Gerechtigkeit, da er immer noch ein Kind ist.* Baby-Christen haben noch nicht gelernt, ein Leben nach Gottes Plan – nach dem Wort der Gerechtigkeit – praktisch zu führen, indem sie sich auf Jesus, unseren Melchisedek, verlassen. Kinder – normale Kinder – sind nicht sehr geschickt darin, mit den Schwierigkeiten des Lebens fertig zu werden. Sie wissen wenig und haben nur wenig Erfahrung. Mit der geistlichen Kindheit ist es genauso. Wir genießen das christliche Leben, aber (wenn wir unreif sind) haben wir noch nicht alles erkannt, was wir davon verstehen müssen, wie wichtig es ist, das ´Wort der Gerechtigkeit´ geschickt im Leben zu verwirklichen. Wir genießen die Milch – die gute Nachricht des Evangeliums mit ihren historischen Tatsachen und ihrer Sicherheit der Errettung. Aber wir sind nicht so erpicht darauf, uns auf die Kämpfe und Konflikte des christlichen Lebens einzulassen.

1. **Was er für sie hofft.** ¹⁴*Aber feste Speise ist für reife Christen, für die, deren Unterscheidungsvermögen durch ständige Übung geschult ist, um Gutes und Böses voneinander zu unterscheiden.* Er hofft, dass sie reif und fähig werden, von der festen Speise des Wortes Gottes zu leben. Was ist Reife? Sie besteht darin, sich bedingungslos zu verpflichten, so zu leben, dass es Gott gefällt. Sie hat nichts mit theologischer Klugheit zu tun. Die Menschen, die Jesus kreuzigten, konnten viele theologische Argumente verwenden, aber sie waren nicht einmal gerettet und erst recht nicht reif. Reife ist eine Sache der Liebe (siehe Matthäus 5,43-48), der Freiheit von Habsucht (siehe Matthäus 19,21), der Offenheit für Gottes Stimme (siehe 1. Korinther 2,6; Philipper 3,15), eine klare verständliche Ausdrucksweise (siehe 1. Korinther 14,19-20), Standhaftigkeit bei Schwierigkeiten (siehe Jakobus 1,4), Beherrschung der Zunge (siehe Jakobus 3,2), Christusähnlichkeit (siehe Epheser 4,13). Das alles sind Ziele christlicher Prediger (siehe Kolosser 1,28; 3,14).

Christen, die vorwärts drängen, um so zu sein wie der Herr Jesus Christus, brauchen `feste Speise´. So eine feste Speise, wie sie unser Schreiber im Sinn hat, ist die Lehre, die er ihnen über Melchisedek weitergeben möchte.

2. **Was er tun möchte.** Er sagt: ¹*Lasst uns deshalb die Diskussion über elementare Lehren über Christus beenden und zur Reife fortschreiten. Lasst uns nicht noch einmal die Grundlage legen über die Umkehr von toten Werken und den Glauben an Gott, Unterweisung über Waschungen und das Handauflegen, über die Auferstehung der Toten und das ewige Gericht.* Offenbar haben hebräische Christen endlose Diskussionen über die Grundlagen des Evangeliums geführt. `Ist Jesus wirklich der Sohn Gottes oder ist er nur ein Engel?´, fragten sie. `Ist es nötig, die Errettung, die wir erlebt haben, öffentlich zu bekennen oder sollten wir behaupten, nur Juden zu sein?´ Aber unser Schreiber sagt: `Lasst uns über diese Stufe christlicher Lehre hinausgehen!´ Das heißt nicht, dass wir die Grundlagen des Heils völlig hinter uns lassen! Christen

haben es immer nötig, auf der Person des Herrn Jesus Christus aufzubauen. Sie können nicht über den Glauben an ihn hinauswachsen! Aber sie hören auf, darüber zu reden, ob Jesu Ansprüche wahr sind. Sie haben keine Zweifel an Jesus und bauen ihr Leben auf ihn.

Der Schreiber gibt eine Übersicht der Grundlagen des Evangeliums in sechs Punkten. Sie bilden drei Paare. Die ersten Christen erhielten Lehre (i) über den **Anfang** des christlichen Lebens (Buße, Glauben), (ii) darüber, **was** auf ihren Schritt zum Glauben **unmittelbar folgte** (sie mussten die christliche Taufe und ihre Beziehung zu anderen Arten jüdischer Waschungen verstehen). Wenn sie den Heiligen Geist nicht bekommen hatten, gab es anscheinend Gebet und Handauflegung zum Empfang der Gabe des Heiligen Geistes. (Das ist die Grundlage der Konfirmation in einigen Denominationen, wo ein Bischof für seine Leute um die Gabe des Heiligen Geistes bittet, eine Gabe, die sich von der Wiedergeburt unterscheidet. Neutestamentliche Christen erwarteten, dass sie sofort, wenn sie zum Glauben kamen, auf diese Weise konfirmiert wurden.) Weiter erhielten Christen Lehre über (iii) den **Ausgang** christlichen Glaubens: die Auferstehung, bei der Christen den vollen Lohn für ihr christliches Leben erben; und das ewige Gericht, das Gerechte und Ungerechte auf ewig trennt.

Das sind die Grundlagen. Der neugeborene Christ sollte alles darüber wissen. Aber darüber muss man nicht debattieren. Stattdessen betrachten wir diese Dinge als sicher und gewiss und drängen vorwärts zur `Vollkommenheit´. Das ist das Anliegen des Schreibers für seine Leute und dazu gehört es, vom Priestertum des Herrn Jesus Christus zu leben. Wir entwickeln uns weiter zu höheren Graden der Frömmigkeit und der Nützlichkeit im Reich des Herrn Jesus Christus. Wir brauchen `Unterscheidungsvermögen, das durch ständige Übung geschult ist, um Gutes und Böses voneinander zu unterscheiden´. Es bedeutet, Gott ähnlicher zu werden, unsere Berufung zu finden und zu lernen, die Angriffe Satans zu erkennen. Wir brauchen die Gegenwart des Herrn Jesus Christus, unseres `Melchisedeks´.

Vollkommenheit – umfassende Reife – bedeutet, von Jesus zu leben und Gnade zu empfangen wenn wir sie brauchen.

23

Wenn Gott es zulässt …
Hebräer 6,3-6

Wir nähern uns Hebräer 6,4-6 – drei Bibelversen, die in der christlichen Gemeinde viel Verwirrung ausgelöst haben. Einige Leitlinien sind nötig. (i) Es ist wichtig, dass wir ständig an das denken, was der Schreiber schon in den Kapiteln 1 bis 5 gesagt hat. Denn Hebräer 6,4-8 wiederholt Hebräer 2,1-4 und Hebräer 3,7-4,13 und baut darauf auf. (ii) Wir müssen besonders auf Vers 3 achten, bevor wir uns die Verse 4-6 ansehen. (iii) Wir müssen dem `Gedankenfluss´ sorgfältig folgen, denn unser Schreiber arbeitet, was er sagen will, logisch und umsichtig aus. (iv) Wir müssen uns die Lehre vom Eid Gottes vor Augen halten, die sicher ein bedeutender Schlüssel zum Verständnis von Hebräer 6 ist. (v) Wir müssen der Versuchung widerstehen, bestimmte Ausdrücke und Redewendungen im Text herunterzuspielen. `Unmöglich´ darf nicht abgeschwächt werden, als bedeute es `sehr schwer´. `Geschmeckt´ darf nicht verstanden werden, als bedeute es `eine Kostprobe nehmen´. Die Formulierung `da sie für sich den Sohn Gottes erneut kreuzigen´ darf nicht seines Gewichts beraubt werden, indem man übersetzt `solange sie für sich den Sohn Gottes erneut kreuzigen´, als hieße es: `Sie können nicht von der Sünde befreit werden, solange sie sündigen´ (was kaum wert ist, gesagt zu werden). Und die Sätze von 6,4-5 dürfen nicht so interpretiert werden, als bezögen sie sich auf Menschen, die keine Christen sind. All diese Ansätze sind zweifellos ausweichend. Allen Versuchen, die verschiedenen Klauseln des Textes zu bagatellisieren, muss widerstanden werden.

Eigentlich ist der Vers 3 nicht schwierig; man sollte sich nur genau nach ihm richten. Der Text sagt: ³*Und das ist es, was wir tun* *werden, wenn Gott es zulässt.* Das griechische Wort *eanper* – ein Wort, das wir schon in 3,6. 14 hatten – wird hier gebraucht. Es ist ein betontes Kennzeichen für eine Bedingung. Ich könnte übersetzen `wenn – und nur wenn – Gott es zulässt´.

1. **Es kann sein, dass es für uns unmöglich wird, zur Vollkommenheit voranzuschreiten.** Was die Verse 6,4-6 im Einzelnen auch bedeuten, es ist klar, dass sie den Vers 3 erläutern. Der Vers 3 sagt deutlich, dass es eine Art Versagen gibt, das es dem Christen unmöglich macht, weiteren Fortschritt zu erzielen und zur Vollkommenheit zu gelangen. `Und das ist es, was wir tun werden, wenn Gott es zulässt´. Die Verse 4-6 behandeln dasselbe Thema, da sie mit dem Wort `Denn´ beginnen. *⁴Denn es ist unmöglich, die zur Buße zu erneuern, die einmal für immer erleuchtet waren, die daher die himmlische Gabe geschmeckt haben, die Teilhaber des Heiligen Geistes wurden, ⁵und die die Güte des Wortes Gottes und die Kräfte der zukünftigen Zeit erfahren haben, ⁶und dann doch auf der Strecke blieben. Sie kreuzigen in sich selbst erneut den Sohn Gottes und setzen ihn öffentlicher Schande aus.* Der Vers 3 zeigt deutlich, um was es geht. Es gibt Leute, für die es unmöglich ist, zur Vollkommenheit voranzuschreiten.

2. **Wenn so ein Versagen eintritt, wird es dem Schreiber unmöglich sein, ihnen zu helfen.** Ich **werde** euch helfen können, sagt der Schreiber. Wir **werden** vorwärtsdrängen, um geistlich weiterzukommen – aber **nur,** wenn Gott uns Gnade dazu schenkt. Wenn er entscheidet, diesen Fortschritt nicht zuzulassen, dann kann ich euch nicht so helfen, wie ich es gerne täte. Es gibt nichts, was ich tun kann, wenn Gott die Möglichkeit zurückzieht, dass ihr Fortschritte zur `Vollkommenheit´ macht.

3. **Deshalb ist es nötig, dass jeder Christ weich und empfindlich bleibt, um Gottes Stimme zu hören.** `Das werden wir tun, wenn Gott es zulässt´. Wenn Gott über die Verstockung unseres Herzens zornig wird, machen wir keinerlei Fortschritt mehr und bleiben in der Wüste zurück. Wir werden weder un-erlöst und fallen in die Knechtschaft vor der Befreiung zurück, noch werden wir weiterkommen, um die Verheißungen zu

erben. Wir bleiben in der Wüste, bis unser Leben zu Ende ist, da wir weitere Freuden und Erfahrungen im Reich Gottes verwirkt haben.

Das ist ein schrecklicher Gedanke und doch brauchen wir nicht stärker zu erschrecken als nötig. Ich kann sofort sagen, dass jeder, der Gottes Stimme hört, die Sünde, die der Verfasser beschreibt, nicht begangen hat. Der Schreiber denkt eigentlich nicht, dass seine Leser auf diese Art `gefallen´ sind. Wir sind nicht `gefallen´, wenn wir Gottes Stimme hören und tun, was Gott uns sagt. Die einfachste Methode zu beweisen, dass wir geistlich nicht taub sind, ist zu demonstrieren, dass wir gehört haben, wie Gott zu uns spricht.

Aber wir müssen von der Gefahr wissen. Wie werden wir Christen Gottes Zorn entfliehen, wenn wir eine so große Errettung vernachlässigen? Die beste Art, nie geistlich taub zu werden, ist, niemals anzufangen, schwerhörig zu werden. Körperlich ist das vielleicht unmöglich, aber geistlich ist es möglich. `Passt auf, ihr Brüder und Schwestern, dass nicht in einem von euch ein böses, ungläubiges Herz ist, das vom lebendigen Gott abfällt!´ (3,12).

Die Verse 4 bis 6 entwickeln den Gedanken vom Vers 3. Das Entscheidende ist: **Jeder Christ hat es dringend nötig, weich und empfindsam für Gottes Stimme zu bleiben.** Der Schlüssel zu Hebräer 6,4-6 liegt zweifellos darin, diese Warnung im Licht dessen aufzunehmen, was schon in 2,1-3 und 3,7-4,13 gesagt wurde. Der Kern der Sache ist folgender:

Wenn ein Christ einen bestimmten Punkt der Rebellion erreicht hat, kann Gott ihm die Erlaubnis entziehen, weiteren Fortschritt zu geistlicher Reife zu machen. Gott kann in seinem Zorn schwören, dass solch ein Christ – obwohl er ein Kind Gottes bleibt – das Ziel des christlichen Lebens nicht erreicht. Solch ein Christ kann nicht zur Buße erneuert werden. Er bleibt im Herzen hart. Niemand kann ihm helfen. Er ist gerettet `wie durchs Feuer´. Er wird den Himmel erreichen, aber seine

Belohnung auf ewig verlieren. Der Schlüssel dafür, nicht in dieser Weise `abzufallen´, liegt darin, für Gottes Stimme offen zu bleiben.

24

Die Privilegien der Bekehrung
Hebräer 6,4-6

4Denn es ist unmöglich, die zur Buße zu erneuern, die einmal für immer erleuchtet waren, die daher die himmlische Gabe geschmeckt haben, die Teilhaber des Heiligen Geistes wurden, 5und die die Güte des Wortes Gottes und die Kräfte der zukünftigen Zeit erfahren haben, 6und dann doch auf der Strecke blieben. Wie sollen wir diese Verse interpretieren?

1. **Sie haben bestimmt nichts damit zu tun, dass wir unseren Status als `gerettete´ Menschen verlieren.** Die neue Geburt und die Rechtfertigung sind nicht umkehrbar. Es gibt keinen Hinweis darauf, dass es um einen `Abfall´ in diesem Sinne geht. Vers 10 erklärt: *Denn Gott ist nicht so ungerecht, dass er eure Arbeit übersieht* ... Bestimmt denkt kein bibelgläubiger Christ, dass wir dadurch gerettet werden, wie gut wir sind, und dass Gott in seiner Gerechtigkeit uns wegen unserer guten Werke retten wird! Unsere Werke haben nichts mit Rechtfertigung oder Wiedergeburt zu tun, sondern mit Belohnung oder Erbe, einem der Hauptthemen des Hebräerbriefs.

2. **Es ist der mögliche Verlust der Reife, der das Thema dieses Abschnitts ist.** In diesem Abschnitt geht es darum, die Vollkommenheit oder Reife zu erlangen. Er hat mit dem Erben der Verheißungen und mit der Freude an den Belohnungen Gottes zu tun. Wir müssen den Gedanken in Hebräer 6,4-6 auf dieser Linie folgen. Gott belohnt Werke des beharrlichen Glaubens (wie Hebräer 10,35 sagt: `Eure Zuversicht ... hat eine große Belohnung´). Diese Belohnung kann infolge von Rebellion und geistlicher Verhärtung verloren gehen.

3. Eine andere Auffassung dieses Abschnitts **muss ich entschieden ablehnen** und das ist der Gedanke, dass `erleuchtet´ (6,4) weniger ist als `errettet´. Der Schreiber sagt nicht, dass eine erleuchtete, aber nicht errettete Person, wenn sie auf der Strecke bleibt, nicht wiederhergestellt werden kann. Unser Verfasser gibt keinen Hinweis darauf, dass er diese Leute nicht als wahre Christen betrachtet. Er weiß, dass sie heilige Brüder und Schwestern sind, Teilnehmer an der himmlischen Berufung, Leute, die um ihres Glaubens an Christus willen verfolgt wurden. Man lese die Beschreibung in 10,32-39, die zeigt, was für Leute sie nach ihrer Erleuchtung waren. Ihr Glaube wird bei der Beschreibung derer erwähnt, die `abfielen´. Denn `Zuversicht´(10,35) ist der Ausdruck des Schreibers für überzeugten Glauben. Sie hatten Glauben; der Schreiber bittet sie, ihn nicht wegzuwerfen, sondern an ihm festzuhalten, damit sie reich belohnt werden (10,35). Diese Leute waren zweifellos Christen.

Es gibt noch einen Einwand gegen diesen dritten Ansatz. Niemand hat jemals eine Möglichkeit gefunden, damit zu leben! Der bekannte Asahel Nettleton sagte: `Das höchste, was ich über mich selbst zu sagen gewagt habe, ist, dass ich es für möglich halte, in den Himmel zu kommen´.[a] Er hatte die Auffassung von Hebräer 6, die ich nicht gut finde. Vielleicht (dachte er) war er nur erleuchtet! Aber sicher sind wir dazu bestimmt, größere Heilsgewissheit zu haben als diese!

Es ist die zweite Auffassung, die wir erkunden müssen. Worauf der Schreiber Wert legt, ist Folgendes: Es gibt eine Gefahr, die **Christen** vermeiden müssen. Es ist möglich, sich geistlichem Wachstum so zu widersetzen, dass Gott beschließt, uns hart zu lassen und dann hören wir auf, weiteren geistlichen Fortschritt zu machen. Gott ist langsam zum Zorn, aber Herzenshärte und Unglauben ignoriert er nicht für immer. Entscheidend ist, dass wir fähig bleiben, Gottes Stimme zu hören. Wenn du reagieren kannst, wenn Gott dich tadelt, dann bist du noch nicht geistlich taub. Solange Gott mit dir reden kann, bist du in der Lage, auf das zu antworten, was er sagt, und dich zur Umkehr zu erneuern, und du kannst geistlichen Fortschritt machen.

Er beschreibt die christliche Bekehrung. Die Leute, an die er denkt, sind zweifellos Christen. `Einmal erleuchtet´ muss sich auf die christliche Bekehrung beziehen (ähnlich wie in Epheser 1,18; Hebräer 10,26. 32). Außerhalb des Hebräerbriefs ist 2. Korinther 4,4-6 die beste Parallele. Christliche Bekehrung geschieht, wenn das Licht des Evangeliums in unser Herz scheint, um uns das Licht zur Erkenntnis von Gottes Herrlichkeit im Angesicht Jesu zu geben. In Hebräer 6,4 weist das Wort `einmal´ – was bedeutet `einmal für immer´, `einmal für alle Zeit´ – auf ihre einmalige Bekehrung zu Christus hin.

Wir bemerken vielleicht, dass der Schreiber hier von Christen spricht, aber von anderen, nicht von seinen Lesern. `Für **diese** ist es unmöglich...´ – für die, die aufgehört haben, sich miteinander zu treffen (10,25). Der Verfasser schreibt nicht an sie, er schreibt über sie, und er warnt seine Freunde davor, ihnen auf ihrem Weg zu folgen. Diese Leute waren errettet, aber sie wurden rebellisch. Im Gegensatz zu ihnen müssen wir weitergehen zur Reife und zum Erbe.

`Die himmlische Gabe schmecken´ bezieht sich auf die Vergebung, die neue Geburt, die Heiligung und Reinigung durch den Heiligen Geist.

Diese Leute waren auch `Teilhaber am Heiligen Geist´ (6,4). Wieder einmal ist das Wort, das er gebraucht (*metochous*), ein starker Ausdruck und bezieht sich auf die volle christliche Erfahrung. Der Christ ist `wiedergeboren´ durch den Heiligen Geist. Er oder sie ist vielleicht mit dem Heiligen Geist `versiegelt´. Wir empfangen die Gaben des Heiligen Geistes. An all das denkt unser Schreiber.

Diese Leute erfuhren auch `die Güte des Wortes Gottes´. Gottes Evangeliumsbotschaft ist gut. Gott verspricht, alle Dinge im Leben derer, die Gott lieben, zum Guten zusammenwirken zu lassen. Der Christ kommt zur Erfahrung dieser `Güte´ der Evangeliumsbotschaft Gottes. Es ist Gottes Güte uns gegenüber, die uns ermutigen sollte, zur vollen Reife voranzugehen. Gerade, weil wir Gottes Güte erlebt haben, ist Rebellion und geistliche Taubheit so schwerwiegend.

Diese Leute `erfuhren … die Kräfte der zukünftigen Zeit´ (6,5). Es gibt eine logische Reihenfolge bei diesen Sätzen, die den Christen beschreiben. Zuerst sehen wir Jesus mit dem Auge des Glaubens; wir erhalten die Erleuchtung des Evangeliums. Dann erleben wir wirklich Jesus als Gottes Gabe an uns. Drittens wird unsere Errettung durch den Heiligen Geist versiegelt. Danach entdecken wir Gottes Güte zu uns, vielleicht viele Jahre hindurch. Die Gaben und Segnungen des Geistes sind `Kräfte der zukünftigen Zeit´. Sie sind Strahlen der Herrlichkeit aus der himmlischen Welt, zu der wir reisen. Der Heilige Geist gibt uns einen Vorgeschmack der Herrlichkeit. Wir erleben sogar schon jetzt etwas vom Lob Gottes, etwas von der unmittelbaren Gegenwart Gottes, ein Vorgeschmack der Belohnungen Gottes, ein Vorgeschmack der Musik und der Freuden des Himmels, der Gemeinschaft und der Liebe im Himmel. In all diesen Dingen haben wir `Kräfte´, eine Salbung, eine Ölung, Fähigkeiten, die aus dem Himmel kommen, und wir sind in der Lage, Gott zu dienen.

Die christliche Bekehrung ist wunderbar! Aber das Vorrecht, all das zu genießen, bringt uns in eine Stellung großer Verantwortung. Wir müssen vorwärts gehen zur Reife – indem wir Gottes Stimme hören und so weit kommen, dass wir seine Verheißungen ererben.

Anmerkung:
a. B. Tyler and A.A. Bennett, *The Life and Labours of Asahel Nettleton* (Nachdruck: Banner of Truth, 1975), p. 30.

25

Abfallen?
Hebräer 6,6b-8

⁴Denn es ist unmöglich, die zur Buße zu erneuern, die einmal für immer erleuchtet waren, die daher die himmlische Gabe geschmeckt haben, die Teilhaber des Heiligen Geistes wurden, ⁵und die die Güte des Wortes Gottes und die Kräfte der zukünftigen Zeit erfahren haben, ⁶und dann doch auf der Strecke blieben. Sie kreuzigen in sich selbst erneut den Sohn Gottes und setzen ihn öffentlicher Schande aus.

Die hier erwähnten Leute sind jedenfalls Christen. Manchmal wird behauptet, diese Leute hätten nicht Buße getan oder geglaubt. Aber das ist ein Irrtum, weil unser Schreiber sagt, dass sie nicht zur Buße `erneuert´ werden können. Mit anderen Worten: sie haben die Buße schon vorher erlebt! Sie haben wenigstens einmal Buße getan. Außerdem bezieht sich der Schreiber an anderer Stelle (in Verbindung mit derselben Warnung) auf ihre erste Zuversicht und Zuversicht ist sein Wort für Glauben!

Doch besteht die Gefahr, dass diese Leute, nachdem sie so viel erlebt haben, rebellisch werden. So ist es nicht den Lesern selbst ergangen, aber denen, die die Gemeinschaft verlassen hatten. Gott gab ihnen viele Gelegenheiten zur geistlichen Gesundung, aber sie haben alle abgelehnt. In seinem Zorn leistete Gott schließlich einen Eid und so `blieben sie auf der Strecke´. Es war nicht der Verlust des ewigen Heils. Aber sie verloren sehr viel! Sie verloren die Gemeinschaft mit Gott. Sie verloren ihre Nützlichkeit im Reich Gottes. Sie verloren den Dienst, den Gott ihnen zugedacht hatte. Sie wurden geistlich taub. Niemand konnte sie erreichen. Sie lebten in einer geistlichen Wüste. Ich habe keinen Zweifel, dass sie in den Himmel kamen. Sie waren nicht un-erlöst oder unwiedergeboren, oder un-gerechtfertigt. Sie wurden nicht als Gottes Kinder verstoßen. Gott ist zu treu, als so zu handeln! **Sie verloren nicht, was Gott ihnen schon gegeben hatte, aber sie verloren, was Gott ihnen geben wollte.** Seid nicht so wie sie, sagt unser Schreiber. Kommt nicht einmal in die Nähe einer Situation, wo ihr ein rebellisches Herz habt. Haltet an eurer ersten Zuversicht fest. Dafür gibt es eine große Belohnung.

Wir haben die Leute betrachtet, an die er denkt. Wir müssen nun auch **das Unglück, das sie überkam**, ansehen (sie `blieben auf der Strecke´). Was ist es? Wir müssen beachten, dass es heißt `und dann blieben sie … ´, und nicht `wenn sie … bleiben´. Unser Schreiber betrachtet etwas, was wirklich geschehen kann (und anderswo gibt er Beispiele, wie es passiert ist – die Generation in der Wüste, Esau). Wir dürfen das `wenn´ nicht so betonen, als wäre es völlig hypothetisch.

Das Wort ist *parapipto*. Es bedeutet `abfallen´ oder `auf der Strecke bleiben´. Es kann bedeuten: `auf etwas stoßen´ oder `sich irren´. Im Neuen Testament kommt es nur in Hebräer 6,6 vor, wo es heißt, `abfallen´. Trotz der meisten modernen Übersetzungen ist es kein starker Ausdruck. Es bedeutet nicht, von der Errettung `abfallen´ (wofür man vielleicht das Wort *ek-pipto* gebrauchen könnte). Wenn das Substantiv *paraptoma* (ein Abfallen) in Matthäus 6,14-15 und in Markus 11,25 gebraucht wird, dann bezieht es sich nicht auf die Sünde des Abfalls vom Glauben. Das Wort hat nichts mit dem Gedanken zu tun, völlig und endgültig seinem Glauben abzuschwören. Vielmehr bedeutet es im Hebräerbrief `es zu unterlassen, im eifrigen Glauben zu beharren und so unter den Zorn Gottes zu kommen und ein Abfallen zu erleben´. Es befasst sich nicht so sehr mit der Ablehnung des Evangeliums wie mit dem Versäumnis, das Evangelium **anzuwenden**. Das war die Gefahr, der die hebräischen Christen ausgesetzt waren. Wir müssen das Wort *parapipto* im Licht der Gesamtbotschaft des Hebräerbriefs auslegen. An anderer Stelle in 2,3 spricht er davon, nicht die `Errettung zu vernachlässigen´ und sagt, dass etwas Schlimmes passiert, wenn wir das tun. In 3,6. 14 spricht er von einem Fehlen des Glaubens. Näher an Hebräer 6,6 ist Hebräer 3,12, wo er davon spricht, sich vom lebendigen Gott abzuwenden, indem man sich weigert, am Glauben festzuhalten. In 3,11 ist Gottes Schwur so schwerwiegend, dass ein deutlicher `Fall´ folgen muss, damit solche Gläubigen nicht in die Ruhe eintreten. Auch Hebräer 4,1 und 4,11 enthalten die Idee eines `Falles´.

Hebräer 6,6 bezieht sich auf eine **Vernachlässigung** der Errettung (siehe 2,3), eine Weigerung, Gott zu hören (siehe Kap. 3), die so unverbesserlich und so lang anhaltend ist, dass Gott schließlich in seinem Zorn schwört und das christliche Leben in einen Zustand `fällt´, der nicht mehr heilbar ist und den Fortschritt zur Reife beendet. Die Verse 4-6 erklären den Vers 3! Diese Verse beziehen sich nicht auf den Verlust der Errettung. Sie bedeuten den Verlust des Erbes, den Verlust der Belohnung. Das ist kein Verlust der Kindschaft, oder der neuen Geburt oder der Rechtfertigung. Jeder Christ ist für immer durch das Blut Christi geheiligt. Er hat keine lang andauernde, sondern eine ewige Erlösung. Aber die eine **ewige** Erlösung haben, `erhalten vielleicht [oder auch nicht!] das verheißene ewige Erbe´. `Halte am Glauben fest´, sagt unser Schreiber. `Er wird reich belohnt´. Es ist eine Belohnung, die durch beharrlichen Glauben gewonnen wird. Es ist die Belohnung und die jetzige Nützlichkeit für Gott, die durch fortgesetzte geistliche Taubheit für immer verloren gehen kann. Der leichteste Weg dazu, das alles zu verstehen, besteht darin, die biblischen Beispiele und Parallelen zu betrachten (Esau, die Israeliten in der Wüste, Saulus, Juda in seinen letzten Tagen vor dem babylonischen Exil). Was sind die Merkmale dieses `Fallens´? (i) Es ist ein `Fall´, von dem sie sich in diesem Leben nie erholen, (ii) man wird geistlich taub und unfähig, Gottes Stimme zu hören, (iii) man will nicht umkehren und ist nicht in der Lage, dahin zurückzukehren, wo man vorher war, (iv) man ist jenseits der Hilfe eines christlichen Freundes. Niemand kann so jemand zur Buße erneuern.

Weiter haben wir in Hebräer 6,6 **einige Sätze, die davon reden, wie schlimm die Sünde war, die sie begingen**.

Sie kreuzigen in sich selbst erneut[a] *den Sohn Gottes und setzen ihn öffentlicher Schande aus.* Das griechische Wort (*heautois*) für `in sich selbst´ wird oft so verstanden, dass es bedeutet `zu ihrem eigenen Nachteil´, aber wahrscheinlicher bedeutet es `in sich selbst´ und macht klar, dass der rebellische Christ in seiner eigenen Erfahrung das tut, was die Feinde Jesu taten, als sie ihn kreuzigten. Sie setzen den Herrn Jesus Christus extremen Schmerzen aus. Wir `kreuzigen´ ihn, wenn wir uns ihm widersetzen.

Das Abgleiten des Christen in Unglauben ähnelt auch darin der Kreuzigung, dass es `ihn öffentlicher Schande aussetzt´. Wie das Kreuz Schande und Schmach auf Jesus brachte, so ist es auch beim Unglauben und Lebensstil des aufsässigen Christen.

In Hebräer 6,6-7 **veranschaulicht der Schreiber, was er gesagt hat.** [7]*Denn Land, das den Regen aufgenommen hat, der oft darauf fällt, und eine Ernte hervorbringt, die denen nützlich ist, für die es bebaut ist, empfängt Gottes Segen. Aber Land, das Dornen und Disteln produziert, ist wertlos und nahe daran, verflucht zu werden. Am Ende wird es verbrannt.* Diese Worte sind ein kurzes Gleichnis. Das Land stellt das Herz des Christen dar. Der oft darauf fallende Regen stellt das Wort Gottes dar und die vielen Zeitpunkte, als Gott zu uns gesprochen hat. Die Frage ist: Auf was für Land fällt der Regen und welche Frucht wächst darauf? Was für ein Herz ist in uns? Es gibt zwei Möglichkeiten: Das Land, auf das der Regen fällt (das Herz, zu dem das Wort Gottes kommt) ist entweder nützlich oder nutzlos. Entweder bringt es Frucht hervor oder die Dornen und Disteln des Ungehorsams und der Rebellion. Zwangsläufig gibt es früher oder später eine Entscheidung über das Land. Das heißt, hinsichtlich seines Nutzen oder seiner Nutzlosigkeit wird ein Eid abgelegt. Gottes Segen ist Gottes Eid der Barmherzigkeit (von dem wir in Kürze in 6,12-20 lesen werden). Nahe, verflucht zu werden, entspricht Gottes Zorneseid, bei dem er schwört, dass wir in diesem Leben niemals in seine Ruhe eintreten werden, dass Fortschritt zur Reife niemals möglich sein wird. Zu beachten ist, dass unser Schreiber nicht sagt `empfängt Gottes Segen ... empfängt Gottes

Fluch´. Er sagt, es ist `nahe daran, verflucht zu werden´. Warum diese leichte Einschränkung? Sicher, weil der Christ nie absolut und ewig verflucht werden kann. Unser Schreiber bezieht sich nur auf dieses Leben und darauf, ob wir in diesem Leben unsere Bestimmung erreichen. Bei dem `Land, in dem – für den Christen – Milch und Honig fließen´ geht es darum, Gottes Segenseid in diesem Leben zu empfangen. Der Christ, der rebellisch wird, ist wie Land, das **nahe** daran ist, verflucht zu werden, aber er kommt nie absolut und ewig unter Gottes Fluch. Er hat eine ewige Erlösung erhalten. Er ist für immer durch das Blut Christi geheiligt. Aber das `Land´ seines Herzens ist nachweislich nutzlos. Was es hervorbringt – die Dornen und Disteln der Rebellion – wird verbrannt. Nichts, was in der Auflehnung gegen Gott getan wird, hat Ewigkeitswert. Unser Abschnitt ist in dieser Hinsicht parallel zu Johannes 15,6; 1. Korinther 3,15 und Hebräer 10,27. Keine dieser Stellen bezieht sich auf ewige Strafe. Jede von ihnen bezieht sich auf das Feuer des Gottesgerichts, in dem Gott nutzloses Verhalten des aufsässigen Christen verbrennt, der es versäumt, seinen Glauben auf die Berufung Gottes für sein Leben anzuwenden.

Anmerkung:
a. Das griechische Wort hier kann `kreuzigen´ oder `erneut kreuzigen´ bedeuten, aber da jede Kreuzigung Jesu nun eine Art erneuter Kreuzigung ist, ist das die wahrscheinlichere Übersetzung.

26

Die Verheißungen erben
Hebräer 6,9-12

Auf jeden warnenden Abschnitt im Hebräerbrief folgt ein Wort der Ermutigung! Die Christen, die widerspenstig werden und unter Gottes Zorneseid kommen, können nicht zur Umkehr erneuert werden. Das scheint zweierlei zu bedeuten: (i) sie werden so unempfänglich, dass sie Gottes Stimme nicht mehr hören können., (ii) sie können nicht an die Stelle zurückkommen, an der sie waren, bevor Gottes Zorneseid gegen sie geschworen wurde.

Aber unser Schreiber möchte nicht, dass seine Leser denken, sie seien auf diese Weise abgefallen. Wäre es so, würde er ihnen nicht schreiben! *⁹Aber obwohl wir so reden, liebe Freunde, sind wir in eurem Fall von Besserem überzeugt – von Dingen, die zur Errettung gehören.* Der Schreiber ist ganz sicher, dass sie diese Sünde nicht begangen haben, und er möchte nicht, dass sie denken, sie seien derart abgeglitten. Entmutigung hilft niemals! Was ihn sicher macht, dass sie nicht auf diese Weise gesündigt haben, ist ihre offensichtliche Empfänglichkeit. Er ist sicher, dass sie zur endgültigen Errettung gelangen. `Errettung´ bezieht sich hier nicht auf die Anfangs-Errettung, sondern (wie in 1,14) auf die endgültige Errettung, die dasselbe ist wie endgültige Belohnung. Es besteht hier kein Unterschied zwischen `die Errettung haben´ und `eine Belohnung haben´ (10,35) oder `einen Schatz im Himmel haben´ (Matthäus 19,21) oder ein Erbe `haben´ (Epheser 5,5).

Er sagt: *¹⁰Denn Gott ist nicht so ungerecht, dass er eure Arbeit und die Liebe übersieht, die ihr zu seiner Ehre gezeigt habt, indem ihr seinem heiligen Volk gedient habt und es noch immer tut.* Dieser Vers macht klar, dass das Thema des Schreibers Belohnung oder Erbe ist. Gott gibt Rechtfertigung oder neue Geburt nicht als Belohnung! Aber er belohnt Werke des Glaubens. Der Schreiber kann die Liebe seiner Leute zu anderen Christen sehen. Er kann ihr Festhalten am praktischen Glauben erkennen, und das reicht ihm zu wissen, dass die Leute nicht in eine unheilbare Herzenshärte abgefallen sind.

Aber er hat noch mehr Hoffnung für sie. [11]*Und wir sehnen uns danach, dass jeder von euch denselben Eifer bis ans Ende zeigt, indem er nach der vollen Gewissheit der Hoffnung strebt.* Was ist diese volle Gewissheit der Hoffnung? Es ist die frohe Gewissheit, dass das Erbe und die Belohnung auf dem Weg sind und sicher kommen, wenn wir am Glauben festhalten! Es ist dasselbe wie ´in die Ruhe eintreten´. Das geschieht durch Fleiß und durch Beharren im Glauben. Es ist das Gegenteil der Faulheit und der Entmutigung. [12]*Dann seid ihr nicht träge, sondern Nachahmer derer, die durch Glauben und Geduld die Verheißungen erben.*

1. **Gott hat reiche Zusagen für uns**. Er verspricht, uns zu gebrauchen und uns eine Berufung und einen Dienst zu geben. Er verspricht alles, was wir brauchen – Barmherzigkeit und Gnade zur Hilfe – um diesen Dienst zu erfüllen und Gottes Willen für unser Leben zu vollbringen. Er verspricht mitzufühlen mit unseren Schwachheiten, uns bei Verzögerungen und Opposition zu tragen und uns bis zum Ende zur vollen Erfüllung seines Willens zu bringen. Solche Zusagen sind für jeden Christen. Unser Schreiber spricht von ´jedem von euch´.

2. **Was nötig ist, ist der beharrliche Glaube**. Durch Glauben und Geduld erben wir die Verheißungen. Durch Unglauben und Ungeduld verlieren wir sie!

3. **Unglaube führt zur Faulheit**. Wenn wir keinen Grund haben zu glauben, dass es Verheißungen gibt, die für uns da sind, dann haben wir keinen Grund, uns darum zu bemühen. Aber wenn Gott uns seine Zusagen gezeigt hat, sind wir motiviert, nicht träge zu sein.

4. **Gläubige in früheren Zeiten sind ein Antrieb für uns**. Der Hinweis, die nachzuahmen, die früher die Verheißungen Gottes ererbt haben, ist ein Vorgeschmack von Hebräer 11.

Er gibt uns auch eine Vorstellung davon, was diese Verheißungen sind, die wir ererben müssen. Jeder in Hebräer 11 hatte eine besondere Berufung. Abel bereitete den Weg für das Opfersystem des Alten Testaments. Noah rettete seine Familie mitten im Gericht Gottes. Abraham war der Begründer des Volkes Gottes. Simson besiegte die Philister. Und so weiter. So ist es auch mit uns. Jeder Christ hat etwas für Gott zu vollbringen. Es wird einzigartig sein und etwas Besonderes. Es ist ein Teil des auf jeden von uns abgestimmten Willens Gottes. Es ist, als würde die Liste im Hebräerbrief weitergehen: `Durch Glauben hat Abel... Durch Glauben hat Henoch... Durch Glauben haben Noah... Abraham... Sara... Isaak... Jakob...´. Und dann geht die Liste noch weiter: `Durch Glauben haben Eaton... Kamau... Banda... Singh... Wong...´. Der Name jedes Christen sollte dort stehen. Aber das verlangt Glauben und Geduld.

5. **Wir müssen uns auf Herausforderungen und Schwierigkeiten einstellen**. Unser Schreiber spricht von `Glauben und Geduld´. Weshalb Geduld? Weil die Verheißungen nicht sofort erfüllt werden. Verzögerungen sind zu erwarten – wie die Verheißung eines Nachkommens für Abraham viele Jahre auf sich warten ließ. Widerstand ist zu erwarten. Auch unsere eigene Schwäche ist eine Herausforderung für unseren Glauben. Wir fühlen uns vielleicht oft wie Mose, als er sagte: `Wer bin ich, dass ich gehen sollte ...?´ (2. Mose 3,11).

Unser Schreiber ist überzeugt, dass seine Leute zur Liste der Glaubenshelden hinzugefügt werden können. Sie sind nicht unerreichbar geworden. Sie dienen Gott. Es ist nicht möglich, dass sie ihre Rechtfertigung oder neue Geburt verlieren. Aber es gibt eine durch Umstände beeinflusste Möglichkeit, dass sie so entmutigt werden, dass sie aufhören, für Gott zu leben und es versäumen, die Verheißungen zu erlangen. Es ist denkbar, dass sie diese verlieren. Aber er ist ermutigt. Gott ist nicht so ungerecht, dass er ihre Glaubenswerke nicht belohnt. Er glaubt, dass sie bereit sind, Jesus als unserem Melchisedek zu vertrauen. Sie sind auf dem Weg dahin, wo Gott ihnen sagt: `Gut gemacht´.

27

Der Eid der Barmherzigkeit Gottes
Hebräer 6,13-15

Von Hebräer 5,11 an hat unser Schreiber von der Gefahr gesprochen, dass seine hebräischen christlichen Freunde träge und ungläubig werden könnten. Die schrecklichste Möglichkeit ist, dass sie so `versagen´, dass Gott einen Eid des Zorns schwört und danach in ihrem Leben kein weiterer Fortschritt mehr möglich ist. Aber auf der anderen Seite gibt es etwas weit Verlockenderes. Abraham erlebte nicht Gottes Zorneseid, sondern Gottes Gnadeneid. *13 Denn als Gott dem Abraham ein Versprechen machte, da schwor er bei sich selbst, weil es keinen Größeren gab, bei dem er schwören konnte 14 und sagte: `Ich werde dich bestimmt segnen und dich vermehren´.* Im Kern jedes Bundes ist ein Eid. `Bund´ und `Eid´ sind identische Ideen. Kein Bund ist auch nur annähernd vollständig, wenn noch kein Eid gesprochen wurde. Abraham erhielt verschiedene Zusagen. Gott versprach Abraham, dass er der Vater eines `Samens´ sein würde. Er würde fähig werden, einen Sohn zu haben. Seinen Nachkommen würde ein Land gegeben werden. Ein Retter würde kommen. Segen würde auf Abraham und durch Abraham kommen.

Das sind im Grunde dieselben Zusagen, die Gott uns gibt! Wir sind ja Kinder Abrahams. Die Zusagen bestehen eigentlich aus vier Merkmalen: (i) Leistungen für Gott, (ii) Befähigung, (iii) persönliche Belohnung, (iv) zahlenmäßiges Wachstum. Wir sollen einbezogen werden in dieselben Zusagen, die Gott Abraham gab. Die Geschichte des Wachstums des Samens Abrahams ist noch nicht zu Ende. Sie geht noch weiter und wir sollen daran beteiligt werden.

Die Zusagen Gottes an Abraham fingen an in 1. Mose 12,1-3. Gott hat sie oft erneuert (1. Mose 13,15; 15,5. 18; 17,7-8. 15-16. 21; 18,18-19; 21,12). Aber der Eid kam erst in 1. Mose 22,15-18.

Dann rief der Engel Jahwes Abraham ein zweites Mal vom Himmel und sprach: `Bei mir selbst habe ich geschworen, spricht der Herr, weil du das getan hast und hast deinen Sohn, deinen einzigen Sohn, mir nicht vorenthalten, werde ich dich bestimmt segnen, und ich werde deine Nachkommen bestimmt vermehren wie die Sterne am Himmel und wie der Sand am Meeresstrand. Und deine Nachkommen werden die Tore ihrer Feinde besitzen, und in deinem Nachkommen werden alle Völker der Erde gesegnet werden, weil du meiner Stimme gehorcht hast.´

Der Unterschied zwischen einer Zusage und einem Eid ist wesentlich. (i) Zusagen sind an Bedingungen geknüpft. Sie werden ererbt durch Glauben und Geduld. Der Eid ist nicht von Bedingungen abhängig, sobald er geschworen ist. (ii) Wir könnten daher sagen, die Zusage hat ein offenes Ende. Wenn der Eid geleistet ist, kommt die Sache zum Abschluss; etwas ist entschieden und kann nicht mehr geändert werden. (iii) Eine Zusage kann verloren gehen, bevor der Eid geleistet wurde; sie kann nicht verloren gehen, nachdem der Eid geleistet wurde. Die Errettung ist **schon** Gegenstand eines Eides. Deshalb kann sie nicht verloren gehen. Das Priestertum Jesu ist schon Gegenstand eines Eides. Deshalb kann es nicht aufhören. Das wird in Hebräer 7,20-21 festgestellt. Unser Erbe ist ein Angebot. Es ist uns versprochen. Es ist **garantiert**, wenn Gott einen Eid dazu leistet.

Abraham hatte ein ganzes Leben des Glaubens zu leben. Er antwortete im Glauben auf Gottes Rufe. Aber manchmal hatte er Zweifel und Schwierigkeiten. Schließlich gab es eine schwere Prüfung. `Gott prüfte Abraham … „Nimm deinen Sohn Isaak, deinen einzigen Sohn, den du liebst, und gehe ins Land Morija, und opfere ihn dort als Brandopfer auf einem der Berge, den ich dir zeigen werde"´ (1. Mose 22,1-2). Abraham bestand die Prüfung und gehorchte Gott in standhaftem Glauben. Dann wurde ihm der Eid als Belohnung gegeben.

Hebräer 6,13 bezieht sich nicht auf die frühen Verheißungen in 1. Mose 12-21, sondern auf die Verheißungen, die durch einen Eid in 1. Mose 22 bestätigt wurden. Er schwor bei sich selbst. Er sagte eigentlich: `So wahr ich Gott bin, will ich das für dich tun´. In diesem Augenblick wurde die Verheißung auf eine Art verbürgt, dass sie nicht mehr verloren gehen konnte.

Das alles kostete Zeit. [15]*Und so erhielt Abraham, nachdem er geduldig gewartet hatte, die Verheißung.* Die Verheißung `erhalten´ bedeutet, sie durch einen Eid garantiert zugesichert zu bekommen. Es ist dasselbe wie `in die Ruhe einzutreten´. Abraham musste immer weiter glauben – trotz Aufschub, trotz seines zunehmend hohen Alters und seiner Schwachheit, trotz des Widerstands, der von den Kanaanitern der Umgebung ausging. Aber dann kam der Tag, an dem Gott einen Eid leistete und in diesem Moment hat er die Verheißung `erhalten´. Man **hat** eine Verheißung, wenn man sie kennt. Man **erhält** eine Verheißung, wenn Gott einen Gnadeneid ablegt.

Der Christ soll für den Tag leben, an dem Gott Eide ablegt und Verheißungen erhalten werden. Der Vers 16 erklärt, wie das im Leben Abrahams verwirklicht wurde. *Denn Menschen schwören bei etwas Größerem als sie selbst, und in allen Streitigkeiten bestätigt ein Eid das Gesagte völlig und endgültig.* `Als Ende aller Widerrede dient ihnen der Eid zur Bekräftigung´ (Zürcher Bibel). Er sollte alle Zweifel zum Schweigen bringen und er beendet jede Möglichkeit eines Misserfolgs. Deshalb ist es gleichwertig mit `in die Ruhe einzutreten´. Eine Zusage mag zufällig gegeben werden. Die Person, die sie erhält, macht davon vielleicht keinen Gebrauch. Aber ein Eid legt die Sache gesetzlich fest. Nichts kann etwas daran ändern. Wenn Gott im Zorn schwört, ist die Situation verloren und kann nicht mehr zurückgewonnen werden. Wenn Gott einen Gnadeneid schwört, wird Segen erhalten, der nicht mehr verloren werden kann. Deshalb sollen wir für den Tag leben, an dem Gott den

Gnadeneid leistet und wir den Segen erhalten. Das ist der Tag, an dem Gott `sich entscheidet´ und beschließt, uns zu geben, was er versprochen hat, weil er sieht, dass wir die Bedingungen des Glaubens und der Geduld erfüllt haben. Dann haben wir die Verheißung in vollem Umfang und endgültig erhalten.

28

Eine sichere Hoffnung
Hebräer 6,17-20

Abraham erlebte nicht Gottes Zorneseid, sondern Gottes Gnadeneid. (i) Es war natürlich ein großer Segen für Abraham. (ii) Aber das ist auch für uns sehr bedeutsam, denn wir sind `Abrahams Same´. Der Grund, weshalb unsere Errettung unerschütterlich sicher ist, ist der, dass Gottes Eid an Abraham nicht geändert werden kann. Gott versprach, Abraham einen Samen zu geben, und wir Christen sind die Erfüllung dieses Versprechens. Wir sind die Erwählten Gottes. Wir können nicht aufhören, Abrahams Same zu sein. (iii) Es gibt aber noch einen dritten Grund, weshalb das alles für uns von entscheidendem Interesse ist. Wir sind sicher, weil wir Abrahams Same sind. Wir sind Abrahams Belohnung und Gott wird Abraham seine Belohnung nicht wegnehmen. Da ist auch noch etwas anderes. Wir wissen aus Hebräer 3, dass Gott auch uns einen Eid geben will. Abraham kam zur `Ruhe Gottes´. Aber wir sind Abrahams Same und das hat die weitere Folge, dass Gott möchte, dass auch wir zur `Ruhe Gottes´ kommen. Wir müssen Gottes Zusage in Verbindung mit einem Eid haben, so wie es bei Abraham war. Abraham hat seine Zusage auf eine Art erhalten, die nicht verloren gehen kann. Aber wir müssen auch unsere kleineren Zusagen so erhalten, dass sie nicht verloren gehen können, und das geschieht, wenn Gott uns einen Eid gibt.

17Mit diesem Eid plante Gott, den Erben der Verheißung einen überzeugenden Beweis für den unabänderlichen Charakter seiner Absicht zu geben. Deshalb fügte er einen Eid hinzu. 18Seine Absicht war, dass wir, die wir bei ihm Sicherheit gesucht haben, um die vor uns liegende Hoffnung zu ergreifen, durch zwei unabänderliche Dinge, in denen es für Gott unmöglich ist zu lügen, eine starke Ermutigung haben.

Gott gebraucht einen Eid, um uns Sicherheit darüber zu geben, was wir schon haben, und uns zu helfen, danach zu streben, auch unser Erbe festzumachen. Es gibt in dieser Verbindung vier Möglichkeiten. Einige Christen glauben, dass man als Christ seine Errettung verlieren kann. Ich würde das so bezeichnen:

• Einmal gerettet, vielleicht verloren

Weiter gibt es Christen, die glauben, dass das nicht passieren kann und dass unsere Errettung immer sicher ist. Sie neigen auch dazu zu sagen, dass Errettung und Belohnung dasselbe sind. Deshalb nenne ich das:

• Einmal gerettet, immer gerettet – und die Belohnung absolut sicher

Es gibt auch Christen, die glauben, dass unsere Errettung immer sicher ist, dass die Belohnung aber durch Glauben und Geduld erstrebt werden muss, und (wenn Gott keinen Eid leistet) vielleicht verloren gehen kann (wie 6,3-6 sagt): ich würde das folgendermaßen bezeichnen:

• Einmal gerettet, immer gerettet – aber die Belohnung ist unsicher und verlierbar.

Dann haben wir noch die Situation der Gläubigen, die einen Eid erhalten haben. Sobald ein Eid über etwas geleistet wurde, kann es nicht mehr verloren gehen. Das gibt uns noch eine vierte Möglichkeit:

• Einmal gerettet, immer gerettet – und die Belohnung absolut sicher, seit ein Eid geleistet wurde.

Die Frage ist: was finden wir darüber im Hebräerbrief? Ich glaube, unser Schreiber würde zu diesen vier Möglichkeiten folgende Bemerkungen machen:

- Die erste Möglichkeit ist völlig falsch – würde er sagen. Jeder Gläubige hat eine ewige Erlösung. Er ist für immer geheiligt – beiseite gesetzt – durch das Blut Christi.
- Ich glaube, er würde sagen, die zweite Möglichkeit ist ebenfalls völlig falsch. Die Belohnung des Christen ist von der Bekehrung an nicht absolut sicher. Sie muss ererbt werden durch Glauben und Geduld. Unsere ewige Errettung kann nicht verloren gehen, aber die Belohnung schon. Esau verlor sein Erbe; seine Stellung als Sohn in Isaaks Familie verlor er nie.
- Der dritte Fall ist die Lage eines Christen, bevor er einen Eid von Gott erlebt hat.
- Der vierte Fall ist die Lage eines Christen, die er genießt, nachdem Gott geschworen hat: `Ich will dich wirklich segnen´ und wo die Verheißungen garantiert sind.

Unser Schreiber begründet alles, indem er das Beispiel Abrahams verwendet. Er denkt dabei an den Eid in 1. Mose 22 (das ist nicht die Zeit, als er in 1. Mose 15,6 oder auch früher gerechtfertigt wurde).

Der Anfangspunkt ist der, dass wir selbst wegen des Eides an Abraham unserer Errettung sicher sind. Wir sind `Erben´ – gerettete Menschen, die auf ihrem Weg zu einem Erbe sind. `Erbe´ bezeichnet nicht jemand, der ein Erbe hat, sondern jemand, **der erwartet, ein Erbe zu haben**. Aber wir können unsere Stellung bei der Errettung nicht verlieren, weil wir ein Teil der Belohnung Abrahams sind und er seine Belohnung nicht verlieren kann! Dem Abraham wurde der Eid schon geleistet. Er hat seinen `Samen´, sein Volk. Er wird keinen von ihnen verlieren. Wir betrachten den Eid, der dem Abraham geschworen wurde und wir sagen zu uns selbst: `Ich kann nicht verloren gehen, weil Abraham seine Belohnung nicht verlieren kann.´ Gott leistete einen Eid, um den `endgültigen Charakter seiner Absicht´ zu zeigen, Meine Errettung ist fest mit Abraham verbunden. Ich bin der Sicherheit wegen zu Jesus gelaufen, und Gott gab Abraham einen Eid, damit ich durch zwei unabänderliche Dinge, bei denen es Gott unmöglich ist zu lügen, eine volle und absolute Gewissheit über meine ewige Sicherheit haben kann. Jesus ist wie ein Anker. *[19]Wir haben diese Hoffnung als festen und sicheren Anker für die Seele. Er reicht hinein in das Innerste hinter dem Vorhang, [20]wo Jesus, ein Vorläufer für uns, schon eingetreten ist. Er ist ein ewiger Hoherpriester geworden nach der Art Melchisedeks.* Wenn ein Anker ins Meer geworfen wird, wird er unsichtbar. Doch ist er fest am Meeresgrund. Die auf dem Schiff sind, wissen, dass er da ist, obwohl sie ihn nicht sehen können. Jesus ist unser Anker. Er ist weggegangen, wo wir ihn nicht mehr sehen können, nicht hinab ins Meer, sondern `hinauf´ in den Himmel, oder `durch´ den Himmel ins himmlische Allerheiligste. Wir können ihn nicht sehen, aber wir wissen, dass er dort ist. Er ist fest im Himmel. Er kann seine Stellung im Himmel nicht verlieren. Wir sind an ihn gebunden. Wie ein Schiff mit dem Anker verbunden ist, so sind wir durch Gottes Treue an Jesus gebunden, der im Himmel ist. Deshalb können wir nicht völlig abtreiben, weil wir durch unseren Herrn Jesus Christus, der schon dort ist, im Himmel verankert sind.

Aber das ist nicht alles! Jesus ist unser Vorläufer. Er ist im Himmel und wir sind mit ihm verbunden. Er hat seine Belohnung erreicht und deshalb sind wir sicher. Es gibt aber noch weitere Verheißungen zu `erlangen´ auf eine Art, dass sie nicht verloren gehen können. Jesus möchte uns nun zu sich ziehen, damit wir auch unsere Belohnung erhalten! Er ist unser Vorläufer und er möchte, dass wir zur Herrlichkeit **unserer** Belohnung gebracht werden. Dass wir an Jesus gebunden sind, ist festgemacht. Wir brauchen uns darum keine Sorgen zu machen! Aber wir müssen am Glauben festhalten in dem Bewusstsein, dass Jesus als unser großer Hoherpriester für uns betet, bis Gott `Gut gemacht!´ zu uns sagt und wir die himmlische Herrlichkeit erreichen. Wir können schon, bevor wir dort ankommen, einen Vorgeschmack davon haben, wenn wir `in Gottes Ruhe eintreten´ – d.h. wenn wir die Gewissheit erlangen, dass wir unsere Belohnung schon so gut wie erhalten haben.

Wir verlassen uns auf einen Eid an Abraham, und so haben wir völlige Gewissheit unserer ewigen und unzerstörbaren Errettung. Aber vielleicht erleben wir, dass Gott uns einen Eid leistet und wir dadurch zu völliger Gewissheit über unser Erbe gelangen. Wir haben Gottes Zusagen für unser Leben. Jeder Christ hat `gute Werke, die Gott im Voraus bereitet hat´, damit sie in seinem oder ihrem Leben verwirklicht werden (Epheser 2,10). Wie jeder Glaubensheld in Hebräer 11 haben wir etwas für Gott zu tun. Wir haben Jesus als `festen und sicheren Anker für die Seele´. Aber wir möchten auch `die volle Gewissheit der Hoffnung´ erlangen – die volle und tiefe Überzeugung, dass wir schon einen Schatz im Himmel angelegt haben, dass er uns zugeschworen wurde und dass er jetzt nicht mehr verloren gehen kann. Jesus ist unser `Vorläufer´. Das bedeutet, dass wir ihm nachfolgen auf dem Weg zur selben Herrlichkeit und Ehre, die er erlangt hat. Er ist ein Hoherpriester für immer nach der Ordnung Melchisedeks geworden (6,20). Er bringt viele Söhne zur Herrlichkeit. Daraus folgt, dass wir `Kinder Abrahams´ sein können, indem wir so wie Abraham einen Eid erhalten können. Unser Schreiber hat das schon gesagt. Denn er hat uns gesagt, dass Gott möchte, dass wir zu seiner Ruhe kommen. Zu Gottes Ruhe kommen wir, wenn Gott sagt `Jetzt weiß ich …´ und einen Segenseid leistet, einen Eid, der bestätigt, dass seine Zusage, dass wir einen Dienst haben und für ihn nützlich sein werden, wirklich in Erfüllung geht. Genauso wie Abraham sollen wir Gottes Zusagen für unser Leben in einer an einen Eid gebundenen Art erhalten. Das hängt mit dem Reich Gottes zusammen. Unser Dienst braucht dieselben Verheißungen, die Gott Abraham gab. Unser Dienst wird mit der Gemeinde des Herrn Jesus Christus zusammenhängen; er wird damit zusammenhängen, dass eine Menge so zahlreich wie der Sand an der Meeresküste zum Reich Gottes kommt. Aber Gottes Eid an uns wird unsere Belohnung absichern!

29

Melchisedek
Hebräer 7,1-3

Jetzt, nach einem langen Exkurs in 5,11-6,20, ist unser Schreiber bereit, den Gedanken wieder aufzugreifen, den er in Hebräer 5,10 unterbrochen hat. Er wollte noch mehr darüber sagen, dass Jesus ein Hoherpriester wie Melchisedek ist (5,10). Jetzt fährt er an dieser Stelle fort.

In der Geschichte in 1. Mose 14 erscheint Melchisedek plötzlich und verschwindet plötzlich, ohne dass etwas über seine Geburt, seinen Tod oder seine Vorfahren gesagt wird.

Zuerst werden wir mit einigen grundlegenden Tatsachen bekanntgemacht. *1Denn dieser Melchisedek war König von Salem und ein Priester des höchsten Gottes. Er begegnete Abraham, als Abraham nach seinem Sieg über die Könige zurückkehrte, und als sie sich trafen, segnete Melchisedek den Abraham.* Es sind wenigstens sechs Dinge, die wir in Hebräer 7,1-3 beachten sollten.

1. **In der Symbolik seines Lebens war er zugleich König und Priester.** Zur Zeit Abrahams war Melchisedek buchstäblich ein irdischer König über den Stadt-Staat Salem (der später als Jerusalem bekannt wurde). Er kannte den Gott der Bibel. Seine Kenntnisse waren vielleicht Überlieferungen, die durch Leute wie Abel, Henoch und Noah weitergegeben wurden. So war er auch in der Lage, den Priesterdienst für sein Volk in Salem zu tun und ebenso dessen König zu sein. Nichts Vergleichbares konnte jemals bei den Königen und Priestern des ehemaligen Israels vorkommen. Die Könige Israels kamen aus dem Stamm Juda. Die Priester kamen aus dem Stamm Levi. Jesus ist und war kein Levit. Er war die **Erfüllung** des mosaischen Gesetzes und als Jude hielt er es hundertprozentig. Aber in seinem irdischen Leben konnte er nie ein levitischer Priester sein, denn die

Priester mussten aus dem Stamm Levi kommen. Jesus hatte nie Zugang zum irdischen Tempel in Jerusalem. Aber Melchisedek war buchstäblich König über eine irdische Stadt und er fungierte buchstäblich als einzigartiger Hoherpriester über sein Volk.

2. **Melchisedek diente Abraham in einer Zeit des Leids.** 1. Mose 14 berichtet uns, wie dieser Priester `Gottes des Höchsten´ bei einer Gelegenheit, als Abraham von einer Schlacht zurückkehrte, herauskam, um Abraham nach seiner Rückkehr vom Sieg über Kedor-Laomer und dessen Alliierten zu treffen. Melchisedek betete für Abraham und kurz darauf empfing Abraham eine neue Offenbarung, dass Gott sein Schild und sein Lohn war. Melchisedek schenkte Abraham Brot und Wein, um ihn in seiner körperlichen Müdigkeit zu stärken.

3. **Melchisedek erhielt von Abraham ein Zehntel (den `Zehnten´) aller Güter, die er dem Feind weggenommen hatte.** [2]*Dann gab Abraham ihm ein Zehntel von allem, was er in der Schlacht gewonnen hatte. Erstens bedeutet Melchisedeks Name `König der Gerechtigkeit´ und dann war er auch König von Salem, d.h. `König des Friedens´.*

Abraham gab den Zehnten (einmal, ein Zehntel von allem, was er besaß!) unter der Leitung des Heiligen Geistes. Zu der Zeit gab es kein mosaisches Gesetz und Abrahams Geben des Zehnten hatte nichts mit irgendeinem Gesetz zu tun. Er verzehntete alles, weil er vom Heiligen Geist geleitet wurde, das zu tun. Es war seine Art, Dankbarkeit auszudrücken. Er `erfüllte´ das Gesetz, ohne das Gesetz zu kennen.

4. **In der Symbolik seines Lebens herrschte er in Gerechtigkeit und Frieden.** `Melchisedek´ bedeutet `König der Gerechtigkeit´. Sein Name kann mit dem eines späteren Königs von Jerusalem verglichen werden, Adoni-zedek (Josua 10,1. 3), dessen Name bedeutet `Herr der Gerechtigkeit´. Melchisedek herrschte auch über `Salem´ – ein Wort, das Frieden bedeutet. So ist Melchisedek ein Bild für den Einen, der in Gerechtigkeit und Frieden regiert. Gerechtigkeit kommt zuerst! Aber dann, als gerechter Herrscher, fand unser Herr Jesus Christus einen Weg, uns Frieden zu bringen.

5. Melchisedeks Priesteramt wurde ihm direkt von Gott, dem Vater, gegeben. Unser Schreiber erklärt weiter: Es gibt keinen Bericht darüber, wer sein Vater oder seine Mutter war; er hat keine Ahnentafel. *3Er hat weder einen Lebensanfang noch ein Lebensende. Melchisedek ist wie der Sohn Gottes; er bleibt Priester für immer.* Er bezieht sich auf das Alte Testament. Es bedeutet nicht, dass Melchisedek eine übernatürliche Figur mit übernatürlicher Geburt war. Es bedeutet vielmehr, dass es im Alten Testament kein Hinweis auf seine Abstammung gab. Die Abstammung aller Schlüsselfiguren im 1. Buch Mose wird uns mitgeteilt – aber nicht die des Melchisedeks. Sein Priesteramt war nicht ererbt. Es spielte keine Rolle, wer seine Eltern waren.

6. Es gibt keinen Hinweis auf den Anfang oder das Ende des Priesteramts Melchisedeks. Er erscheint plötzlich in der Geschichte des 1. Buchs Mose – und auch sein Tod wird nicht erwähnt. In der göttlichen Vorsehung gab es einen Grund, weshalb der Verfasser des 1. Buchs Mose nichts über Melchisedeks Geburt oder Tod gesagt hat. Es bedeutete, dass diese Geschichte ein noch größeres Bild für den Dienst des Herrn Jesus Christus darstellte. (Wir erkennen hier das Schriftverständnis unseres Schreibers. Selbst die kleinsten Einzelheiten der Bibel werden von Gott kontrolliert!). Die Tatsache, dass weder der Anfang noch das Ende von Melchisedeks Priesteramt erwähnt werden, bedeutet, dass die Geschichte Melchisedeks im 1. Buch Mose der Geschichte Christi ähnelt. Jesus ist der ewige Sohn Gottes. Er existierte als Sohn Gottes am `Anfang´, schon bevor die Welt erschaffen wurde. Er selbst wurde nicht erschaffen.

In all diesen Punkten war Melchisedek ein Bild Jesu. Jesus ist zugleich unser König und Priester. Er dient uns mitten im Leid der Versuchungen und Kämpfe. Er empfängt unsere materiellen Gaben zum Gebrauch in seinem Reich. Er herrscht zuerst in Gerechtigkeit, aber dann fand er auch einen Weg, uns Frieden zu bringen. Das Hohenpriesteramt Jesu wurde ihm direkt von Gott, dem Vater, gegeben. Er ist der ewige Sohn Gottes, der in göttlicher Macht herrscht und regiert und seine Brüder zur himmlischen Herrlichkeit bringt. Christlicher Glaube besteht darin, dass man von Jesus lebt als dem Brot, das uns erhält, und dem Wein, der uns erfrischt.

30

Die Größe Melchisedeks
Hebräer 7,4-10

⁴Betrachte nun, wie groß dieser Mann war. Wenn wir im Alten Testament von Melchisedek lesen, lesen wir seine Geschichte vielleicht oberflächlich, aber unser Schreiber fordert uns auf, innezuhalten und darüber nachzudenken, was für eine bedeutende Person er wirklich war.

    1. **Melchisedek ist groß als Empfänger von Zehnten**. *Er war es, dem Abraham, der große Vater, einen Zehnten dessen gab, was er in der Schlacht erbeutet hatte.* Das ist an sich ungeheuer bedeutsam. Das Geben des Zehnten ist eine Art, jemanden gewaltig zu ehren. Manchmal ist es eine Art Anbetung. Wir müssen jemand sehr hoch ehren, wenn wir bereit sind, ihm unseren Besitz zu geben. Geld und Besitz sind Dinge, an denen sich die meisten Leute festklammern! *⁵Nun wird den Priestern, die Nachkommen Levis sind, im Gesetz befohlen, von allen Leuten, ihren Brüdern und Schwestern, einen Zehnten einzusammeln, obwohl sie ihre eigenen Verwandten sind, die von Abraham abstammen.* Das mosaische Gesetz behandelte die Leute des Priesterstammes als würdig, von der übrigen Nation finanziell unterstützt zu werden. Das überrascht, weil die meisten von uns nicht gerne Geld von der eigenen Familie annehmen! Wir ziehen es vor, unsere Unterstützung von anderen zu bekommen, ohne unsere eigenen Verwandten finanziell belastet zu sehen. Die Menschen aus Israel waren mit den Priestern verwandt, aber trotz der Tatsache, dass Leviten nicht gerne ihre eigenen Verwandten belasten, hat die Nation die Priester finanziell unterstützt. Es war eine Methode, die große Bedeutung der levitischen Priester im Reich Gottes anzuerkennen

6Aber Melchisedek, der seine Abstammung nicht auf die Leviten zurückführte, nahm den Zehnten von Abraham... Melchisedek empfing Abrahams Zehnten, aber nicht, weil er ein Levit war! Er war ein großer Mann im Reich Gottes und doch hatte seine Größe nichts damit zu tun, ob er ein Levit war. Dasselbe gilt für Jesus! Er ist ein großer Erretter und bringt `eine so große Errettung´, aber das alles erhalten wir unabhängig vom Gesetz Moses, und unabhängig vom Anbetungssystem, das vom Stamm Levi verwaltet wurde. Abraham würdigte Melchisedek, weil er wusste, dass er im Reich Gottes von großer Bedeutung war – sogar von größerer Bedeutung als Abraham selbst. Melchisedek gab nicht Abraham den Zehnten, Abraham gab Melchisedek den Zehnten! Abraham selbst wird als `großer Vater´ beschrieben. Er ist der Stammvater und das Vorbild aller Gläubigen und eine der größten Figuren in der Weltgeschichte. Doch betrachtete Abraham den Melchisedek als die größere Person im Reich Gottes. Wir müssen Jesus ebenso sehen. Er ist größer als alles, was wir im mosaischen Gesetz finden. Er ist einzigartig und direkt von Gott eingesetzt.

2. **Melchisedek ist groß als Geber des Segens.** *Und Melchisedek segnete Abraham, der die Verheißungen hatte.* Abraham war selbst ein großer Mann. Er `hatte die Verheißungen´. Er hatte sie noch nicht vollständig erhalten (die Übersetzung `den, der die Verheißungen schon empfangen hatte´, ist falsch, denn man **hat** die Verheißungen, wenn Gott zuerst davon spricht, aber man **erhält** die Verheißungen, wenn Gott einen Eid leistet). Jedoch war es Melchisedek, der Abraham segnete; es war nicht Abraham, der Melchisedek segnete. *7Und es ist unstreitig, dass die weniger wichtige Person von der größeren Person* [die größere Macht hat, andere zu segnen] *gesegnet wird.*

3. **Melchisedek ist den Leviten bei weitem überlegen. In Abraham bezahlten die Leviten ihm den Zehnten.** Die Leviten waren gewöhnliche Menschen; schließlich starb jeder Levit. *8Und, in dem einen Fall, wird der Zehnte von Menschen genommen, die sterben* [von den Leviten], *aber im anderen Fall von dem, der erklärtermaßen lebt.* Die Leviten waren sterblich, aber von

Melchisedek heißt es nie, dass er starb. Natürlich ist er gestorben, aber **im Alten Testament** gibt es keinen Bericht von seinem Tod. Das machte ihn zu einem guten Bild für den Herrn Jesus Christus. Die Leviten dienten als Priester, aber dann hörte ihr Dienst mit ihrem Ruhestand im Alter von fünfzig Jahren und mit dem Tod jedes Leviten auf. Im Fall Jesu begann sein Dienst mit seinem Tod (oder vielleicht sogar schon früher) und er geht immer weiter in der Auferstehungskraft dessen, der zur Rechten des Vaters sitzt.

Melchisedek ist weit größer als die Leviten. *9Man könnte sogar sagen, dass Levi, der den Zehnten einsammelt, den Zehnten durch Abraham bezahlte, 10weil Levi, als Melchisedek den Abraham traf, immer noch im Leib seines Stammvaters war.* Als Abraham dem Melchisedek den Zehnten gab, hat in gewissem Sinn Levi dem Melchisedek den Zehnten gegeben. Weil nämlich Levi von Abraham abstammte und unsere Vorfahren Dinge tun, die sie stellvertretend für uns tun! Vielleicht hat der Großvater eines Mannes ein Haus gekauft, und dann erbte es der Sohn und schließlich wurde es dem Enkel übertragen und jetzt gehört es ihm. Der Großvater kaufte es, aber es ist so, als hätte es der Enkel gekauft, denn jetzt gehört es ihm! Der Enkel war `in´ seinem Vorfahr, als er das Haus kaufte. Körperlich kamst du aus dem Leib deines Vaters und er kam aus dem Leib deines Großvaters – und so weiter zurück bis Adam! Adam repräsentiert die gesamte menschliche Rasse, aber sogar manche geringere Vorfahren taten Dinge, die du geerbt hast. So bezahlte Levi den Zehnten `in´ Abraham.

Die Bedeutung von all dem ist, dass unser Schreiber erstaunliche Kritik übt und das mosaische Gesetz und das ganze Opfersystem abwertet. Alles, was im mosaischen System **charakteristisch** für das mosaische System ist, ist vorläufig und wurde durch Jesus auf einem viel höheren Niveau erfüllt. Die Priester sind erfüllt in Jesus. Der Hohepriester ist erfüllt in Jesus. Die Opfer sind erfüllt in Jesus. Die heiligen Tage sind erfüllt in Jesus. Wir haben kein `heiliges Gebäude´ mehr wie die Stiftshütte. Moderne Kirchengebäude sind keine Stiftshütten oder Tempel. Darin gibt es kein Allerheiligstes. Darin gibt es nichts, was wir `Altar´ nennen sollten. Fast alles, was ausgesprochen **mosaisch** ist, ist vorbei. Wir sind keine Kinder Moses, wir sind Kinder Abrahams. Unser Hoherpriester ist niemand, der in einem heiligen Gebäude Tiere tötet. Unser Hoherpriester ist Jesus, der sein Blut im Himmel darbringt.

Diese Argumente waren nötig, weil `die Hebräer´ in Versuchung waren, so jüdisch wie möglich zu sein, um Verfolgung zu vermeiden. Sie fanden es schwer, sich von mosaischen Vorschriften zu trennen. Vermutlich wurde unser Brief geschrieben, bevor der Tempel im Jahr 70 n. Chr. zerstört wurde. Es gibt aber immer noch Christen, die sehr `mosaisch´ sind. Sie reden von Priestern und sie lieben `heilige Gebäude´. Ihre Vorstellung von Staatskirchen ähnelt dem mosaischen Gesetz mehr als dem Neuen Testament. Aber der `Mosaismus´ [um ein neues Wort zu prägen] ist zu Ende. Wir sind nicht unter irgendetwas speziell Mosaischem. Wir sind unter Jesus, unserem großen Hohenpriester, der sein Blut auf dem `Altar´ des Kreuzes vergoss und sein Blut jetzt im `Allerheiligsten´ – dem Himmel selbst – darbringt und für immer lebt, um für uns Fürbitte zu tun!

31

Gesetz und Evangelium
Hebräer 7,11-12

Warum sollte jemand einen neuen Priester brauchen, wenn der alte gut genug ist? Aber die Priester des Alten Testaments waren nicht gut genug. Jesu priesterliches Werk `nach der Art Melchisedeks´ ist unendlich viel größer als alles, was im ehemaligen Israel zur Verfügung stand.

1. Das mosaische System konnte nicht völlig angemessene Anbeter hervorbringen. [11]*Hätte es nun durch das levitische Priestertum Vollkommenheit gegeben – denn unter diesem Priestertum empfingen die Menschen das Gesetz– wieso war es dann noch nötig, dass ein anderes Priestertum – nach der Art Melchisedeks – aufkam und nicht als Priestertum nach der Art Aarons bezeichnet wurde?* Das mosaische System konnte nichts hervorbringen, was in jeder Beziehung so war, wie Gott es haben wollte. Gott wollte einen vollkommenen Erlöser. Er wollte Diener und Anbeter, die seinen Vorstellungen völlig entsprachen, Menschen mit einem völlig gereinigten Gewissen. Wenn der Schreiber das Wort `Vollkommenheit´ gebraucht, dann bezieht er sich auf die vollständige Erfüllung des Heilsplans Gottes. Gott brauchte einen Erretter, der völlig fähig war, uns zu Gott zurückzubringen – Hebräer 2,10; 5,9. Er brauchte `vollkommene´ oder `reife´ Gläubige (Leute, die wirklich fähig sind, ein gutes Gewissen vor Gott zu haben, fähig, ein Leben der Liebe und des Dienstes zu leben, Leute, die völlig fähig sind, Gottes Ruf für ihr Leben in ungetrübter Gemeinschaft mit ihm zu verwirklichen – siehe 9,9). Aber nichts davon konnte geschehen, wenn man sich auf die Priester des mosaischen Systems oder auf Tieropfer verlässt.

2. Das mosaische Gesetz und das aaronitische Priestertum hängen zusammen. Das Blutvergießen und die Vorkehrung eines Sündopfers ermöglichten die Gesetzgebung. Das mosaische Gesetz wurde eingeführt als Teil der nationalen Lebensordnung, die mit der Stiftshütte, den Opfern und den Priestern verbunden war.

3. Das mosaische System ist völlig aufgehoben. Die alttestamentlichen Vorhersagen sahen eine völlige Aufhebung des gesamten Gesetzes- und Anbetungssystems vor, das Israel beherrschte. Das heißt nicht, dass das mosaische System böse war. Es kam von Gott und nicht von Satan. Aber es gab eine Vorahnung vom Evangelium; es war nicht selbst das Evangelium. Der Gott des Gesetzes ist der Gott des Evangeliums; Gesetz und Evangelium kamen nicht von zwei verschiedenen Göttern. Sie weisen in dieselbe Richtung; Gesetz und Evangelium weisen beide auf Christus hin. Aber das Gesetz ist vorläufig, Jesus ist dauerhaft. Das Gesetz weist in die Zukunft; Jesus ist die Erfüllung. Das Gesetz ist Stückwerk und unzulänglich. Nicht nur das Priestertum änderte sich; das gesamte mosaische System, das Zugang zu Gott verschaffen sollte, musste durch etwas anderes ersetzt werden. ¹²*Denn wenn sich das Priestertum ändert, dann muss sich auch notwendigerweise das Gesetz ändern.* Die beiden waren so eng miteinander verbunden, dass jede Änderung des einen auch zu einer Änderung des anderen führte.

4. Der `Mosaismus´ ist hoffnungslos unzulänglich. Seine Zeremonien waren ungeeignet, Frieden mit Gott zu bringen. Die moralischen Maßstäbe des mosaischen Gesetzes waren zu niedrig. Wir denken an dessen Duldung der Polygamie und der leichten Ehescheidung, an seinen Befehl, Kanaaniter niederzumetzeln usw. In gewisser Hinsicht ist das Gesetz zu leicht. Selbst Leute ohne Glauben konnten meinen, sie hätten es gehalten (wie Paulus das schon dachte – Philipper 3,6). Aber wenn das zehnte Gebot wirklich ernst genommen wurde, führte es zur völligen Verzweiflung (das ist es, was Römer 7,7-25 sagen will). Das Gesetz reizt zur Sünde und gibt ihr größere Kraft als je zuvor. Je mehr man unter dem mosaischen Gesetz kämpft, um gottesfürchtig zu sein, umso gottloser wurde man! Und die Religion des Gesetzes konzentriert sich auf Gebäude und heilige Tage und Speise- und Hygienevorschriften. Es arbeitet mit Furcht vor Strafe und gibt keine geistliche Hilfe. Es hielt Israel zeitweise auf einem gewissen moralischen Stand und verhinderte, dass die Nation, ebenso wie die Kanaaniter, vernichtet wurde. Aber es brachte weder einen vollkommenen Erlöser hervor, noch völlig zuversichtliche Anbeter. Der Platz, den das Gesetz einmal einnahm, wird jetzt vom Heiligen Geist besetzt. Der Pfingsttag war der Jahrestag der Gesetzgebung. Aber Gott gab kein neues Gesetz; er gab den Heiligen Geist.

5. **Jesus macht `Vollkommenheit´ möglich.** Der Herr Jesus Christus macht alles möglich, wozu das Gesetz nicht in der Lage war. Jesus gibt uns durch sein `unzerstörbares Leben´(7,16), was das Gesetz nie geben konnte. Er gibt uns den Heiligen Geist, einen Segen, der uns `unter dem Gesetz´ nicht zuteil werden konnte. Dann wird er unser Fürsprecher und Freund. Durch Jesu Fürbitte gibt uns der Vater den Heiligen Geist, damit er immer bei uns ist (Johannes 14,16). Er lehrt uns alles und erinnert uns an die Lehre Jesu gerade so, wie wir sie brauchen (Johannes 14,26). Er zeigt uns Jesus und lässt uns alles erleben, was Jesus für uns hat. Durch den Heiligen Geist verändert Jesus unsere Herzen, gibt uns volle Gewissheit der Errettung, leitet uns und schützt uns, er heiligt uns und führt uns und bringt in unsere Herzen Glaube, Hoffnung und Liebe. Das ist die Art `Vollkommenheit´ oder `Reife´, die unter dem Gesetz nie möglich war. Zweifellos gab es im Alten Testament Menschen, die Gott in hohem Grade erlebt haben, aber dazu kamen sie nicht durchs Gesetz oder durch den Tempel. Sie konnten Gott nur so erfahren, dass sie im Glauben direkt zu Gott gingen. Selbst dann gab es eine Grenze dafür, wie weit sie sich Gott `nähern´ konnten. Aber wir brauchen Gott nicht mehr nur `aus der Ferne´ zu kennen. Wir haben einen Grad an Vollständigkeit oder Vollkommenheit, von dem wir nie etwas wissen konnten, solange wir nur von den Anordnungen der Opfer und die Priesterdienste des mosaischen

Gesetzes lebten. Wir können uns Gott mit sicherem und zuversichtlichem Glauben nähern.

32

Das Neue ersetzt das Alte
Hebräer 7,13-17

Unser Schreiber behauptet, dass das gesamte mosaische System für den Christen vorbei ist. Jesus ist kein Levit. Sein Priestertum wurde durch die Schatten und Formen des mosaischen Gesetzes **dargestellt**, aber wir sind nicht **wirklich** unter dem mosaischen Gesetz. Ich schreibe diese Worte in der Eisenbahn in Deutschland. Wir sind gerade an einem Schild vorbeigekommen, auf dem stand, dass der Zug nach Frankfurt fährt. Aber der Ort, an dem das Schild mit der Aufschrift `Frankfurt´ steht, ist nicht schon Frankfurt. Ich wäre dumm, wenn ich denken würde, ich sei in Frankfurt. Das ist immer noch weit entfernt. Ebenso ist das Gesetz nur ein Schild, das auf Christus hinweist. Wir wären dumm, würden wir denken, wir seien schon an der christlichen Reife angekommen, nur weil wir das mosaische Gesetz einhalten (oder es einzuhalten meinen!). Das mosaische Gesetz ist nur das Schild. Es weist auf Christus hin. Es weist darauf hin, dass wir durch das Blut des Opfertiers ein reines Gewissen brauchen. Es weist hin auf die Gerechtigkeit. Aber selbst die Zehn Gebote waren nur Hinweise auf die Gerechtigkeit. Wir halten sie, aber noch wichtiger ist, dass wir halten, worauf sie **hinweisen**. Wir müssen den radikalen Unterschied zwischen dem Schild und der Wirklichkeit erkennen, zwischen dem Gesetz und dem Evangelium, zwischen dem **Bild** des vollen christlichen Glaubens an einen vollkommenen Erlöser und der `vollen Erlösung´ selbst. Das sind zwei verschiedene Dinge.

Betrachten wir den Stammesbezug der Angelegenheit. Unser Schreiber fährt fort: *13Denn der, von dem diese Dinge gesagt werden, gehörte zu einem andern Stamm, und keiner von diesem*

Stamm hat jemals Altardienst getan. ¹⁴*Denn es ist klar, dass unser Herr von Juda abstammte und in Verbindung mit diesem Stamm hat Mose nichts über Priester gesagt.* Christlicher Glaube ist nicht **levitisch**; Jesus war kein Levit. Wenn wir nur einfach das mosaische Gesetz und dessen Zeremonien befolgen, dann kann Jesus uns nicht dienen, da Jesus kein Priester des mosaischen und des aaronitischen Systems ist. Wenn Jesus unser mitfühlender Hoherpriester sein soll, muss das innerhalb eines völlig anderen Systems geschehen, weil Jesus nicht zum **irdischen** Priesterstamm gehörte.

Betrachten wir die Vorhersage eines neuen Priestertums. ¹⁵*Und das wird noch klarer, wenn ein anderer Priester wie Melchisedek erscheint.* ¹⁶*Er wurde Priester nicht auf Grund einer Vorschrift über seine Vorfahren, sondern auf Grund eines unzerstörbaren Lebens. Denn es wird erklärt: `Du bist ein Priester für immer nach der Art Melchisedeks´.* Unser Schreiber spricht nicht von Theorien. Jesus ist ja schon gekommen und hat sich selbst am Kreuz geopfert. Der hohenpriesterliche Dienst hat begonnen! Unser Schreiber stellt keine Theorien auf. Mit dem, was Jesus getan hat, hat er das Gesetz schon überflüssig gemacht. Tieropfer sind überflüssig. Der Tempel in Jerusalem (der zur Zeit, als der Hebräerbrief geschrieben wurde, offenbar noch stand) ist überflüssig und wäre, wenn er wiedererbaut würde, für uns ein echtes Hindernis. Das Priestertum Jesu ist schon wirksam und bringt seinem Volk hochgradige Belohnungen. Jesus ist als Gottes einzigartiger Hoherpriester erschienen, womit er dem ähnelte, was Gott in Melchisedek tat. Was Jesus befähigt, uns zu dienen, ist seine Auferstehungskraft, die er jetzt schon hat und an der er uns Anteil geben kann. Er wurde durch Gott eingesetzt. Davids Psalm 110 ist an ihn gerichtet, und er erfüllt ihn schon. Das Neue hat das Alte ersetzt. Es wäre aufsässig gegen Gott, wollten wir Priester, Opfer und heilige Gebäude alten Stils behalten (und was sollen wir davon halten, was einige als `Messopfer´ bezeichnen?). Unser Schreiber ruft uns auf, nach dem Neuen zu leben – nach einem neuen Mittler des Neuen Bundes mit völlig neuen Hoffnungen und Verheißungen.

Das Hohepriestertum Jesu hängt mit der Person zusammen, die er ist: Bei den levitischen Priestern war es genauso: sie waren schwach, weil sie auch nur Menschen waren. Sie starben, und daher endete ihr Priesteramt mit ihrem Tode (oder schon früher, wenn sie im Alter von 50 Jahren in den Ruhestand traten). Aber Jesus ist der Sohn Gottes! Wir beten ihn an. Er ist `der Abglanz der Herrlichkeit Gottes und das Ebenbild seines Wesens´ (1,3). Er ist der Schöpfer aller Dinge und selbst kein Geschöpf. Als Gott seinen Erstgeborenen in die Welt brachte, sagte er, dass alle Engel ihn anbeten sollen. Er ist Gott, und sein Thron wird immer und ewig bestehen bleiben. Dazu kommt, dass der **inkarnierte** Sohn Gottes, der Mensch, der Sohn Gottes in Menschengestalt, von den Toten auferweckt und auf den Thron gesetzt wurde, um nie wieder zu sterben. Und er ist der Eine, der unser Hoherpriester ist. Sein Hohepriestertum ist schon wirksam. Wie können wir jemals zu fehlbaren, begrenzten, sündigen menschlichen `Priestern´ zurückkehren, wenn wir erst einmal den auferstandenen und in den Himmel aufgestiegenen Herrn Jesus Christus in seiner Herrlichkeit gesehen haben?

Die hebräischen Christen waren entmutigt und von massiver Not bedroht. Ihr Leben wäre leichter zu ertragen, wenn sie so täten, als wären sie `nur´ Juden, und wenn sie von Jesus so sprechen würden, als wäre er höchstens ein bedeutender Engel. Aber wenn sie das täten, wäre es Rebellion höchsten Grades. Auch wir haben unsere Nöte und Versuchungen. Die Lösung besteht einfach darin zu sehen, wer Jesus ist. Wir leben `mit dem Blick auf Jesus´ (wie unser Schreiber später sagt). Jesu Auferstehungsleben ist allmächtig. Nichts kann es zerstören. Aber dieses Auferstehungsleben kann er mit uns teilen. Wir können die Kraft der Auferstehung Jesu kennen. Dazu müssen wir vor allem die Nähe Jesu suchen. Im Alten Bund mussten die Anbetenden mit einem Opfer an ihrer Seite hinzutreten. Der Christ erfüllt diese Symbolik. Er `naht Gott´ mit Christus an seiner Seite. So wird die Auferstehungskraft in seinem Leben wirksam.

33

Zwei Arten von Priestern
Hebräer 7,18-21

Es sollte inzwischen sonnenklar sein, dass die Priester und Hohenpriester, die von Levi abstammten, nur eine vorläufige Einrichtung im Leben des Volkes Gottes waren. Sobald Jesus gekreuzigt war, zerriss der Vorhang des Tempels von oben nach unten, ein Zeichen dafür, dass das alte Bundessystem mit einem symbolischen Zugang zu Gott zu Ende war. Der Weg war frei zu einem neuen vertraulichen Umgang mit Gott. Alle alten Anordnungen für den Stamm Levi hatten im Prinzip aufgehört, und es war nur eine Frage der Zeit, bis es jedem, der Augen hatte zu sehen, vollkommen klar wurde, dass das gesamte mosaische System aufgehört hatte. [18]*Einerseits wurde ein früheres Gebot wegen seiner Schwachheit und Nutzlosigkeit aufgehoben,* [19]*denn das Gesetz machte nichts vollkommen …*

1. **Das mosaische System hat für immer aufgehört.** Es war zeitlich begrenzt (`ein früheres Gebot´). Wir sollten nicht von dem `ewigen Gesetz Gottes´ sprechen (wie viele es tun). Damit benutzt man das Wort `Gesetz´ im Sinne von `Prinzipien der Gerechtigkeit´. Gottes `Prinzipien der Gerechtigkeit´ sind wirklich ewig, denn Gott ist heilig und verlangt Heiligkeit. Aber `das Gesetz´ ist der Ausdruck, mit dem die Bibel sich auf das mosaische System bezieht und **das** ist nicht ewig. Es stimmt zwar, dass Vorschriften im Alten Testament manchmal `für immer´ sein sollen, aber wir müssen daran denken, dass `für immer´ oft bedeutet `bis zum Ende meines Lebens´ (1. Mose 43,9; siehe auch 2. Mose 21,6) oder bis die anwendbare Zeitperiode zu Ende geht (wie das Passah `für immer´ weitergeht – bis zum Ende der mosaischen Zeit – 2. Mose 12,14; siehe auch 12,17. 24;

27,21; 28,43; 29,9; 30,21). Das Halten des Sabbats war `für immer´, heißt es in 2. Mose 31,16-17, aber `in all ihren Generationen´ an derselben Stelle klärt dessen Bedeutung. Tatsächlich, da Jesus jetzt gekommen ist, ist das `für immer´ der mosaischen Zeit zu Ende. Das Gesetz ist überholt. Wir leben unter Jesus. Die ewigen Prinzipien der Gerechtigkeit, auf die `das Gesetz´ **hinwies**, bestehen fort, aber das mosaische System ist zu Ende.

Das Gesetz war schwach. Es hatte wenig Kraft. Bestenfalls hielt es Menschen aus Furcht vor Strafe von Bosheit ab. Aber als Sünder in Israel immer schamloser wurden, verlor auch diese abhaltende Funktion ihre Kraft. Das Gesetz war untauglich. Es konnte nicht von Sünde überführen (was manche auch sagen mögen!). Es konnte nicht rechtfertigen; es konnte kein ewiges Leben geben (obwohl es einer Nation Bestand geben konnte, wenn es gehalten wurde). Es gibt keine Hilfe, keine Sicherheit. Es fördert nicht die Gemeinschaft mit Gott. Es richtet eine Knechtschaft auf; es irritiert, quält und bedroht.

Das Gesetz machte nichts vollkommen. Ein späteres Wort von Gott – das Wort des Eides – bestimmt einen Sohn, der vollkommen gemacht wurde (7,28). Aber das Gesetz konnte das nicht leisten. Genauso wenig kann es `vollkommen gemachte´ Gottesverehrer hervorbringen (10,1). Es kann `die, die sich Gott nahen, nicht vollkommen machen´. Tatsache ist: Keine der Absichten Gottes kann durch das mosaische Gesetz oder durch sein symbolisches System mit dem Stiftshüttenritual zu voller Verwirklichung gebracht werden.

2. Jesus und seine Erlösung ist in jeder Hinsicht stärker. *Aber andererseits wird eine bessere Hoffnung eingeführt, durch die wir Gott nahen.* Wie sah die Hoffnung aus, wenn jemand sich zur Zeit Moses mit einem Opfertier nahte? Was für einen Segen gab das mosaische Anbetungssystem? Es handelte sich weitgehend um die Vergebung kleiner Sünden. Zeremonielle Unreinheit konnte aufgehoben werden. Opfer konnten gebracht werden in der Hoffnung auf Reinigung von Hautkrankheiten oder unhygienischen Befleckungen. Aber für schwere Sünden gab es keine Hilfe. Für Ehebrecher, Götzendiener, jugendliche

Straftäter, Mörder: für solche Leute gab es im Gesetz keine Hoffnung. Nicht einmal ein reines Gewissen bekam man allein durch das Gesetz. Die für Gott annehmbaren Opfer hatten es mit dem Herzen zu tun, selbst in den Tagen Moses. Ein zerbrochener Geist brachte mehr als ritueller Gehorsam gegenüber mosaischer Gesetzgebung.

Aber wir Christen nahen uns Gott mit einer besseren Hoffnung. Unser `zu Gott kommen´ ist nicht mehr eine Frage der Zeremonie oder des Zutritts in ein heiliges Gebäude. Es hat mehr mit Gebet und einer wachsenden Vertrautheit mit Gott zu tun. Es gibt eine in jeder Hinsicht `bessere Hoffnung´. Wie sieht sie aus? Sie enthält die Hoffnung auf Vergebung sogar für schwere Sünden. `Jede Sünde und Gotteslästerung kann den Menschen vergeben werden´ (Matthäus 12,31) – außer der Ablehnung des Erlösungswegs, Christus selbst.

3. **Wir müssen den Rang des Eides beachten.** Alles, was nicht Gegenstand eines Eides ist, kann geändert werden. Bevor ein Eid geleistet wurde, kann eine Zusage durch Unglauben oder Ungeduld verloren gehen. Eine Drohung kann zurückgezogen werden, wenn der bedrohte Sünder umkehrt. Änderungen können erfolgen, wenn es keinen Eid gegeben hat. Aber sobald ein Eid gesprochen wurde, kann nichts mehr geändert werden. So war es auch im Falle Jesu: Er wurde von Gott eingesetzt und zur Zeit seiner Einsetzung wurde ein Eid geleistet. *[20]Und es geschah nicht ohne Eid. Denn die, die früher Priester wurden, wurden es ohne Eid, [21]aber dieser wurde mit einem Eid zum Priester gemacht durch den, der zu ihm sagte: `Der Herr hat geschworen und wird seine Meinung nicht ändern: ‚Du bist ein Priester für immer´´.* Im Fall der Leviten gab es keinen Eid. Gott war frei, `seine Meinung zu ändern´, als die Zeit der levitischen Hohenpriester zu Ende ging. Aber bei Jesus kann Gott seine `Meinung nicht ändern´. Jesus wird herrschen, bis jedes Kind Gottes die himmlische Herrlichkeit erreicht hat. Gott hat geschworen und wird seine Meinung nie ändern. Jesus wird nie aufhören, für uns zu beten. Die Herrlichkeit ist sicher. Und ein hoher **Grad** von Ehre ist in Reichweite jedes Kindes Gottes.

34

Überleben und Erfolg
Hebräer 7,22-25

Wir nähern uns dem Ende dieses Unterabschnitts unseres Briefes. Der Brief begann damit, an die grundlegenden Tatsachen über Melchisedek zu erinnern (7,1-3) und erklärte, dass Melchisedek sogar noch größer war als Abraham (7,4-10). Dann hatten wir eine Reihe von Argumenten, die zeigten, dass Jesu Priestertum größer war als das der mosaischen Hohenpriester. (i) Das alte System konnte keine Vollkommenheit bringen (7,11). (ii) Es ist tatsächlich abgelöst (7,12). (iii) Die beiden Priesterarten kamen von verschiedenen Stämmen (7,13-14). (iv) Der neue Priester hat Auferstehungskraft (7,15-17). (v) Das unwirksame Priestertum ist vorbei; ein kraftvoller Ersatz ist gekommen (7,18-19). (vi) Das Vorhandensein oder Fehlen eines Eides ist von Bedeutung (7,20-21). Es ist klar, dass jetzt ein besserer Bund für Gottes Volk in Kraft ist (7,22). (vii) Der Gegensatz zwischen Sterblichkeit und Unsterblichkeit ist von Bedeutung (7,23-24 mit einer weiteren Schlussfolgerung in 7,25). (viii) Die Bedeutung der Sündlosigkeit Jesu wird festgehalten (7,26-28) und eine weitere Folgerung gezogen. Der Sohn Gottes ist ein vollkommener Erlöser für immer (7,28). Die nächste Frage lautet: entspricht dem vollkommenen Erlöser ein vollkommenes Opfer?

1. **Jesus garantiert unser geistliches Überleben**. Hebräer 7,22 ist eine kleine Folgerung inmitten von Argumenten. *Wegen dieses Eides wurde Jesus der Garant eines besseren Bundes.* Hier haben wir das erste Vorkommen des Wortes `Bund´ in unserem Brief. Wir werden ihm wieder begegnen (in 8,6-10; 8,13-9,1; 9,4. 15. 18. 20; 10,16. 29; 12,24; 13,20). Ein `Bund` ist **eine Zusage, die durch einen Eid gesetzlich abgesichert ist.** Im Altertum gab es

verschiedene Arten von Bundesschlüssen. Man kann sie in drei Gruppen aufteilen. Die kritische Frage ist: wer leistet den Eid?

- In einem `Großzügigkeitsbund` leistet eine ranghöhere Person und Wohltäter einen Eid, um einer untergeordneten oder weniger mächtigen Person etwas Gutes zu tun.
- In einem `Gesetzesbund` verlangt eine mächtige Person, dass jemand unter seiner Autorität einen Gehorsams- oder Loyalitätseid leistet.
- In einem `gegenseitigen Bund` gibt es zwei Eide. Zwei Menschen oder zwei Menschengruppen, die die gleiche Macht und Autorität haben, schwören beide.

Der mosaische Bund war ein Gesetzesbund. Die Menschen mussten Gehorsam schwören. **Alle anderen Bünde, mit denen es Gott zu tun hat, sind Großzügigkeitsbünde und Gott leistet den Eid.** Zu den Hauptmerkmalen des Neuen Bundes gehören die Folgenden: (i) Gott geht eine feste Beziehung mit uns ein, in der er uns Zusagen macht und plant, sie mit einem Eid zu bestätigen. (ii) Die Bundeszusagen haben es mit einer Veränderung unseres Wesens zu tun. Hebräer 8,6-10 erklärt diese Sache. (iii) Jesus ist derjenige, der die Grundbeziehung aufrecht erhält, so dass sie nicht gebrochen werden kann. (iv) Jesus ist derjenige, der für die Erfüllung dieser Zusagen an uns sorgt. (v) Der Ausgangspunkt der Beziehung ist die Sühne durch Blut. Es kann keine Beziehung zu Gott geben ohne die Sündenvergebung durch den Tod eines Stellvertreters. (vi) Gott plant, uns Gnade und Barmherzigkeit zu gewähren, um uns Kraft zu geben, bis wir die Bundeszusagen ererben. Die Bundesbeziehung kann nicht zerstört werden, aber die Bundeszusagen können durch extreme Rebellion gegen Gott verwirkt werden.

Was Hebräer 7,22 sagen will, ist, dass Gott einen Eid darüber geleistet hat, dass Jesus unser Hoherpriester ist. Wegen Gottes Eid an Jesus kann diese Aufgabe, uns ein neues Wesen zu geben, nicht leicht misslingen. Wegen Gottes Gnade kann die Bundesbeziehung überhaupt nicht aufhören. Und die Zusagen können nicht verloren gehen außer durch extreme Rebellion (etwas, worauf unser Schreiber in 10,29 zu sprechen kommt). Jesus garantiert die Fortsetzung der Beziehung; wir sind für immer geheiligt durch das Blut Christi. Und Jesus wird uns in der Kraft seines Blutes unterstützen, während wir im Glauben nach unserem Erbe streben. Das hier gebrauchte griechische Wort (*enguos*) bedeutet `Jemand, der die Realität oder den Erfolg von etwas garantiert´. Der Neue Bund kann nicht scheitern. Der `Garant´ ist Jesus selbst. Jeremia 32,40 formuliert es auf die kräftigste Art: `Ich will mit ihnen einen ewigen Bund schließen [nicht einen vorläufigen Bund, der vielleicht gebrochen wird], dass ich nicht damit aufhören will, ihnen Gutes zu tun. Und ich werde die Furcht vor mir in ihre Herzen legen, so dass sie sich nicht von mir abwenden.´

2. **Dass Jesus zur Unsterblichkeit auferweckt wurde, ist das Geheimnis unseres Überlebens.** *23Und die Menschen, die Priester wurden, waren sehr zahlreich, weil sie durch den Tod daran gehindert wurden, ihre Arbeit fortzusetzen. 24Aber weil Jesus für immer bleibt, behält er den Priesterdienst unaufhörlich.* Eins der Dinge, die den levitischen Priesterdienst ruinierten, war das hohe Alter und der Tod. Du konntest zum Tempel gehen und um Hilfe vom Hohenpriester bitten. `Ach, hast du nicht gehört?´ fragten sie dich vielleicht- `Er starb letzte Woche´. Die Priester und Hohenpriester mussten von Zeit zu Zeit ersetzt werden, weil sie alt wurden und mit 50 Jahren in den Ruhestand traten – `vom dreißigsten bis zum fünfzigsten Lebensjahr, alle, die zum Dienst kommen, um ihre Arbeit an der Stiftshütte zu tun´ (4. Mose 4,3). Schließlich starben sie. Aber Jesus stirbt nie! Er ist nie außer Dienst. Er geht nie in den Ruhestand. Jederzeit können wir zu ihm gehen und er wird für uns da sein. Er behält den Priesterdienst unaufhörlich! *25Daher kann er aufs Äußerste die retten, die durch ihn zu Gott kommen, weil er immer lebt, um für sie Fürbitte zu tun.* Weil Jesus für immer lebt, wird er nie aufhören, als Hoherpriester zu dienen, der uns Kraft gibt und uns rettet. Er

ist immer für uns da und bittet Gott, uns die Hilfe zu geben, die wir nötig haben, um die Zusage zu ererben.

In der griechischen Philosophie waren die großen Denker ganz begeistert von der `Unsterblichkeit der Seele´. Im biblischen Denken ist `Unsterblichkeit´ mit der Auferstehung des Leibes verbunden. Jesus wurde `unsterblich auferweckt´ (wie es auch bei uns Christen sein wird –1. Korinther 15,42: `was auferweckt ist, ist unvergänglich´). Der verherrlichte Mann, der Herr Jesus Christus, ist unser großer Hoherpriester. Er hat das höchste Mitgefühl mit uns und hat doch göttliche Kraft als Schöpfer und Erhalter des Universums. Er herrscht über alles, um all seine Leute dahin zu bringen, dass sie Gottes Zusagen ererben und er ihnen sagen kann: `Gut gemacht!´ Was für eine größere Sicherheit oder Ermutigung kann es überhaupt geben? Er verpflichtet sich, uns zur `äußersten´ Errettung zu bringen – zur Herrlichkeit, zum Himmel, zur Belohnung. Er sorgt für unsere Sicherheit, unseren Schutz vor Satan, unseren fortgesetzten und unzerstörbaren Glauben, für unsere Heiligung und unsere Einmütigkeit. Er sagte zum Vater: `Ich möchte, dass, wo ich bin, auch jene bei mir sind, die du mir gegeben hast, dass sie meine Herrlichkeit sehen´ (Johannes 17,24). Und Jesu Fürbitte wird erhört: `Du hörst mich immer, aber ich sagte es laut um der Menschen willen, die hier stehen, damit sie glauben, dass du mich gesandt hast´ (Johannes 11,42). Es kann keine größere Sicherheit geben als die Fürbitte unseres Herrn Jesus Christus im Himmel.

35

Ein erhöhter Erlöser
Hebräer 7,26-28

Das letzte Thema unseres Schreibers an dieser Stelle konzentriert sich auf die Sündlosigkeit Christi.

1. **Wir brauchen einen sündlosen Erlöser**. Was für einen Sinn hätte es, einen Erlöser zu haben, der nicht selbst aufhören könnte zu sündigen. Wenn jemand uns im Kampf gegen die Sünde und Satan helfen soll, muss es jemand sein, der in demselben Kampf erfolgreich war. Genau so ist es mit Jesus. *26Denn solch einen Hohenpriester haben wir nötig. Er ist heilig, unschuldig, unbefleckt, von Sündern getrennt und wurde höher gehoben als der Himmel.*

Jesus ist sündlos. Er ist **heilig** – völlig frei von Sünde. Satan konnte keinen Ansatzpunkt in Jesu Natur oder Charakter finden. `Er hat nichts an mir. Er hat keine Macht über mich´, sagte Jesus (Johannes 14,30). Jesus ist **unschuldig**, rein, makellos, transparent, unkompliziert. Jesus ist unbefleckt. Er ist nicht in Sünde gefallen und hat keinen Makel auf seinen Charakter gebracht. **Jesus ist von Sündern getrennt.** Er hat dem Druck von Sündern, bei ihrer Bosheit mitzumachen, nicht nachgegeben. Er ist ihnen nicht ferngeblieben, um sie zu meiden, aber er hat sich von ihrem Lebensstil ferngehalten. Deshalb weiß er, wie es ist, einen Kampf im Leben zu führen und ihn doch mit totalem und völligem Sieg zu überstehen. Aber noch mehr: Er `wurde höher erhoben als der Himmel´. Das bedeutet, dass er dauernd in einer Position totaler und absoluter Macht ist, um sich voll und frei dem Werk zu widmen, Gottes Volk zu retten und viele Söhne Gottes zur Herrlichkeit zu bringen.

In alledem ist Jesus ganz anders als die Priester des Stammes Levi. *27Er braucht nicht wie jene Hohenpriester täglich Opfer zu bringen, zuerst für seine eigenen Sünden und dann für die Sünden des Volkes.* Die Priester waren **nicht** heilig, unschuldig und ohne Flecken vergangener Sünden.

2. **Wir brauchen einen wirksamen Erlöser.** Wegen ihrer eigenen Sündhaftigkeit konnten die Leviten nur ein blasser Schatten des von uns benötigten Sündopfers sein. Aber Jesus war kein `immer wiederholter Schatten´. Er war die Realität, der alles, was nötig war, in einem Akt des Sündentragens vollbrachte. *Denn er machte sich selbst einmal für immer zum Opfer.*

Die levitischen Priester brachten tägliche Opfer dar, weil sie unwirksam waren. Es war, als versuchten sie immer wieder, das wirksame Opfer zuzubereiten, es gelang ihnen aber nicht. Jesus opferte sich selbst `ein für allemal´, weil sein einzigartiges Opfer absolut erfolgreich war und nie wiederholt zu werden brauchte. Es kann nie ein `Messopfer´ – oder etwas Vergleichbares – geben, bei dem das Kreuz Christi wiederholt wird. Die levitischen Priester brachten viele Opfer; Jesus brachte nur eins. Die levitischen Priester opferten etwas anderes als sich selbst, Jesus opferte sich selbst.

Streng genommen geschah es nur am Versöhnungstag, dass der Hohepriester zuerst für sich selbst und dann für das Volk Opfer brachte. Aber unser Schreiber denkt auch an die täglichen Sündopfer. Er betrachtet es als selbstverständlich, dass auch diese Sündopfer waren, und die Hohenpriester brauchten sie genauso sehr wie jeder sonst. Deshalb stellt er die beiden Anlässe zum Opfer zusammen.

3. **Wir brauchen einen göttlichen Erlöser.** Unser Schreiber fährt fort: *[28]Denn das Gesetz setzt Menschen als Hohepriester ein, Leute, die Schwächen haben, aber das Wort des Eides – das später kam als das Gesetz – setzt einen Sohn ein, der für immer vollkommen gemacht wurde.* Das Problem bei den levitischen Priestern war, dass sie Menschen waren – und sie hatten nur eine menschliche Natur. Sie waren sterblich, fehlbar, oft sündig. Aber ihr Werk war vorbereitend, vorläufig, schattenhaft (siehe 8,5). Wir brauchen Jesus, nicht fehlbare Menschen. Sein Werk ist nicht einleitend; es ist die letzte Realität. Es geschah später als das

Gesetz und ersetzte es. Das Gesetz ist ersetzt durch Jesus. Er ist unsere Gerechtigkeit. Er ist unsere Lebensregel, und unser Führer. Er ist unser heiliger Tag. Er ist unser Opfer und Hoherpriester. Er ist unsere Reinigung, unsere heilige Speise. Er ist alles, was wir brauchen, was das mosaische Gesetz andeutete und ankündigte.

Gott setzt seinen Sohn ein. Sowohl das Gesetz als auch das Evangelium waren Gottes Anordnung. Beide wurden durch ihn `eingesetzt´. Es stimmt nicht, dass der mosaische Bund dämonisch und das Evangelium heilig war! Überhaupt nicht. Derselbe Gott setzte beides ein, das Gesetz und das Evangelium. In diesem Sinn gibt es keinen Gegensatz zwischen ihnen. Der Gegensatz liegt nicht im **Ursprung**. Es ist ein Gegensatz zwischen Vorhersage und Erfüllung. Es gibt einen Wesensunterschied. Das eine ist schwach und schattenhaft; das andere ist stark und wirksam.

Gott setzt seinen Sohn ein. Unser Schreiber sagt nicht: `Gott setzt einen besseren Hohenpriester ein´ – obwohl er das hätte sagen können. Er betont den Misserfolg menschlicher Hilfe und die Notwendigkeit göttlicher Hilfe. Gottes Sohn ist der Eine, durch den Gott die Welten gemacht hat, der Glanz seiner Herrlichkeit, das Ebenbild seiner Person. Nur ein göttlicher Erlöser ist mächtig genug, uns zur Herrlichkeit zu führen.

Und doch hat Gott seinen Sohn in jeder Beziehung dazu ausgerüstet, unser Erlöser zu sein. Er wurde `vollkommen gemacht´ – durch Leiden geschult, genau der Eine zu sein, den wir brauchen. Wer sonst ist es wert, `Erlöser´ genannt zu werden? Keiner! Alle menschlichen Wesen lassen uns im Stich und enttäuschen uns – und wir selbst sind eine Enttäuschung für andere. In dieser Hinsicht gibt es keinen anderen Namen als den Namen Jesus! Niemand sonst sympathisiert so völlig mit uns. Nur unser Herr Jesus Christus ist willig und fähig, uns zur höchsten Herrlichkeit zu bringen.

36

Ein besserer Bund

Hebräer 8,1-6

Hebräer 8 ist der Anfang eines neuen Gedankengangs in unserem Brief an die Hebräer. Bisher hat unser Schreiber auf die Größe Jesu hingewiesen (1,1-14) und auf seinen Plan `viele Söhne zur Herrlichkeit zu bringen´ (2,5-14). Er hat von Jesus als dem `Erbauer´ des Volkes Gottes gesprochen, ebenso wie Mose der Erbauer der Stiftshütte war (3,1-6). In Hebräer 4,14 fing er an, uns auf das Priesteramt Jesu hinzuweisen, wobei er uns aufforderte, von Jesus als unserem Hohenpriester zu leben. Jesu hohepriesterliches Werk an uns ist die Erfüllung des levitischen Priestertums (5,1-10), aber Jesus hat ein einzigartiges Hohepriesteramt nach der Art Melchisedeks, das in keiner Weise auf das mosaische Gesetz zurückging (7,1-28). Die naheliegende Frage ist jetzt: **Was für ein Opfer bringt dieser einzigartige Hohepriester dar und in was für einer Stiftshütte?** Der ehemalige Hohepriester arbeitete in einem System symbolischer Gottesdienste in einem symbolischen Zelt. Aber was für einen Dienst hat der neue Hohepriester?

Zuerst fasst der Schreiber den Hauptgedanken von allem, was er bisher gesagt hat, zusammen. Wir haben einen neuen Hohenpriester (8,1), der in einem neuen Heiligtum arbeitet (8,2), mit einem neuen Opfer (8,3-6a), das die Grundlage für einen Neuen Bund mit neuen Verheißungen ist (8,6b). *¹Nun ist der Hauptgedanke von allem, was ich gesagt habe, folgender: Wir haben einen solchen Hohenpriester, der auf der rechten Seite des Thrones der Majestät Gottes in den Himmeln sitzt.* Es ist nichts Neues in Hebräer 8,1-6. Er wiederholt das bisher Gesagte und fasst es zusammen, bevor er zu weiteren Fragen übergeht, die er klären möchte. Der Kern all dessen, was er zu sagen hat, ist Jesus.

147

Wer ist Jesus? Er ist ein Hoherpriester. Das heißt, er ist der Anführer einer unübersehbaren Schar, die alle den Wunsch haben, Gott näher zu kommen. Er hilft ihnen, sich Gott zu nähern, indem er ein Sündopfer für sie darbringt.

Wo ist Jesus? Er ist `in den Himmeln´. Zurzeit können wir ihn nicht so sehen, wie ihn die Menschen sahen, als er in Israel auf dem irdischen Planeten vor mehr als zweitausend Jahren lebte. Der Mensch Jesus, der menschliche-und-doch-göttliche Sohn Gottes ist nicht sichtbar und greifbar in dieser Welt anwesend. Wir müssen ihn durch Glauben und durch den Heiligen Geist kennen. Unser Schreiber sagt: Er `sitzt´. Das bedeutet wenigstens zwei Dinge. Ein Abschnitt seines Werkes ist zu Ende. Er war damit beschäftigt, in dieser Welt zu leben, das Leben zu leben, das wir hätten leben sollen. Er richtete sich bewusst darauf aus, nach Jerusalem zu gehen, um dort als Sündopfer zu sterben. Aber dieser Abschnitt seines Werkes ist zu Ende. Die Bezahlung für den Preis unserer Sünden ist erfolgt. In der Stiftshütte gab es keinen Stuhl. Die Arbeit des Priesters war nie zu Ende. Er konnte nie sitzen. Aber der erste Abschnitt des Werkes Jesu ist abgeschlossen. Es ist nicht das Ende von allem. Jesus regiert und herrscht immer noch. Er muss immer noch viele Söhne und Töchter zur Herrlichkeit bringen. Aber die Sühne für Sünden ist vollbracht. Die Botschaft des Evangeliums lautet: `Kommt, es ist alles bereit´ (Lukas 14,17).

Was tut Jesus? Das `Sitzen´ Jesu ist in anderer Hinsicht wichtig. Es bedeutet, dass Jesus als König inthronisiert ist. Er regiert und herrscht, bis alle Feinde Gottes besiegt sind. Er ist inthronisiert `auf der rechten Seite des Thrones der Majestät Gottes´. Das bedeutet, dass er seine Regierung und Herrschaft im Auftrag des Vaters ausführt. Er erfüllt den Willen des Vaters.

Unser Schreiber sagt uns auch: [2]*Er ist ein Diener an heiligen Stätten, in der wahren Stiftshütte, die der Herr machte und die nicht von einem menschlichen Wesen gemacht wurde.* Der Himmel ist der Wohnort Gottes. Die israelitische Stiftshütte war eine symbolische Darstellung für ihn. Aber die **wahre** Stiftshütte (im Gegensatz zur **symbolischen** Stiftshütte) ist das himmlische

Reich, der Ort, von dem aus Jesus als König herrscht. Es wird dargestellt, als wäre es ein Raum im Himmel, wie ein Zelt auf einem Stück Land. Das wahre Zelt ist von Gott selbst aufgeschlagen. Es ist Bildersprache, nehme ich an, aber es ist Gottes Art, uns zu helfen, uns seine Herrschaft in seinem Reich vorzustellen. Die irdische Stiftshütte war eine Nachahmung davon.

Jesus dient dort. Er trifft Entscheidungen im Auftrag des Vaters. Er leistet Fürbitte. Er gibt jedem, den der Vater erwählt hat, ewiges Leben (Johannes 17,2).

Er gebraucht sein eigenes Opferblut. Das bedeutet nicht, dass er im Himmel stirbt! Aber auf etwas geheimnisvolle Art legt er sein Blut dem Vater vor. Er erfüllt alle Symbole des mosaischen Gesetzes. Er ist das ganze Brandopfer, das Speiseopfer, das Friedensopfer, das Sündopfer und das Schuldopfer. Alles, was die Vorschriften des Gesetzes ahnen ließen, wird von unserem Herrn Jesus Christus erfüllt oder von ihm als schon erfüllt vorgelegt. *3Denn jeder Hoherpriester ist eingesetzt, um Gaben und Opfer darzubringen. Daher ist es nötig, dass auch dieser etwas hat, was er opfern kann.* Das Wesentliche am Priesteramt ist es, Opfer zu bringen. Was ist dann das Opfer Jesu? Jesus tat nichts `Levitisches´, als er auf der Erde war. Er ging nie ins irdische Allerheiligste im Tempel von Jerusalem. Er war nie ein irdischer levitischer Priester. *4Wäre er auf der Erde, so wäre er kein Priester – denn es gab schon Menschen, die gemäß dem Gesetz Gaben opferten.* Gott hat nie zwei irdische mosaische Systeme angeordnet, sondern nur eins. Jesus eignete sich nicht als levitischer Hoherpriester, da er nicht aus dem Stamm Levi war. Deshalb muss sein Priesterdienst im Himmelreich stattfinden.

Die levitischen Priester waren nur Schatten von etwas völlig Himmlischem. *5Sie dienen als Modell und als Schatten von himmlischen Dingen, so wie Mose Anweisungen von Gott hatte, als er im Begriff war, die Stiftshütte anzufertigen. Denn es heißt: `Achte darauf, dass du alles nach dem Vorbild machst, das dir auf dem Berg gezeigt wurde´.* Mose erhielt genaue Anweisungen. Die Stiftshütte musste sehr sorgfältig gemacht werden, sodass sie das darstellte, was der Sohn Gottes als Erlöser des Volkes Gottes machen würde. Jetzt aber ist es erfüllt. *6Aber jetzt hat Christus einen vorzüglicheren Dienst erhalten, und der ist vorzüglicher, insofern er auch der Mittler eines besseren Bundes ist, der gesetzlich auf besseren Verheißungen beruht.* Das Wort `Mittler´ kommt hier zum ersten Mal im Hebräerbrief vor. Es bedeutet einen, der `dazwischen ist´, eine Person, die zwischen zwei anderen Personen steht, um sie zusammenzubringen. Gott hat keine direkte Beziehung zu Männern und Frauen. Männer und Frauen können sich Gott nicht direkt nähern. Gott nähert sich uns durch Jesus, und wir müssen uns ihm durch Jesus nähern. Die neue Beziehung zwischen Gott und seinem Volk hat bessere Zusagen als die, die im Gesetz zu finden waren. Das Gesetz hatte einige Zusagen. Nationale Stabilität kam daher, dass es einen hohen Grad an Moral im Land gab. Aber Jesus hat in jeder Hinsicht größere Verheißungen. Wir erhalten sie, wenn wir durch Jesus zu Gott kommen.

37

Bessere Verheißungen
Hebräer 8,6-8

6Aber jetzt hat Christus einen vorzüglicheren Dienst erhalten, und der ist vorzüglicher, insofern er auch der Mittler eines besseren Bundes ist, der gesetzlich auf besseren Verheißungen beruht. Jesus hat in jeder Hinsicht größere Verheißungen für uns als irgendetwas, was wir unter dem mosaischen Gesetz oder durch levitische Priester erhalten konnten. Einige von ihnen erhalten wir bald; andere verlangen viel Glauben und Geduld.

    1. **Jesu neuer Bundesdienst ist ein machtvoller Dienst.** Jesus hat einen vorzüglicheren Dienst. Der Bund mit Mose hatte es mit heiligen Gebäuden und Ritualen und mit detaillierter Gesetzgebung über manchmal ziemlich unbedeutende Fragen zu tun. Der `Gnadenbund´ Gottes mit uns durch den Herrn Jesus Christus ist mit dem Opfer Christi am Kreuz verbunden und mit seinem andauernden Dienst für uns vom himmlischen Heiligtum aus.

    Es gibt einen besseren Bund. Sein **Bundestyp** ist anders. Der Bund mit Mose war ein Gesetzesbund, bei dem die Menschen den Eid leisteten. Der `Gnadenbund´ Gottes mit uns ist ein Bund, bei dem Gott uns Zusagen macht und bereit ist, einen Eid zu schwören, in dem er sagt, dass wir sie schon erhalten haben. Aber es gibt noch viele andere Unterschiede. Der Alte Bund konnte gebrochen werden; der Neue nicht. Der Alte Bund war weitgehend äußerlich (abgesehen vom Zehnten Gebot) und wurde aufrechterhalten durch Gerichte und Ältestenräte. Der Neue Bund ist innerlich und geistlich und hat damit zu tun, dass Jesus uns ein neues Herz gibt. Der Alte Bund förderte die Moral und arbeitete mit Furcht vor Strafe. Der Neue fördert die geistliche Natur (einschließlich der Moral!) und arbeitet sowohl mit der Furcht vor Züchtigung, als auch mit Dankbarkeit und der Kraft des Heiligen Geistes. Der Alte Bund gab irdisches Leben; der Neue gibt ewiges Leben.

Das sind bessere Verheißungen. Ein `Bund´ beruht auf Verheißungen. Das Schwören ist eine Methode, Verheißungen abzusichern. Der Alte Bund ist juristisch beendet. Unser Schreiber verwendet ein Wort (*nomotheteo*), das `durch Gesetz einführen´ heißt. *Nomotheteo* hängt zusammen mit dem Wort *nomos*, was `Gesetz´ bedeutet. Es bedeutet nicht einfach `begründet´, sondern ´durch ein Gesetz begründet´. Jesus erfüllte das Gesetz, indem er dessen Forderungen erfüllte und dessen Strafen trug. Es hat keine weiteren Ansprüche an uns und wir sind legal auf einen anderen Bund übertragen. `Ich bin durchs Gesetz dem Gesetz gestorben´, sagte Paulus (Galater 2,19). Das Gesetz gab einige Zusagen (nationale Stabilität, die Gegenwart Gottes als des Gottes Israels), aber Christus ist bereit, uns viel größere Verheißungen zu geben. Es gibt Hunderte davon, und der Hebräerbrief ist im Begriff, uns von einigen zu erzählen. Sie können in Gruppen eingeteilt werden.

- Die Zusage, dass unsere Stellung in Christus sicher ist. Er wird uns nie verlassen oder aufgeben. Wir dagegen werden einen inneren Hang bekommen, Gott zu gehorchen, und eine feste Beziehung zu Gott, die auf Sündenvergebung beruht. Jeremia wird diesen Aspekt der Sache bald erwähnen (in 8,10-12).

- Die Zusage von Sinn und Zweck. Wie die Leute aus Hebräer 11 empfängt jeder Christ eine Berufung.

- Die Zusage der Befähigung innerhalb unserer Berufung. Gottes Macht hat uns alles gegeben, was sich auf `Leben und Frömmigkeit´ bezieht (2. Petr 1,3). Wir haben `kostbare und allergrößte Verheißungen´ (2. Petr 1,4) von reichlicher Versorgung.

- Die Zusage von genügendem Schutz. Gott wird, wo nötig, unser Schutz sein.

- Die Zusage einer `äußerst großen Belohnung´. Die Abraham gegebene Zusage (infolge von Melchisedeks Gebet!) wird auch uns gegeben (1. Mose 14,19; 15,1).

2. Der Alte Bund war ein Fehlschlag. Das mosaische Gesetz hielt Israel viele Jahrhunderte lang in Schranken, aber langsam ging es mit der Nation bergab. Schließlich wurde klar, dass das Gesetz ein Misserfolg war. Es kam von Gott, und Gott hatte eindeutige Gründe dafür. Es bereitete den Weg für das Evangelium und war nicht **gegen** das Evangelium. Dennoch versagte es - weil es darauf angelegt war zu versagen! Jeremia konnte es schon Jahrhunderte, bevor Jesus kam, erkennen. Unser Schreiber sagt:

> *⁷Denn wenn der erste Bund fehlerfrei gewesen wäre, so wäre es nicht nötig gewesen, sich nach einem zweiten Bund umzusehen. ⁸Denn er hat etwas an ihnen auszusetzen, wenn er sagt:*
>
> *`Siehe, die Tage kommen, sagt der Herr,*
> *wenn ich einen Neuen Bund machen werde*
> *mit dem Haus Israel*
> *und mit dem Haus Juda.*
> *⁹Er wird anders sein als der Bund, den ich mit*
> *ihren Vätern machte*
> *an dem Tag, als ich sie an der Hand nahm, um sie*
> *aus dem Land Ägypten zu führen.*
> *Denn sie blieben nicht bei meinem Bund*
> *und so kümmerte ich mich nicht um sie, erklärt der Herr.´*

Gott rief den Alten Bund ins Leben. Er war es, der das Volk aus Ägypten befreite und es zum Sinai brachte. Das Gesetz offenbarte viele Aspekte des Charakters Gottes. Es war in gewissem Grade gut. In wenigen Sätzen (im Zehnten Gebot; 3. Mose 19,2. 18b, und vielleicht in wenigen weiteren Sätzen) war es ein vollkommener Ausdruck des Willens Gottes. Doch scheiterte es. Es enthielt nicht genug von Gottes gnädiger Hilfe. Das Volk musste Gehorsam schwören (2. Mose 19,8), aber in ihrem Herzen waren sie zu so einem Gehorsam nicht fähig. Es ging lange weiter, aber schließlich hörten sie auf, es zu halten. Das Gesetz konnte sich nicht erhalten. Im Gesetz war keine `Quelle von Wasser, das zum ewigen Leben hervorquillt´. Endlich wurde klar, dass ein neuer Bund nötig war, einer, der mit viel größerer Kraft arbeiten und von einem viel mächtigeren Hohenpriester aufrecht erhalten werden würde.

Der moderne Christ muss darauf achten, nicht so zu leben, als wäre er ein `alttestamentlicher Christ´. Wir leben nicht von Gehorsamsgelübden oder heiligen Gebäuden oder Ritualen. Wir brauchen keine Tieropfer. Selbst die Zehn Gebote sind ein zu niedriger Maßstab für christliche Spiritualität. In unserem Herrn Jesus Christus haben wir in jeder Beziehung eine höhere Art von Leben, Kraft durch den Heiligen Geist, und sind getragen und gehalten durch Christi Fürbitte im Himmel.

38

Eine heilige Nation
Hebräer 8,10-11

Der Gesetzesbund via Mose war ein Misserfolg. Jeremia sagte das schon Jahrhunderte, bevor Jesus kam. Aber Gott versprach etwas Neues. `Ich werde einen Neuen Bund machen ...´, sagte er (Hebräer 8,8). Er werde beginnen mit dem `Haus Israel´ und dem `Haus Juda´. Wir erinnern uns daran, wie es sich zu erfüllen begann. Die am Pfingsttag anwesenden Menschen waren alle Juden. Gott hielt sein Versprechen, einen Neuen Bund mit dem `Haus Israel´ und dem `Haus Juda´ zu schließen. Der Pfingsttag war (unter anderem) ein Tag der Wiederherstellung Israels, ein Tag der Erweckung innerhalb des lange bestehenden Volkes Gottes. Jedoch wurde Gottes Israel bald erweitert. Der Tag kam, an dem es sich auf Leute von außerhalb Jerusalems erstreckte und Hunderte von Nichtjuden in die christliche Gemeinde zu strömen begannen. Gottes Israel wurde Nichtjuden aufgetan. Nichtjuden wurden `Mitbürger der Heiligen´.

Unser Schreiber fährt fort, indem er Jeremias Aussage darüber zitiert, woraus Gottes Zusagen eigentlich bestehen. Es gibt viele Bestandteile der Zusage Gottes.

1. **Gott verspricht, uns geistliches Verständnis seines Willens zu geben.** Das Zitat aus Jeremias Prophetie lautet weiter:

> [10]`Denn das ist der Bund, den ich mit dem Haus Israel nach diesen Tagen schließen werde, erklärt der Herr:
> Ich will meine Gesetze in ihren Geist legen
> und sie auf ihre Herzen schreiben,
> und ich will ihr Gott sein
> und sie werden mein Volk sein.´

Bei den Menschen des Neuen Bundes wird es eine zunehmende Kenntnis Gottes geben. Sie ist wirklich **zunehmend**. Das folgt aus allem, was in diesem Hebräerbrief gesagt wurde. Der Herr Jesus Christus ist inthronisiert, um das Werk der Ausübung des Neuen Bundes zu tun. Das beinhaltet, dass es um etwas geht, was fortlaufend stattfindet. Es bedeutet nicht, dass es Zeit kostet, ein Kind Gottes zu werden. Die `Rechtfertigung´ geschieht augenblicklich. Gott in unser Leben aufzunehmen, braucht überhaupt keine Zeit. Denken wir an den Gefängniswärter in Philippi. Er kam innerhalb kurzer Zeit vom Heidentum zu voller Mitgliedschaft in der christlichen Gemeinde. Aber die Zusage, dass Gott sein Gesetz in unseren Geist legt, kostet mehr Zeit. Es geschieht nicht wie ein Blitz. Unsere Rechtfertigung ist wie ein Blitz. Dasselbe gilt für das `belebende´ Werk des Heiligen Geistes, wenn er uns zum Glauben bringt. Aber die gesamte Zusage `Ich will meine Gesetze in ihren Geist legen´ braucht länger, um erfüllt zu werden, und Jesus ist zur Rechten des Vaters, indem er Schritte unternimmt, damit es geschieht.

Was bedeutet es, dass Gottes Gesetze in unseren Geist gelegt werden? Es bezieht sich nicht auf alle rund 2000 Verfügungen des mosaischen Systems. Im Alten Testament bezieht sich das `Gesetz´ oder die `Thora´ (wie das hebräische Wort heißt) nicht so sehr auf die Vorschriften, sondern auf die tiefsten Absichten des Gesetzes (über das wir uns freuen und Tag und Nacht darüber meditieren sollen – Psalm 1). Dabei geht es um die Gerechtigkeit, auf die das Gesetz **hinwies**. Es geht um das Liebesgebot in 3. Mose 19,18b und seine Auslegung im Neuen Testament. Es beinhaltet (geht aber weiter als) die Moral der Zehn Gebote. Es enthält die Art von Unterweisung, die wir in der Bergpredigt finden. Die Zusage des Neuen Bundes hat es mit einem Verständnis dessen zu tun, was es bedeutet, Gottes Befehle in der Kraft des Heiligen Geistes auszuleben.

2. **Gott verspricht, uns einen inneren Appetit für seinen Willen zu geben.** Vielleicht fragen wir: `Was ist der Unterschied

dazwischen, dass Gott seinen Willen in unseren Geist legt und dass er sie auf unser Herz schreibt?´ Die beiden Ausdrücke `Geist ... Herz´ beziehen sich auf die vielen Aspekte unseres inneren Lebens – unsere Einstellung, Kenntnis, Motivation, Appetit. Dazu muss der Gedanke gehören, dass wir, wenn wir die Erneuerung des Lebens durch den Heiligen Geist erleben, Gottes Willen tun **wollen**. Es ist nicht so, dass wir nicht zu sündigen **wagen**. Es ist vielmehr so, dass wir nicht sündigen **wollen**. Uns wird ein neues Herz gegeben. Wir haben neue Wünsche und geistliches Verständnis. Das war etwas, was das Gesetz uns nie geben konnte.

3. **Gott verspricht, unser Gott zu sein.** Er sagt: `Ich will ihr Gott sein´. Dazu gehört das Versprechen der Gegenwart Gottes, seines Schutzes, seiner Versorgung. Gott will uns ehren. Er will uns ein Gefühl für seine Realität geben. Wir werden merken, dass er für uns da ist. Er wird für unsere Bedürfnisse sorgen gemäß der Berufung, die er auf unser Leben gelegt hat. Er wird uns behüten, gemäß dem Plan, den er für uns hat. Es bedeutet nicht, dass wir nie Schwierigkeiten haben werden, aber es bedeutet, dass die Prüfungen und Trübsal im Leben in Gottes gutem und vollkommenem Willen für uns aufgefangen werden und dass sie nicht verhindern, dass Gottes Willen in unserem Leben geschieht. Wir werden unsere Berufung erreichen.

4. **Gott verspricht, dass wir sein Volk sein werden.** Das bedeutet vor allem, dass wir ihn repräsentieren. Wir werden wie unser himmlischer Vater und so ist er in uns zu sehen. Jesus sagte: `Gesegnet sind die Friedensstifter, denn sie werden Gottes Söhne heißen´ (Matthäus 5,9). Ein Friedensstifter ist wie Gott und daher repräsentiert er oder sie Gott und wird bekannt als Gottes Kind. Gottes Volk zu sein bedeutet für uns, dass wir ihn vor der Welt repräsentieren. Wir erinnern uns daran, dass das etwas Zunehmendes ist! Vielleicht sind wir noch nicht sehr weit damit, Gott zu repräsentieren. Es ist etwas, was Jesus unser himmlischer Hoherpriester für uns tun will.

5. **Gott verspricht, dass es eine Gemeinschaft von Menschen geben wird, die alle Gott kennen.**

¹¹ˋUnd sie werden nicht jeder seinen Nächsten lehren
und jeder seinen Bruder und sagen: „Erkenne den Herrn"
denn sie werden mich alle kennen,
vom Kleinsten bis zum Größten.ˊ

Wir bemerken hier, dass die Zusagen des Neuen Bundes eine neue Gemeinschaft betreffen. Der Alte Bund wurde einer irdischen Nation gegeben. Der Neue Bund ist ˋeiner heiligen Nation, einem Volk, das sein Eigentum wurdeˊ, gegeben (1. Petrus 2,9). Wir dürfen uns die Zusagen des Neuen Bundes nicht zu individualistisch vorstellen. Die Verheißungen hier sind für die ganze Kirche. Das ganze Volk Gottes soll erhoben werden ˋzur Erkenntnis des Sohnes Gottes, zur vollen Mannhaftigkeit, zum vollen Maß der Größe Christiˊ (Epheser 4,13).

Im ehemaligen Israel gab es Tausende von Leuten, die geborene Israeliten, aber doch in keiner Hinsicht ˋwiedergeborenˊ waren (Nikodemus war einer von ihnen). Die irdische Nation enthielt wahre Gläubige, hörte aber (nach der ersten Generation) auf, eine Nation von Gläubigen zu sein. ˋNamensglaubeˊ an Gott wurde etwas Alltägliches selbst unter Menschen, die sehr boshaft waren. So sieht gesetzliche und nationalistische Religion aus. Wo es eine Staatsreligion gibt, hat man diese Art von ˋNamensglaubenˊ. Aber Jeremia – zitiert im Hebräerbrief – fasst einen Tag ins Auge, an dem sich das alles ändern wird. Im Glauben sagt er voraus, dass ein Volk entstehen wird, das als ganze Gemeinschaft den Herrn kennt. Das ist ein Teil der Verheißung des Neuen Bundes.

39

Die Vergebung der Sünden
Hebräer 8,11-12

11`Und sie werden nicht jeder seinen Nächsten lehren
und jeder seinen Bruder und sagen: „Erkenne den Herrn"
denn sie werden mich alle kennen,
vom Kleinsten bis zum Größten.´

Die Zusagen über den Neuen Bund betreffen eine Gemeinschaft. Eines Tages wird ein ganzes Volk entstehen, das den Herrn kennt. Das ist einer von vielen Hinweisen in der Bibel, dass es eine `Herrlichkeit des letzten Tages´ für die Kirche des Herrn Jesus Christus gibt (siehe auch Römer 11,12. 15; Epheser 4,11-16; 5,27; Jesaja 2,2-4).

Das Kennzeichen der mündigen Leute Gottes in ihrer `Herrlichkeit des letzten Tages´ wird die Freiheit von Klassen-Diskriminierung sein. Eine Andeutung davon finden wir bei der Beschreibung des Pfingsttages `Alle Gläubigen waren zusammen… ´, aber es wird noch wahrer werden als je zuvor, wenn Leute `vom Kleinsten bis zum Größten´ miteinander Gott auf lebendige und praktische Weise kennen werden. Soziale Unterschiede sind real. Das Neue Testament erwähnt: `Kleine und Große, Reiche und Arme, Freie und Sklaven´ (Offenbarung 13,16), aber sie werden im mündigen Volk Gottes alle vertreten sein und alle werden den Herrn kennen.

Die Zusage scheint zu beinhalten dass – obwohl es fast zu schön ist, um wahr zu sein – wenn der Neue Bund seinen Höhepunkt erreicht, es keine `Namenschristen´ unter dem bekennenden Volk Gottes geben wird. Unser Herr Jesus Christus sorgt im neuen Bund dafür dass dies passiert.

12`Denn ich werde barmherzig sein gegenüber ihren unrechten Taten und werde ihrer Sünden nie mehr gedenken.´

Die ersten fünf Zusagen werden erfüllt werden auf Grund der Sechsten. Die Grundlage für die Erfüllung aller anderen Zusagen ist die Vergebung der Sünden. Wir fangen nicht an, Gottes Sinn zu verstehen oder an seinem Herzen teilzuhaben, wir fangen nicht an, ihn als unseren Gott zu erfahren oder ihn als sein Volk zu repräsentieren oder zu kennen – solange wir nicht sicher sind, dass unsere Sünden vergeben sind. Die sechste und letzte Verheißung ist logischerweise die Erste. Sie beginnt mit dem Wort `Denn´. Wir können erst in Gott wachsen, wenn das unser Ausgangspunkt ist.

1. **Die Vergebung wurzelt in der Barmherzigkeit**. Gott verspricht, dass, wenn wir sein Volk sind, er barmherzig mit uns ist. Die einzige unvergebbare Sünde ist die Ablehnung des Evangeliums. Selbst wenn Gott einen Zorneseid leistet und etwas verloren geht, gibt es immer noch Vergebung! Als Gott in 4. Mose 14 im Zorn einen Eid leistete, sagte er: `Ich habe ihnen vergeben... Aber...´ (14,20-22). Selbst Gottes Zorneseid bedeutet nicht, dass es keine Vergebung gibt. Und im Neuen Bund ist reichlich Barmherzigkeit. Gott rettet uns, `da er reich ist an Barmherzigkeit wegen der großen Liebe, mit der er uns liebt´ (Epheser 2,4). Er rettete uns `nicht um der Werke willen, die wir in Gerechtigkeit getan haben, sondern nach seiner eigenen Barmherzigkeit, durch das Waschen der Wiedergeburt und der Erneuerung des Heiligen Geistes´ (Titus 3,5).

Wir sollen bereit sein, auf Gottes Barmherzigkeit zu vertrauen. Die meisten von uns können kaum glauben, dass Gott so gnädig ist, wie er ist. Wir haben soviel Angst davor, Gottes Gnade zu missbrauchen, dass wir uns zurückziehen und in Gesetzlichkeit und Ängstlichkeit verfallen. Aber Gott ist barmherzig. Wir sollen den Unglauben fürchten aber wir sollen den Glauben an Gottes Güte nicht fürchten. Wir fürchten seine Strafen, wenn wir in Unglauben verfallen, aber wir sollen nicht fürchten, dass Gott nicht mehr barmherzig ist. Unser Schreiber hat uns schon gesagt, dass wir uns `dem Gnadenthron kühn nähern sollen, um Barmherzigkeit zu empfangen´(4,16).

2. **Alle Arten von Sünden werden vergeben. In dieser Hinsicht sind das Gesetz und das Evangelium sehr verschieden.** Die Barmherzigkeit des Neuen Bundes ist größer als die Barmherzigkeit des Alten Bundes. Das Gesetz des Mose konnte nur gegenüber bestimmten Sünden Gnade zeigen. Schwere Sünde wurde mit dem Tod bedroht. `Jeder, der das Gesetz des Mose außer Acht gelassen hat, stirbt ohne Erbarmen aufgrund der Aussage von zwei oder drei Zeugen´(10,28). Der Hohepriester konnte `sanft mit Unwissenden und Irrenden umgehen´ (5,2), aber er konnte nichts tun, um bei schweren Sünden zu helfen. Ehebruch, Götzendienst, das Brechen des Sabbats, jugendlicher Ungehorsam den Eltern gegenüber, all diese Sünden waren Kapitalverbrechen. Aber der Neue Bund ist ganz anders. Der Tod Christi, der unsere Sünden trug, kann selbst für die schlimmsten Sünden Vergebung bringen. Hebräer 5,2 sagte uns, dass die ehemaligen mosaischen Priester sich mit zwei Kategorien von Sündern befassen konnten: `Er kann sanft mit (i) Unwissenden und (ii) Irrenden umgehen´. Es gab aber im alttestamentlichen Zeitalter drei Kategorien von Sündern: Es gab auch noch die, die `mit erhobener Hand´ sündigten. In 4. Mose 15,30 heißt es: `Wer irgendetwas mit erhobener Hand tut, ob er ein Einheimischer oder ein Fremder ist, der verachtet den Herrn, und ein solcher soll ausgerottet werden aus seinem Volk´. Das Gesetz konnte nichts tun, um so jemandem zu helfen. Als David schwere Sünden wie Ehebruch und Mord beging, musste er sagen: `Du freust dich nicht über ein Opfer, sonst würde ich es geben; an einem Brandopfer hast du kein Gefallen´(Psalm 51,16). Es gab im mosaischen Gesetz keine Hilfe für David, als er schwerer Sünde schuldig wurde. Alles, was er tun konnte, war, das mosaische Gesetz zu ignorieren und direkt zu Gott zu gehen.

3. **Die Vergebung ist radikal und total**. `Ihrer Sünden will ich nie mehr gedenken´, sagt unser Brief. Es ist eine erstaunliche

und gewagte Zusage. Gottes Vergebung ist größer, als viele von uns begreifen können. Er vergibt `viele Vergehen´ (Römer 5). Das alles haben wir durch den Tod Christi. `Sein Blut reinigt uns von aller Sünde´, sagt ein Vers im Neuen Testament (1. Johannes 1,7). `Das ist mein Blut, das vergossen ist zur Vergebung der Sünden´, sagt ein anderer Vers (Lukas 22,20). `Siehe das Lamm Gottes, das die Sünde der Welt wegnimmt´, sagte Johannes der Täufer (Johannes 1,29). In Christus sind alle Bilder des mosaischen Gesetzes erfüllt. Es ist erstaunlich, dass die Bibel davon spricht, dass Gott vergesslich ist! Eine Gedächtnislücke ist sicher etwas, was wir uns bei Gott nicht vorstellen können. Ich nehme an, es ist nur Bildersprache, aber was für ein wunderbares Bild es ist! Es ist so, als würden wir im Bewusstsein unserer Sünden zu Gott kommen und er würde nichts dazu sagen, wenn sie schon vergeben sind. Manchmal erinnern wir uns selbst an unsere Sünden. Ich nehme an, das hilft uns vielleicht, ein bisschen demütiger zu bleiben! Aber es ist zwecklos, mit Gott über vergebene Sünden zu sprechen. Er wird zu uns sagen: `Ach, hast du das wirklich getan? Ich kann mich nicht erinnern!´ Seine Vergebung ist so radikal, dass er nicht mehr an unsere Sünden denkt. Und wenn er nicht an sie denkt, braucht es uns auch nicht zu berühren. Ich gehe davon aus, wir können einige Lektionen aus früheren Sünden lernen, um uns davor zu hüten, sie erneut zu begehen. Aber wir brauchen wirklich nicht mit Schuld belastet zu sein. Unsere Sünden sind im Ozean der Vergesslichkeit Gottes begraben. Sie sind so weit weg wie der Osten vom Westen. Gott kann sich nicht einmal an sie erinnern!

40

Nähere dich Gott!

Hebräer 8,13

Eins der großen Themen unseres Briefes ist das Neue dessen, was Gott im Herrn Jesus Christus tut, und Jesu Überlegenheit über jedes andere Wesen im Universum.

1. In Hebräer 1,1-2a ist Jesus ein neues und endgültiges Wort Gottes.

2. In Hebräer 1,2b-14 ist Jesus größer als die Engel.

3. In Hebräer 2,1-4 entdecken wir, dass Rebellion gegen Jesus gefährlicher ist als Rebellion gegen das mosaische Gesetz.

4. In Hebräer 2,5-18 entdecken wir die Neuheit und Größe unserer Bestimmung. Jesus bringt viele Söhne zur Herrlichkeit.

5. In Hebräer 3,1-4,13 betrachten wir einen, der größer war als Mose. Mose baute eine irdische Stiftshütte; Jesus bringt eine Familie von Gottes Leuten zur Sabbatruhe.

6. In Hebräer 4,14-7,28 finden wir, dass Jesus jedem Hohenpriester bei weitem überlegen ist. Wie Melchisedek ist er völlig einzigartig und größer als jeder Rivale.

7. In Hebräer 8,1-12 haben wir gesehen, dass Jesus der Mittler eines Bundes ist, der dem mosaischen Bund überlegen ist und der neue und größere Zusagen enthält.

Vers 13 zieht eine Schlussfolgerung aus den Punkten, die er aufgeführt hat. ¹³*Indem er `neu´ sagt, hat Gott den ersten Bund für überholt erklärt; und das, was veraltet ist und verkümmert, ist nahe daran, vollständig zu verschwinden.* Wenn der mosaische Bund so schwach und unvollkommen war, wie er sagte, und wenn der Neue Bund so haushoch überlegen ist, dann folgt daraus, dass der Alte Bund überholt ist. Er war lange von Bedeutung, aber er altert und wird bald verschwinden. Der mosaische Bund ist endgültig überholt. Ja, wir **lesen** ihn noch. Wir sehen Jesus darin.

Der Charakter Gottes, der im mosaischen Gesetz offenbart wurde, bleibt derselbe. Aber die einzelnen Forderungen des Gesetzes werden gewöhnlich ganz und gar fallen gelassen oder in Christus einem noch höheren Anspruch unterstellt. Es war dabei, vollständig zu verschwinden, sagt unser Schreiber.

Sehr wahrscheinlich weiß unser Schreiber von der Vorhersage Jesu, dass der Tempel Jerusalems zerstört werden würde. Wenn der Hebräerbrief nach dem Tod des Paulus, aber vor 70 n. Chr. geschrieben wurde, dann war der Tag der Zerstörung des Tempels sehr nahe. Innerhalb weniger Monate wird die Lehre des Schreibers bestätigt werden. Es wird noch klarer werden, dass das Kreuz Christi den Alten Bund aufhebt. Doch werden die Hebräer es glauben, **bevor** der Tempel fällt? Ihr Glaube wäre eindrucksvoller, wenn sie jetzt glauben. In wenigen Monaten oder etwa einem Jahr wird es eine dramatische Bestätigung der Lehre des Schreibers geben. Aber werden sie das, was er sagt, glauben, **bevor** die Bestätigung kommt? Was bedeutet das alles für uns praktisch?

1. **Wir müssen das Alte, das Geringere, das Gesetzliche ablehnen.** Das `Mosaische´ religiöse Leben ist nichts für uns. Wenn das christliche Evangelium mit Gesetzen gefüllt wird oder mit übertriebener Bewunderung heiliger Gebäude oder mit Riten oder exzessiver Symbolik, dann werden wir `alttestamentliche´ Christen. Noch schlimmer ist es, wenn wir ein religiöses System aufstellen oder Priester einsetzen und von neuem wiederholte `Opfer´ Jesu einführen (Ich denke an die `Messe´ im Denken einiger aufrichtiger Leute).

2. **Wir müssen uns am Neuem, Größeren und Erhabeneren festhalten.** Anders gesagt: wir halten an Jesus fest! Es beginnt damit, dass wir ihn mit dem Auge des Glaubens sehen. `Wir sehen ihn…´ (2,9). `Betrachte Jesus…´, heißt es in Hebräer 3,1. `Wir haben einen großen Hohenpriester…, Jesus, den Sohn Gottes…´(4,14). Wir sollen `aufschauen auf Jesus, den Begründer und Vollender des Glaubens´ (12,2), `Jesus, den Mittler eines Neuen Bundes´ (12,24), `Jesus … derselbe gestern, heute und für immer´ (13,8), `Jesus, den großen Hirten der Schafe, der uns mit

allem Guten ausrüsten wird´ (13,20-21). `Jesus Christus, dem die Ehre von Ewigkeit zu Ewigkeit gehört´(13,21). Es sind nicht die Rituale und die Vorschriften des Alten Bundes, nicht einmal dessen Moral die wir brauchen (denn wir gehen darüber hinaus!). Wir brauchen Jesus selbst.

3. **Es ist ein Leben, in dem wir uns ihm ständig nähern.** `So lasst uns nun kühn und mutig hinzutreten zum Thron der Gnade´, sagt unser Freund und Seelsorger (4,16). Wir haben `eine bessere Hoffnung … , durch die wir uns Gott nahen´ (7,19). Er kann `aufs Äußerste retten, die durch ihn zu Gott kommen´ (7,25). `Lasst uns also hinzutreten mit wahrhaftigem Herzen…´(10,22). `Wer zu Gott kommt, muss glauben, dass es ihn gibt und dass er ein Belohner derer ist, die ihn suchen´. (11,6). Durch Jesus zu Gott zu kommen, im Vertrauen auf die Kraft seines Blutes, ist das ganze Geheimnis des christlichen Glaubens.

Es ist von entscheidender Bedeutung, sich so auf Jesus zu verlassen. Johannes Calvin sagte: `Weil wir zu träge sind, müssen wir von Gott angespornt werden, immer, wenn die Situation es erfordert, ernstlich zu beten´. Je schwerer Missstände, Ärger, Ängste und andere Arten von Prüfungen uns bedrängen, umso freier ist unser Zugang zu Gott, als würde er uns zu sich selbst einladen. `Wann werden die vielen Sünden, die uns bewusst sind, uns Ruhe gönnen …?´ `Wann wird die Versuchung uns eine Atempause geben und es unnötig machen, zu Gott um Hilfe zu eilen?´a Wenn ein schlechtes Gewissen uns den Weg versperrt, dann nehmen wir wieder Zuflucht zum Blut des Herrn Jesus Christus. Wir geben alles Selbstvertrauen auf und kommen im Glauben zu Gott. Es ist der beharrliche Glaube, der alles erhält, was Gott auf Gebet hin schenkt. Wir brauchen großes Vertrauen, dass wir jede gute Sache erhalten, um die wir bitten. Das einzige Gebet, das Gott annimmt, ist das Gebet, das aus der Kühnheit des Glaubens kommt. `Rufe mich an am Tag der Not´, sagt Gott (Psalm 50,15). Alle Stellen in der Bibel, in denen uns befohlen wird, uns Gott zu nähern, werden uns vor Augen gestellt, um uns mit Zuversicht zu erfüllen. Es wäre eine

Anmaßung, in die Gegenwart Gottes zu kommen, würde er uns nicht auf Grund seiner Einladung erwarten. Aber gerade das ist es, was er uns ständig sagt: Tritt herzu! Immer wieder sagt er: Komm! Tritt herzu! Komm näher! Vergiss die überholte Religiosität jedes `mosaischen´ Lebensstils. Richte deinen Blick auf Jesus und komme zu ihm in voller Zuversicht des Glaubens!

Anmerkung:
a.   Die Zitate in diesem Abschnitt stammen aus dem Buch *Calvins* über den *Hebräerbrief.*

41
Die Stiftshütte
Hebräer 9,1-5

Wenn wir den 1. Vers vom 9. Kapitel des Briefes an die Hebräer aufschlagen, dann sehen wir, dass der Verfasser gerade dabei ist, eine Beschreibung der Stiftshütte in Angriff zu nehmen. Aber schauen wir doch erst mal, was ihn zu Hebräer 9,1 führt. Das zentrale Anliegen des Verfassers ist es, diesen Leuten zu helfen, die wir als `Hebräer´ kennen. Offenbar waren es jüdische Gläubige, die sich Verfolgungen und Entmutigungen vieler Art zu stellen hatten. Das Leben wäre leichter für sie, wenn sie nur Juden sein konnten, ohne *christliche* Juden zu sein. Sie haben schon viel erduldet, und ihnen wird eingeflüstert (von Satan, wenn von keinem anderen), dass ihre Schwierigkeiten vorbei sein könnten, wenn sie einfach Juden wären, Juden, die Jesus als eine Art höheren Engel ansahen, der innerhalb des Judentums arbeitet. Aber unser Schreiber – ein Freund des Paulus, doch wer genau es war, wissen wir nicht – kann diese Idee keinen Augenblick ertragen. Jesus ist jedem Engel weit überlegen (1,1-14). Es ist gefährlich, die Errettung gering zu achten, die seine Freunde schon erfahren haben (2,1-4). Jesus ist ein verständnisvoller Erretter, der daran arbeitet, seine schwachen und fehlbaren Brüder und Schwestern zu Ehre und Ansehen als Gottes Diener zu bringen (2,5-18). Jesus ist unendlich viel größer als Mose (3,1-6). Es ist gefährlich, Jesus nicht nachzufolgen, ebenso wie es für das Volk Israel gefährlich war, als sie sich bei der Nachfolge Moses gegen diesen auflehnten. Das Unheil folgte. Die Israeliten verpassten es, `zur Ruhe zu kommen´. Es gibt ein entsprechendes Unheil für Christen, die nicht auf Gottes Stimme hören (3,7 – 4,13).

167

Allerdings ist Jesus die Erfüllung dessen, was das mosaische System andeutete. Im Himmel ist Jesus als Hoherpriester am Werk. Wir sollen zu ihm kommen, um Gnade und Barmherzigkeit zu finden, wenn wir in Not sind (4,14-16). Er verwirklichte das levitische Priesteramt (5,1-10) und, wenn unser Verfasser seinen Freunden helfen kann (5,11- 6,12) und sie sich durch Gottes eidliche Zusage seiner Barmherzigkeit ermutigen lassen (6,13-20), dann wird er ihnen von dem großen und einzigartigen Melchisedek erzählen. Denn Jesus ist Melchisedek ähnlicher als den Priestern aus dem Stamm Levi (7,1-28). Es gibt ein neues Priesteramt, ebenso wie es einen Neuen Bund gibt und neue Verheißungen und einen neuen Dienst in einem Heiligtum, das dem alten Heiligtum weit überlegen ist (8,1-13).

An dieser Stelle ist unser Verfasser bereit zu erklären, wie Jesus die Symbolik der Stiftshütte im Allgemeinen und den Versöhnungstag im Besonderen erfüllt. *¹Nun gehörten zum ersten Bund gottesdienstliche Vorschriften, und es gab damals ein irdisches Heiligtum; ²denn ein Zelt war aufgebaut ...* Er wird im Weiteren sagen, dass das alles in Jesus erfüllt ist, und es ist das Blut Jesu (nicht irgendein Tieropfer), das geistliche Kraft hat (9,1 – 10,18). Wir sollen unseren Glauben weiterhin ausüben und uns hüten, aufsässig zu werden. Wir sollen dem Glauben der Heiligen des Alten Testaments und dem Glauben Jesu folgen, uns von den Strafen Gottes, die wir vielleicht im Lauf des Lebens erfahren, nicht entmutigen lassen, und das christliche Leben im Glauben und in Gottesfurcht umsetzen (10,19 – 13,25).

Nun gehörten zum ersten Bund ... Unser Verfasser betont, dass es nur der `erste´ Bund war (und er hat schon gesagt, dass er jetzt überholt ist). Er ist irdisch und war daher im Vergleich mit dem, was er darstellte, geringwertiger. An dieser Stelle können wir vielleicht fragen: **Was stellt die Stiftshütte dar?** Es gibt alle möglichen Theorien. Die Prediger neigen dazu, ihre Lieblingslehren in die Stiftshütte hineinzuinterpretieren, und sie finden Spuren symbolischer Elemente, die es ihnen ermöglichen, etwas über den `fünffältigen Dienst´ oder über `die Taufe mit dem Heiligen Geist´ oder zum Thema `Leib-Seele-Geist´ oder zur

Trinitätslehre – oder wozu auch immer – zu sagen. Doch müssen wir fragen: Gibt die Bibel selbst irgendwelche Antworten auf die Frage: Was stellt die Stiftshütte dar? Die Antwort lautet: „Ja, mindestens drei".

1. **Die Stiftshütte stellt das Weltall dar.** Der Gang des Hohenpriesters durch die Stiftshütte stellt den Gang Jesu dar, der durch die Himmel in die unmittelbare Gegenwart Gottes geht. Der Innenhof – das Gebiet außerhalb der Stiftshütte – stellt diese Welt dar. Die Stiftshütte ist ein Bild für den Himmel. Der Weg in die Stiftshütte ist ein Bild für den Weg aus dieser Welt in die Gegenwart Gottes. Es ist nicht so, dass der Himmel in Bereiche aufgeteilt ist; vielmehr war der Vorhang vorläufig und im Begriff, abgenommen zu werden. Die ganze Stiftshütte stellt den Himmel dar.

2. **Die Stiftshütte stellt den Fortschritt zwischen den beiden Bündnissen dar.** Der vordere Raum stellt den ersten Bund dar; der innere Raum den Neuen Bund. Hebräer 9,9, so wie ich es verstehe, besagt, dass der vordere Raum der Stiftshütte `ein Sinnbild für die gegenwärtige Zeit´ war, `in der Gaben und Opfer dargebracht wurden´, die das Gewissen des Opfernden nicht wirklich beruhigen konnten. Der vordere Raum symbolisierte die Zeit des mosaischen Bundes. Das Allerheiligste spricht von dem Neuen Bund und dem, was jetzt da ist, seit Jesus gekommen ist. Der Vorhang zwischen beiden Räumen stellt die Zeit dar, in der Jesus auf der Erde war. Als Jesu Leib am Kreuz zerrissen wurde, da wurde der Vorhang niedergerissen und die neue Epoche des Neuen Bundes eingeleitet. Der vordere Raum stellt den ersten Bund dar; der innere Raum den Neuen Bund. Der Vorhang stellt die Zeit dar, als der Leib Jesu `zerrissen´ wurde und Jesus sein Blut dem Vater überbrachte.

3. **Die Stiftshütte stellt Stufen der Gemeinschaft dar.** Das folgt aus den beiden vorangehenden Punkten. Wenn das Gebiet außerhalb der Stiftshütte diese Welt darstellt, dann spricht es auch von denen, die keinen Zugang zu Gott und keine Gemeinschaft mit ihm haben (doch der Altar und das Waschbecken sind sichtbar, sie sprechen von Versöhnung und

von Reinigung). Im vorderen Raum (mit dem Tisch, dem Licht und dem Weihrauch) befinden sich Symbole der Gemeinschaft mit Gott. Es gab einen vorderen Raum, in dem der Leuchter, der Tisch und das Brot der Gegenwart Gottes waren. Dieser Raum wurde das Heilige genannt.

Im innersten Raum ist die Gemeinschaft mit Gott am größten. *³Hinter dem zweiten Vorhang war ein zweiter Raum, das sogenannte Allerheiligste. ⁴Dazu gehörten der goldene Räucheraltar und die vollständig mit Gold überzogene Bundeslade. Bei[a] dieser Bundeslade waren der goldene Krug mit dem Manna, der Stab Aarons, der Blüten getrieben hatte, und die Bundestafeln. ⁵Darüber waren die Cherubim der Herrlichkeit, welche ihre Flügel über dem Sühnedeckel ausbreiteten.* Diese sprachen von der Gegenwart Gottes, von der Verbundenheit mit den Engeln in der Anbetung, von dem Eintreten in die Ruhe, von der Bedeckung des Gesetzes, so dass wir völlige Gewissheit haben, weil das Blut die Versöhnung bringt; der Stab spricht von Jesu Priesteramt und das Manna von Versorgung.

Unser Verfasser sagt: *Über diese Dinge können wir jetzt nicht im Einzelnen reden.* Das bedeutet, dass er es hätte tun können, wenn er es gewollt hätte und wenn er mehr Platz in seinem Brief gehabt hätte. Die Stiftshütte wurde nach Gottes Plan als `Abbild und Schatten der himmlischen Wirklichkeit´ gebaut (8,5). Sie hatte für die Israeliten der damaligen Zeit geistliche Bedeutung. Sie hatten aus der Ferne eine Vorschau von geistlichen Wirklichkeiten. Das Gesetz lieferte ein Schattenbild der zukünftigen Güter, die mit Christus Wirklichkeit wurden (10,1; 9,11). Christus trat ein durch den Vorhang (nicht symbolisch, sondern wirklich) und er ist jetzt unser Sühnedeckel.

Anmerkung:

a. Das griechische *en* (`in´ oder `auf´) ist vager als die entsprechenden deutschen Propositionen. Es kann `in´ oder `auf´ bedeuten (wenn unser Schreiber zum Beispiel sagt `auf dem Berg´ (8, 5) oder von dem spricht, was `nicht auf Steintafeln, sondern auf Tafeln des menschlichen Herzens´ steht). Es könnte sogar `in und auf´ übersetzt werden. Hier übersetzt man es am besten mit `bei´, weil das Gesetz *in* der Bundeslade war, der Stab und der goldene Krug aber *vor* der Bundeslade. Zwei der drei erwähnten Dinge waren für den Hohenpriester sichtbar; die Gesetzestafeln aber nicht, da sie in der Bundeslade lagen.

42

Die guten Dinge, die jetzt da sind
Hebräer 9,6-12

Unser Verfasser stellt fest, dass die Stiftshütte ein schattenhafter und ritualistischer Vorgeschmack des Evangeliums vom Herrn Jesus Christus war. Ihre Ausstattung (9,1-5) war ein Symbol für das Evangelium. Jetzt stellt er fest, dass auch die Zeremonien, nach denen sich die Priester und der Hohepriester richteten, geistliche Lektionen für uns haben (9,6-10). *6Nachdem das alles auf diese Weise vorbereitet wurde, gingen die Priester regelmäßig in den vorderen Raum, um ihre religiösen Pflichten zu erfüllen. 7Aber nur der Hohepriester geht in den hinteren Raum, und zwar nur einmal im Jahr. Er geht nicht hinein, ohne Blut mitzunehmen, das er für die aus Unwissenheit begangenen Sünden opfert, sowohl für die eigenen Sünden als auch für die des Volkes.*

Der vordere Raum war ein Bild der Zeit des Alten Bundes. *8Mit dieser Vorschrift zeigt der Heilige Geist, dass der Weg ins himmlische Heiligtum noch nicht offen ist, solange der vordere Raum noch gebraucht und bewundert wird.* Der letzte Satzteil ist schwer zu übersetzen. Robert Young´s buchstäbliche Übersetzung lautet `solange der vordere Raum noch Ansehen hat´. J. N. Darby übersetzte: `solange der vordere Raum immer noch Ansehen hat´. Die NCV hat `solange das System des alten Heiligen Zeltes noch anerkannt wurde´. Es bezieht sich auf die Zeit, bevor Jesus kam und bedeutet `solange die erste Stiftshütte – die den ersten Bund symbolisierte – noch Rang und Ansehen in den Augen des Volkes Gottes hat´.

1. **Zur Zeit des Alten Bundes war der Gottesdienst noch unvollkommen.** Natürlich bewundern wir viele Helden und Heilige des Alten Testaments. Wenn wir Mose, David und Elia betrachten und besonders wenn wir das Buch der Psalmen lesen,

bewundern wir sie als große Männer des Glaubens. Und doch macht der Hebräerbrief klar, dass beim Gottesdienst der alttestamentlichen Heiligen etwas fehlte und unangemessen war. Sie kannten den Namen Jesus nicht. Der Heilige Geist war noch nicht in derselben Fülle gegeben wie nach der Verherrlichung Jesu. Das Gewissen war noch nicht vollkommen zufrieden gestellt, dass Gott uns trotz unserer Sündhaftigkeit annehmen konnte. In Hebräer 11,13 heißt es: `Sie alle starben im Glauben, ohne das, was er ihnen zugesagt hatte, empfangen zu haben; sie hatten die Zusagen aber aus der Ferne gesehen und freuten sich auf ihre Erfüllung...´ Sie konnten das Evangelium erkennen und hatten einen flüchtigen Eindruck davon, dass Gott irgendwie ihr Retter sein würde, aber sie sahen die Dinge `aus der Ferne´. Die Stiftshütte symbolisierte das insofern, als niemand aus dem Volk Israel, nicht einmal irgendwelche normalen Priester, Erlaubnis hatten, ins Allerheiligste zu gehen.

Positiv bedeutet das Folgendes: Es gibt eine Stufe der Gemeinschaft mit Gott, die höher ist als alles, was alttestamentliche Heilige jemals wussten. Das ist eine erstaunliche Aussage (denn wir wissen, was für eine tiefe Gemeinschaft die Psalmisten mit Gott hatten), und doch folgt das aus der Tatsache, dass das Allerheiligste viele Jahrhunderte lang unzugänglich war. Solange die Stiftshütte gebraucht wurde und vor allem der vordere Raum von den Priestern benutzt und bewundert wurde, symbolisierte sie, dass die höchste Stufe der Gemeinschaft noch nicht erreichbar war. *9Das ist ein Sinnbild für die damalige Zeit, in der Gaben und Opfer dargebracht wurden, die das Gewissen des Opfernden nicht wirklich beruhigen konnten.* (i) Einige Worte hier werden oft übersetzt mit `die jetzige Zeit´, aber die `jetzige Zeit´ ist nicht die, in der Moses Opfer dargebracht werden (außer wenn unser Schreiber vor dem Jahr 70 n. Chr. schreibt und an den Tempel denkt). (ii) Vielleicht sollte man nach den Worten `die jetzige Zeit´ einen Punkt einfügen; er bedeutet `diese ganze Bildersprache der Stiftshütte ist ein Bild für uns im gegenwärtigen Evangeliumszeitalter´. Der nächste Satz geht dann einen Schritt zurück, um die Stiftshütte zu erklären. `Nach diesem System werden Gaben und Opfer dargebracht...´ (iii) Ich ziehe einen dritten Ansatz vor. Ich verstehe die Formulierung so, dass sie `die damals gegenwärtige Zeit´, also die `damalige Zeit´ bezeichnet. Der oft benutzte vordere Raum war ein Sinnbild für den ersten Bund, für die Zeit, in der die Opfernden sich hauptsächlich außerhalb der Stiftshütte befanden und Priester nur zum vorderen Raum Zugang hatten. Die Opfer waren ausschließlich symbolisch. Sie hatten keine echte geistliche Kraft. [10]*Sie haben nur mit Speisen und Getränken und verschiedenen Waschungen zu tun; sie sind äußerliche und fleischliche Satzungen, auferlegt bis die Zeit kommt, wenn eine neue und bessere Ordnung eingeführt wird.*

Das Gesetz war wirklich sehr schwach. Es hatte keine Kraft. Es war voller Symbole und Riten, die das Evangelium symbolisierten, aber keine Segnungen des Evangeliums vermittelten. Es war eine auferlegte Pflicht, etwas, was Menschen aufgezwungen wurde, es hatte nur begrenzten und vorläufigen Wert.

2. **Das Kommen des Herrn Jesus Christus war eine `Zeit ..., um Dinge in Ordnung zu bringen´.** Es war eine Zeit, in der alle fleischlichen und schwachen Ordnungen des mosaischen Gesetzes zu Ende gehen sollten, eine Zeit, in der die Fülle der geistlichen Segnungen mit dem Herrn Jesus Christus kommen würde. Das Ritual des mosaischen Gesetzes war nur vorläufig, `auferlegt bis die Zeit gekommen war, um Dinge in Ordnung zu bringen´ (9,10).

Die Verse 11-12 bilden einen langen, komplizierten Satz. `Aber Christus, der als Hoherpriester der guten Dinge kam, die wir jetzt in dem größeren und vollkommeneren Zelt haben (das nicht von Menschen gemacht ist und nicht zu dieser Welt gehört), ging ein für alle Mal in das Allerheiligste, nicht mit dem Blut von Ziegen und Kälbern, sondern mit seinem eigenen Blut, wodurch er eine ewige Erlösung erlangte.´ Wir können ihn in kürzere Sätze zerlegen. [11]*Aber Christus, der Hohepriester der guten Dinge, die wir jetzt haben, kam in das größere und vollkommenere Zelt. Es wurde nicht von Menschen gemacht und gehört nicht zu dieser*

Welt. [12]*Er ging ein für alle Mal in das Allerheiligste, nicht mit dem Blut von Ziegen und Kälbern, sondern mit seinem eigenen Blut, und so erlangte er eine ewige Erlösung.* Christus kam, um `die Dinge in Ordnung zu bringen´, d.h. um die vorläufige, symbolische, fleischliche Stiftshütte zu beenden und den Dienst in der wahren Stiftshütte, nämlich dem Himmel, zu beginnen. Das Kommen Jesu als der, der alle Segnungen des Neuen Bundes schenkt, beinhaltete die Abschaffung des alten Bundes und den Anfang des Neuen Bundes.

3. **Jetzt, wo das Kommen des Herrn Jesus Christus die Dinge in Ordnung gebracht hat, stehen die Segnungen des Neuen Bundes bereit.** Jesus kam in die `größere und vollkommenere Stiftshütte´ – in den Himmel. Im selben Augenblick, in dem er in den Himmel kam, erlangte er für uns eine `ewige Erlösung´. Nicht eine jährliche Erlösung (wie beim mosaischen Versöhnungstag), nicht eine vorläufige Erlösung (als würde Jesus uns aus seinem Bund ausschließen, wenn wir unwürdig sind) – sondern eine ewige Erlösung. Jetzt ist er unser Hoherpriester zur Rechten des Vaters, der uns alle Segnungen des Neuen Bundes austeilt. Christus ist der Hohepriester aller guten Dinge, die wir jetzt haben. Was sind sie? Dazu gehören: die Erkenntnis Jesu und der Ereignisse in seinem Leben (die, bevor sie eintrafen, nicht klar zu erkennen waren), dazu das Werk des Heiligen Geistes, der uns befähigt zu erkennen, was Jesus für uns getan hat.

43

Das Blut Christi
Hebräer 9,11-15

¹¹Aber Christus, der Hohepriester der guten Dinge, die jetzt da sind, kam in das größere und vollkommenere Zelt. Es wurde nicht von Menschen gemacht und gehört nicht zu dieser Welt. ¹²Er ging ein für alle Mal in das Allerheiligste, nicht mit dem Blut von Ziegen und Kälbern, sondern mit seinem eigenen Blut, und so erlangte er eine ewige Erlösung.

Zu den Segnungen des Neuen Bundes gehört das bevollmächtigende und überzeugende Werk des Heiligen Geistes, der uns Gewissheit gibt, dass wir Kinder Gottes sind, und uns Zugang zu allen Segnungen gibt, die wir als Söhne und Töchter Gottes empfangen. Dazu gehören die Fähigkeit, mit großer Zuversicht zu beten, der Vorgeschmack der Auferstehung, der uns durch den Heiligen Geist geschenkt wird (siehe 2. Korinther 5,5), die unaussprechlichen Seufzer (Römer 8,26) und die `Verwandlung von einer Herrlichkeit zur anderen´ (2. Korinther 3,18), wenn wir Gemeinschaft mit unserem Herrn Jesus Christus haben.

Es gibt viele Gegensätze zwischen der Stiftshütte auf der Erde (dem Symbol) und der nicht von Menschen gemachten Stiftshütte (dem Himmel selbst). Das eine war ein Symbol; das andere die Wirklichkeit: Das eine war vorläufig; das andere ist permanent. Das eine war ein Zelt, das Mose gemacht hatte; das andere ist ein von Gott geschaffener Bereich. Bei dem einen verlangte Gott Tieropfer; bei dem anderen verlangte Gott das einmalige Opfer seines Sohnes als Retter der Welt. Die Tieropfer mussten oft geschehen (weil sie nie wirksam waren); das Opfer seines Sohnes geschah nur einmal (weil es sofort und völlig wirksam war). Eins brachte jährliche und symbolische Errettung und die Freiheit, innerhalb des israelischen Lagers zu leben. Das andere gibt ewige Erlösung und ewiges Leben mit Gott. Nach diesen Versen bewirkt das Blut Christi dreierlei:

1. **Es gibt ewige Erlösung**, wie wir gesehen haben. Aber es gibt noch mehr.

2. **Es gibt tägliche Reinigung**. Die Verse 13-14 bilden im Griechischen wieder einen langen Satz, aber wir können ihn in zwei Sätzen wiedergeben. *13Das Blut von Böcken und Stieren und die Asche einer Kuh reinigt durch Besprengung die zeremoniell Unreinen, um sie äußerlich wieder rein zu machen. 14Wieviel mehr wird das Blut Christi, der sich selbst als makelloses Opfer durch den ewigen Geist Gott dargebracht hat, unser Gewissen von toten Werken reinigen, damit wir dem lebendigen Gott dienen können.*

Unser Schreiber stellt das Mosaische Gesetz erneut dem Evangelium gegenüber. Die alttestamentlichen Opfer brauchten das Blut von Böcken und Stieren; und 4. Mose 19,9 bezieht sich auf eine Zeremonie, die die Asche einer rötlichen Kuh verwendete. In einigen Zeremonien (3. Mose 16,14-15; 4. Mose 19,2-4) wurde den Menschen versichert, dass das Ritual sie zeremoniell reinigte, weil das Blut mit dem Zweig eines Baumes, der in eine Mixtur von Blut und Wasser getaucht war, auf sie gesprengt wurde. Aber das alles weist auf etwas hin, das durch das Blut Christi geschah – auf den Tod des Herrn Jesus Christus am Kreuz.

Er opferte sich selbst. Die Priester pflegten **etwas anderes als sich selbst** zu opfern. Jesus gab sich selbst.

Jesus verließ sich auf den Heiligen Geist. Es war der Heilige Geist, der ihn zum Kreuz führte. Es war der Heilige Geist, der Jesus half, als er am Kreuz war (obwohl ich bezweifle, dass Jesus selbst es so empfand!). Es war der Heilige Geist, der ihn von den Toten auferweckte (siehe Römer 1,4; 8,11; 1. Petrus 3,18) und bewies, dass sein Opfer von Gott dem Vater angenommen wurde.

Jesus sprengt nicht weiterhin Blut auf unsere Leiber, wie es die alten Hohenpriester getan haben. Aber er sprengt sein Blut auf unser Gewissen. Das heißt, er gibt uns das Gefühl, dass wir innen rein sind. Durch den Heiligen Geist wissen wir, dass sein Tod am Kreuz ausreicht, um uns zu vergeben. Wir spüren, dass uns vergeben ist. Gottes Geist gibt uns ein Gefühl dafür, dass Gott uns liebt.

Jesus hat keine Sünde begangen. Er gab sich selbst als makelloses Opfer. Das bedeutet, dass er ein vollkommenes Opfer für unsere Sünden war. Es ist seine Sündlosigkeit, die uns angerechnet wird (wie Paulus es wohl ausdrücken würde), wenn wir glauben, und `die uns für immer heiligt´ (wie der Hebräerbrief es ausdrückt). Das befähigt uns, Gott zu dienen: Es ist schlimm, Gott zu dienen, wenn man ein schlechtes Gewissen hat.

Uns sind alle `toten Werke´ vergeben: Dazu gehören alle Sünden, sie beziehen sich aber auch auf alles, was wir für gut halten, was in Wirklichkeit aber kein geistliches Leben enthält – Werke der alttestamentlichen Rituale (oder moderner Rituale!), Taten, die nicht zur Führung des Heiligen Geistes in unserem Leben gehören. Sie haben nichts Gutes für uns bewirkt. Sie brauchen Vergebung und Reinigung. Wenn wir von toten Werken befreit sind und gereinigte Gewissen haben, können wir dem lebendigen Gott dienen. Gott lebt. Es hat keinen Wert, dem Gott, der lebt, etwas Totes zu bringen!

3. **Das Blut Christi ermöglicht unser Erbe.** ¹⁵*Und dadurch* – durch das vollkommene Opfer des Blutes Christi, das auf unsere Gewissen gesprengt ist – *ist er der Vermittler eines Neuen Bundes.* Alle Segnungen des Neuen Bundes beginnen zu fließen, weil Jesus für uns gestorben ist. Und sie werden lebendige Wirklichkeit, wenn unser Gewissen gereinigt ist. *Gottes Absicht ist es – weil ein Tod geschah zur Bezahlung für die Sünden, die gegen den Ersten Bund begangen wurden –, dass alle, die Gott berufen hat, das ihnen zugesagte ewige Erbe empfangen können.*

Christus hat das mosaische Gesetz gehalten. Er war ein Jude. Er war beschnitten. Er lebte ein gottwohlgefälliges Leben. Er hielt die Sabbatgesetze und die heiligen Tage des Gesetzes Israels. Was noch erstaunlicher ist: er hielt das zehnte Gebot. Er wollte nichts, was nicht Gottes Wille für ihn war. Er liebte Gott von ganzem Herzen, von ganzer Seele, mit ganzem Verstand und ganzer Kraft. Er liebte seinen Nächsten wie sich selbst.

Christus starb `unter dem Gesetz´. Das Gesetz legte einen Fluch auf jeden, der es nicht hielt. Jesus hielt es, aber er nahm den Fluch, der auf anderen Menschen ruhte, auf sich. Er war kein Gesetzesbrecher, aber er starb für Gesetzesbrecher. Alle, die ihm vertrauen, empfangen Vergebung und sind vorbereitet, sich aufzumachen, um das `Erbe´ zu empfangen, das Gott für seine Leute bereithält.

`Ewiges Erbe´ enthält alles, was Gott uns in dieser Welt und für immer geben will. Es hat mit unserem Dienst zu tun. Jeder, der `berufen´ ist (der aus Gottes Macht zur Errettung kam, der zur Gemeinschaft mit Jesus gerufen wurde), hat schon ewige Errettung, eine Errettung, die nie verloren geht. So jemand empfängt – indem er Gottes Stimme hört und Gott antwortet – die tägliche Reinigung seines Gewissens. Und wenn er am Glauben festhält – am Glauben und an der Geduld – so erhält er das von Gott zugesagte Erbe. Die Zeitformen in Hebräer 9,11-15 sind wichtig.

- Im Vers 12 wurde die Vergangenheitsform gebraucht. Wir **haben** eine ewige Erlösung empfangen.

- Im Vers 14 wird ein Verb in der Zukunft gebraucht. Wir **werden** Tag für Tag ein gereinigtes Gewissen bekommen.

- Im Vers 15 wird die Möglichkeitsform verwendet; wir erhalten **vielleicht** das `volle Erbe´. Wir empfangen es nicht automatisch. Es muss durch Glauben und Geduld empfangen werden, aber vielleicht erhalten wir es. Das Blut Christi macht es möglich.

44

Das Testament Christi
Hebräer 9,16-22

Unser Schreiber erklärt die Hauptbedeutung der Stiftshütte. Sie ist in Jesus erfüllt worden. Sie ist dazu bestimmt, zu vergehen – sagt unser Schreiber. Seit der Brief an die Hebräer geschrieben wurde, ist das Opfersystem in der Tat verschwunden. Die Juden haben das Opfersystem in Jerusalem seit 70 n. Chr. nicht eingehalten. Jesus ging in den Himmel. Sein Blut (i) gibt denen, die glauben, ewige Erlösung, (ii) es bietet denen, die im Glauben verharren, tägliche Reinigung, (iii) es befähigt dazu, die Verheißungen Gottes zu empfangen.

Unser Schreiber illustriert seinen Punkt, indem er das Beispiel eines letzten Willens oder `Testaments´ verwendet, das jemand aufsetzt, um seinem Sohn zu ermöglichen, seinen Besitz zu erben, wenn er selbst gestorben ist. *16Denn wo ein Testament ist, muss der Tod dessen, der es verfasst hat, nachgewiesen werden.* Niemand erhält etwas, bis bewiesen ist, dass die Person, die das Testament geschrieben hat, tot ist. *17Denn ein Testament wird erst im Todesfall gültig. Solange sein Verfasser noch am Leben ist, tritt es nicht in Kraft.*

Im antiken Israel sorgten die Bundesschlüsse dafür, dass die Verheißungen Gottes erfüllt werden konnten. Aber in gewisser Hinsicht glich das dem Testament im ersten Jahrhundert n. Chr. Deshalb spielt der Schreiber mit dem Wort *diatheke*, das im alttestamentlichen Griechisch `Bund´ und im Griechisch des ersten Jahrhunderts `Testament´ bedeutete. Das `Testament´ im 1. Jahrhundert n. Chr. war eine gute Illustration für das, was der Schreiber damit meint, dass jemand etwas infolge eines Bundes erbt. Es erinnert mich daran, dass heutige Prediger das moderne griechische Wort *arrabōn* (Verlobungsring) manchmal gebrauchen, um die biblische Bedeutung des Wortes *arrabōn* (Pfand, Anzahlung, Vorgeschmack, Epheser 1,14) zu illustrieren. Ein Verlobungsring ist eine gute Illustration für eine Anzahlung oder ein Pfand. Die moderne Bedeutung illustriert die antike Bedeutung. Das ist genau das, was unser Schreiber macht. `Testament´ illustriert `Bund´. Ein Wort unserer Zeit illustriert die Bedeutung eines antiken Wortes.

Der Neue Bund gleicht einem `Testament´. (i) Der Schenkende macht Pläne, damit jemand das, was er zu vererben hat, bekommen kann. (ii) Die Abmachungen werden von dem `Erblasser´ getroffen – d.h. von demjenigen, der seinen Besitz bei seinem Tod abgibt. (iii) Die Begünstigten müssen die Bedingungen des Vermächtnisses annehmen (in unserem Fall Glauben und Geduld). (iv) Der Bund oder das Testament wird erst dann wirksam, wenn die Person, die die Schenkung macht, stirbt. Das alles illustriert, wie Gott uns unser Erbe im Herrn Jesus Christus gibt.

Selbst der Alte Bund war in dieser Hinsicht ähnlich, da die Segnungen des Gesetzes nie ohne ein Tieropfer wirksam wurden. Damit die Bündnisse wirksam wurden, war ein Tod nötig. [18]*Daher wurde nicht einmal der erste Bund ohne Blut eingesetzt.* Der Schreiber bezieht sich auf die Begebenheit in 2. Mose 19-24, als der Bund zwischen Israel (vertreten durch Mose) und Gott begann. Es kann sein, dass er auch Überlieferungen verwendet, die dem Schreiber bekannt waren, aber im Alten Testament nicht erwähnt werden. Er sagt: [19]*Denn als Mose alle Gebote des Gesetzes dem ganzen Volk gesagt hatte, nahm er das Blut von Kälbern[a] mit Wasser und Scharlachwolle und Ysop und besprengte das Buch und das ganze Volk.* Nicht alle Einzelheiten sind in 2. Mose 24,3-8 zu finden. Doch kann es gut aus der Überlieferung bekannt gewesen sein, dass einige der an anderer Stelle erwähnten Zeremonien (siehe 3. Mose 14,4-6. 49-52; 4. Mose 19,1-10. 17-18) auch auf dem Berg Sinai verwendet wurden. Offenbar war etwas Opferblut mit Wasser verdünnt. Die Wolle wurde auf das Ende eines Ysopbaumzweigs getan, um einen Mop zu machen, der gebraucht wurde, das Gesetzbuch zu besprengen. Mit der

Besprengung mit Blut setzte Mose den alten Bund ein. [20]*Er sagte: `Dies ist das Blut des Bundes, den Gott euch befohlen hat´.* Später, als die Stiftshütte gebaut wurde, geschah wieder etwas Ähnliches. [21]*Und ebenso besprengte er das Zelt und alle Geräte für den Gottesdienst mit Blut.* Zu den `Geräten´ gehörten Dinge wie der Tisch, das Brot, die Dochtscheren, Töpfe und Schaufeln, Becken und Platten, usw.

In Hebräer 9,22 heißt es: Unter dem Gesetz wird fast alles mit Blut gereinigt, und ohne Blutvergießen gibt es keine Sündenvergebung. Es gab wenige Ausnahmen. Das Wort `fast´ lässt Dinge zu wie das Mehlopfer (3. Mose 5,11-13), obwohl selbst dieses Opfer gewöhnlich in Verbindung mit anderen Opfern dargebracht wurde, die mit Blutvergießen verbunden waren. Das ist der Hauptpunkt: Ohne Blutvergießen gibt es keine Sündenvergebung. Niemand konnte – ohne dass Opferblut vergossen wurde – Vergebung empfangen oder von Strafen des Gesetzes, von sozialen Folgen, von Hautkrankheiten oder von Dutzenden von Geringfügigkeiten befreit werden, für die das Gesetz Strafen und Bußen auferlegen konnte.

Heute gibt es keinerlei Sündenvergebung ohne das Opfer des Herrn Jesus Christus am Kreuz. Das Stiftshüttensystem liefert ein Bild für gerade diesen Punkt (obwohl mit Blut verbundene Opfer nur bei kleinen Vergehen helfen konnten). Die Erfüllung finden wir beim Herrn Jesus Christus, aber in diesem Fall können auch ernsthaftere Sünden vergeben werden. Den Menschenkindern können alle Arten von Sünden und Verfehlungen vergeben werden (siehe Markus 3,28). Vergebung geschieht durch Sühne. Selbst Gott konnte unsere Sünde nicht ansehen und sagen: `Wir wollen einfach vergessen, dass du das je getan hast´. Vergebung geschieht nicht mit einem Kompromiss. Sie geschieht nur durch das Opfer eines Stellvertreters, durch die Todesstrafe, die in voller Wucht auf Jesus kam. Ohne Blutvergießen gibt es keine Sündenvergebung.

Anmerkung:
a. Einige Manusripte haben: `Das Blut von Kälbern und Böcken´. Es spielt aber keine Rolle.

45

Die Reinigung des Himmels
Hebräer 9,23

Unser Schreiber argumentiert, dass die Stiftshütte nur ein schattenhaftes und vorläufiges Bild dessen war, was Jesus am Kreuz getan hat. Darin gab es symbolische Möbelstücke (9,1-5) und symbolische Handlungen (9,6-10). Wir haben die Bedeutung der beiden Räume erkannt (9,8) und gesehen, dass das Hineingehen des Hohenpriesters ins Allerheiligste sich in Jesu Eingang ins himmlische Zelt erfüllt und darin, dass er Blut in den Himmel brachte (9,11-14). Jesus setzte einen Neuen Bund ein (9,15-17), sowie der erste Bund durch Blut eingesetzt wurde (9,18-20). Weiter müssen wir etwas über die Besprengung der Geräte des Alten Bundes mit Blut wissen (9,21-23). *23Es war daher nötig, dass die Abbilder der himmlischen Dinge so gereinigt wurden …* Die Geräte und Abteilungen und Riten der Stiftshütte waren Abbilder himmlischer Dinge. Es gab Gelegenheiten, bei denen die Geräte mit Blut besprengt wurden.

Die Besprengung der Geräte mit Blut hat auch eine geistliche Bedeutung. Es war nötig, dass die Abbilder mit diesen Zeremonien gereinigt wurden, sagt der Brief, *aber die himmlischen Dinge selbst brauchen bessere Opfer.* Hebräer 9,23 ist ein inhaltsschwerer und rätselhafter Bibelvers. Aber unser Verfasser schrieb ihn und meinte, wir sollten ihn verstehen! Auf geheimnisvolle Art wurde das Blut Christi nicht nur zu unserer Erlösung und zur Reinigung unserer Gewissen (9,14) gebraucht und dazu, uns den Glaubensweg zum himmlischen Erbe zu ermöglichen (9,15); das Blut Christi wurde sogar auf den Himmel angewandt und auf alles, was darin zu finden ist. Wir können dieses Thema im Licht einiger Fragen erörtern.

Warum wird das Kreuz Christi als `Opfer´ oder `Opfergaben´ (in der Mehrzahl, V.23: `bessere Opfer´ **bezeichnet?** Es bezieht sich ja auf das einmalige Opfer Christi am Kreuz. Aber der einmalige Tod des Herrn Jesus Christus beinhaltet eigentlich zahlreiche Opfer. Jesus opferte seinen Leib, sein Image, seine Würde, seine Selbstachtung, seinen Ruf als Wundertäter. In Wirklichkeit gab Jesus alles auf, was er hatte, und jeden Aspekt seines Rufes. Das Kreuz Christi beinhaltete also viele Opfer.

Aber es gab auch mehrere Anwendungen des Blutes Christi. Es wird auf Gott angewandt (symbolisiert durch das Besprengen des Altars); es wird auf unsere Gewissen angewandt (symbolisiert durch das Besprengen des Volkes mit Blut), auf die ganze Bundesbeziehung (symbolisiert durch das Besprengen des Bundesbuches), und auf die ganze Art, sich Gott zu nähern (symbolisiert durch die Besprengung der Stiftshütte und ihrer Teile). Deshalb kann das Blut Christi als mehrere Opfer bezeichnet werden.

**Was genau ist der `Himmel´?** Das Wort wird auf verschiedene Weise gebraucht. Manchmal bedeutet es das Himmelszelt. Die `Vögel des Himmels´ heißt `die Vögel, die man am Himmel fliegen sieht´. Manchmal bedeutet `Himmel´ den größeren Teil des Weltalls, das Weltall ohne die Erde. Der `Himmel und die Erde´ bezieht sich auf unsere Welt und auf das ganze Weltall ohne unsere Welt. Der `Himmel´ in diesem Sinn ist der Ort, an dem die Sterne sind. Aber wenn wir an den `Himmel´ denken, denken wir gewöhnlich an den Aufenthaltsort Gottes. Er ist nicht unbedingt weit weg. Wir müssen uns ihn nicht geographisch vorstellen, als wäre er ein Ort bei den Sternen, der Millionen von Lichtjahren entfernt ist. Es stimmt, dass wir denken, der `Himmel´ sei `oben´. Jesus wurde in den Himmel `emporgehoben´ (Lukas 24,51; siehe auch Apostelgeschichte 1,2. 9) und die Jünger schauten zum Himmel hinauf, als er emporgehoben wurde. Aber das ist einfach nur eine Art, wie Gott uns hilft, bildlich zu denken. Der Himmel ist Gottes Wohnung (1. Könige 8,30. 39), aber wir müssen uns ihn nicht unbedingt so vorstellen, dass er weit von uns entfernt ist. Allerdings ermutigt uns die Bibel, uns den Himmel in bildlicher Sprache vorzustellen.

Warum gebraucht die Bibel so oft das Wort `Blut´, wenn sie sich auf das Werk des Herrn Jesus Christus am Kreuz bezieht? Es betont die gewaltsame Bestrafung der Sünde. Von den 362 Stellen, an denen das hebräische Wort für 'Blut' im Alten Testament vorkommt, beziehen sich 203 auf gewaltsamen Tod. Das Blut betont die Bestrafung der Sünde, die mit dem Tod Christi verbunden war.

Warum sollte der Himmel eine Besprengung mit dem Blut des Herrn Jesus Christus brauchen? (i) Es hat etwas mit dem Schutz des Himmels vor Satan zu tun. Das Blut Christi überwindet Satan (siehe Offenbarung 12,11). (ii) Das Blut Christi kaufte unser himmlisches Heim. Es scheint, als wäre das erste, was der auferstandene Christus zu tun hatte, zum Himmel zu gehen, um das himmlische Heim für seine Leute vorzubereiten. Es gibt eine Verbindung zwischen Johannes 14,2-3 und Hebräer 9,23. (iii) Wenn der Himmel eine Reinigung nötig hatte, dann war er irgendwie verunreinigt. Gott hatte mit Sündern verkehrt, schon bevor Jesus starb (darum geht es in Römer 3,25 – `weil er in göttlicher Langmut vorher begangene Sünden ungestraft ließ´). Sünder hatten schon Jahrhunderte lang ihre Gebete zum Himmel geschickt, schon bevor Jesus starb (wenn es erlaubt ist, sich diese Dinge räumlich und oben-und-unten vorzustellen). Die Engel hatten sich um Gottes sündige Leute gekümmert. Auch sie hatten sich mit Sündern befasst. In Hiob 15,15 steht: `Siehe, Gott vertraut selbst seinen Heiligen nicht´ (den Engeln), und weiter heißt es: `die Himmel sind nicht rein in seinen Augen´. Selbst die Bereiche des Himmels brauchen eine Reinigung. (iv) Das gesamte Universum wurde durch das Blut Christi erlöst – die Erde, der Sternenhimmel und sogar der unzugängliche Wohnort Gottes. Durch Jesus hat Gott alle Dinge mit sich selbst versöhnt, ob auf der Erde oder im Himmel, indem er Frieden machte durch das Blut seines Kreuzes (Kolosser 1,20).

Das gesamte Universum wird unter den Schutz des Blutes des Herrn Jesus Christus gestellt.

46

Ein für alle Mal
Hebräer 9,24-28

Der letzte Abschnitt in Hebräer 9 betont die Endgültigkeit und Einmaligkeit des Werkes Christi, als er sein Blut dem Vater brachte. Es geht um (i) das Erscheinen Christi (9,24), (ii) die Einzigartigkeit seines Eingangs in den Himmel (9,25-28a), und (iii) die Hoffnung auf Jesu zukünftiges Erscheinen aus dem inneren Heiligtum (9,28b).

    1. **Das `Erscheinen´ Jesu.** [24]*Denn Christus ist nicht in von menschlichen Händen gemachte Heiligtümer hineingegangen, die nur Abbilder der wahren heiligen Stätten sind. Nein, er ist in den Himmel gegangen, so dass er nun in der Gegenwart Gottes erscheint.* Wir dürfen keine `Heilige-Gebäude-Mentalität´ haben. Unser Schreiber kennt seine hebräischen Freunde. Sie sind Bewunderer der Stiftshütte und denken, sie sei wunderbar gewesen. Menschen gefällt es oft, religiöse Gebäude zu bewundern. So war es auch bei den Jüngern vor dem Pfingsttag (man beachte Matthäus 24,1, wo die Jünger zu Jesus kamen, um ihm die prächtigen Gebäude des Tempels zu zeigen). Aber das größte Werk Jesu ist viel wichtiger als heilige Gebäude, sogar noch wichtiger als ein heiliges Gebäude, dessen Bau von Gott selbst angeordnet war – die Stiftshütte. Christus hat sein größtes Werk nicht in einem religiösen Gebäude vollbracht! Sein größtes Werk tat er, indem er in einen `nicht von menschlicher Hand gemachten´ Bereich ging. Der von den Toten auferstandene Mensch Jesus ging in den Himmel kurz nach dem in Johannes 20,17 genannten Zeitpunkt, als Jesus sagte: `Ich bin noch nicht zum Vater aufgefahren´.

    Jesus `erscheint´ im Himmel. Er zeigt sich dem Vater und sagt eigentlich zu Gott: `Sieh nicht auf die Schwächen meiner

Leute! Sieh auf mich! Ich starb für sie´. Jesus zieht Gottes Aufmerksamkeit von unseren Sünden weg und lenkt sie auf Jesu Blut und Jesu Gerechtigkeit, die unsere Sünden bedeckt. Natürlich liebt uns der Vater selbst! Gott ist hoch erfreut, dass Jesus der Fürsprecher für seine Leute ist. Es war der Vater, der den Sohn sandte! Jetzt hat der Sohn Gottes sein Werk getan und `erscheint´ vor dem Vater als unser Beschützer und Retter, umgeben von göttlicher Herrlichkeit.

2. **Die Einzigartigkeit seines Eingangs in den Himmel** (9,25-28a). [25]*Und er ist auch nicht in den Himmel hineingegangen, um sich immer wieder zu opfern, wie der Hohepriester die Heiligtümer jedes Jahr mit Blut betrat, das nicht sein eigenes war.* [26]*Denn in diesem Fall hätte er oftmals leiden müssen seit der Erschaffung der Welt. Aber jetzt erschien er ein für alle Mal am Ende der Zeiten, um durch sein eigenes Opfer die Sünde abzuschaffen.* [27]*Und wie es den Menschen bestimmt ist, einmal zu sterben, und danach dem Gericht entgegenzusehen, so wurde Christus einmal geopfert, um die Sünden vieler Menschen wegzunehmen; und er wird ein zweites Mal erscheinen, nicht um Sünden wegzunehmen, sondern um denen Rettung zu bringen, die auf ihn warten.* Das Schlüsselwort hier (im Griechischen ein einziges Wort) ist `ein für alle Mal´. Das Neue Testament hat Freude an der Einmaligkeit und Einzigartigkeit dessen, was Jesus mit seinem Blut tat. Der Tod, den Jesus starb, den starb er **ein für alle Mal** (Römer 6,10). Er hat es nicht nötig, täglich Opfer darzubringen (Hebräer 7,27; siehe auch 9,12). Wir wurden geheiligt durch das Opfer des Leibes Jesu Christi ein für alle Mal (Hebräer 10,10). Christus litt auch *einmal* für die Sünden, der Gerechte für die Ungerechten (1. Petrus 3,18).

Es war ein `ein-für-alle-Mal-Opfer´, weil es gleich bei der ersten Gelegenheit alles bewirkte, was nötig war. Die alttestamentlichen Priester erzielten keine volle Errettung und hatten daher einen weiteren Versuch im folgenden Jahr. Jesus brauchte das Kreuz nie zu wiederholen, weil es gleich beim ersten Mal wirksam war.

Das `ein-für-alle-Mal-Opfer´ nimmt Sünde weg. Das ist nicht einfach ein Hinweis auf Vergebung, obwohl es mit der

Vergebung beginnt. Da ist mehr. Wir sterben ganz und gar für den Machtbereich der Sünde. Sie wird völlig besiegt und hat kein Recht mehr, über uns zu herrschen. Die Sünde versucht immer noch, uns beizukommen, aber sie ist immer ein Störenfried! Sie ist dem Untergang geweiht. Sie wird ausgerottet. Jesus wird alle Feinde unter seine Füße legen.

Dies ist jetzt – seit dem Pfingsttag – die letzte Epoche menschlicher Geschichte. Am Ende der Weltgeschichte wird die Sünde einen Todesstoß erhalten haben, von dem sie sich nie erholen wird.

Wir müssen einmal sterben. Es ist ein kritisches ein-für-alle-Mal Ereignis in unserem Leben. Darauf folgt sofort eine Himmel-oder-Höllen-Entscheidung über uns. Mit dem Opfer Jesu ist es ähnlich. Es war ein kritisches ein-für-allemal Ereignis in der Weltgeschichte. Darauf folgt sofort das Erscheinen Jesu im Himmel, das die Erfahrung der Gottesleute radikal voranbringt. Ein `Gericht´ findet statt, bei dem die Sünde ihre Autorität und Macht verliert, uns zu verdammen. Von diesem Moment an ist Jesus unser ewiger Fürsprecher. Das Hineingehen Jesu in den Himmel war so radikal wie jemandes Tod. Es war das Ende einer Epoche und der Anfang einer anderen.

3. **Was noch bleibt, ist die Hoffnung auf das zukünftige Erscheinen Jesu aus dem inneren Heiligtum**. Jesus *wird ein zweites Mal erscheinen, nicht um Sünden wegzunehmen, sondern um denen Rettung zu bringen, die auf ihn warten*. Wenn zur Zeit Moses der Hohepriester in das Allerheiligste ging, warteten die Menschen draußen und hofften, er würde nicht sterben, sondern am Leben bleiben (und die Glocken an seinem Gewand teilten ihnen mit, dass er wirklich noch lebte). Sie warteten auf ihn, bis er wieder herauskam und ein weiteres Jahr nationaler Erlösung ausrief. Unsere Situation ist nicht dieselbe, aber sie ist ähnlich. Jesus ist im Himmel. Wir wissen, dass er lebt. Wir warten darauf, dass er wiederkommt. Wenn er sichtbar vom Himmel erscheint, so geschieht es, um uns zu sagen, dass die Sünde für immer besiegt ist und dass unsere Errettung zum endgültigen Abschluss kommt. In auferstandenen und verherrlichten Leibern

werden wir für immer und ewig in einem auferstandenen und verherrlichten Universum regieren. Aber das alles geschieht durch die Kraft des Blutes Jesu. Jeder Segen, den es für uns gibt, wurde erkauft mit dem kostbaren Blut Christi.

47

Das Versagen des Gesetzes
Hebräer 10,1-4

Hebräer 10 behandelt immer noch das Thema, das in 8,1 aufgegriffen wurde. Unser Schreiber hat das priesterliche **Mitleid** Christi (4,14-7,28) und das priesterliche Handeln Christi betont, mit dem er sein Blut zum Vater brachte (8,1-9,28). Aber man kann die Frage stellen: Warum ist das Opfer des Herrn Jesus Christus für Gott so wohlgefällig und so wirksam zur Reinigung unserer Sünden? Unser Verfasser behandelt diese Frage in Hebräer 10,1-18. Er beginnt damit, dass er uns an die Unwirksamkeit des mosaischen Rituals erinnert.

1. **Das Gesetz war nur ein Schatten.** *1Denn das Gesetz war nur ein Schatten der zukünftigen Güter und nicht deren wahre Form.* Es gibt einen vagen Umriss, aber nichts Wirkliches an einem Schatten. Das Gesetz konnte nie christliche Erlösung geben. Das bedeutet nicht, dass alttestamentliche Heilige nicht `gerettet´ waren. Abraham ist das Vorbild für Rechtfertigung. Abraham glaubte Gott und das – der einfache Glaube – wurde ihm zur Gerechtigkeit gerechnet. Ebenso sagt Paulus ganz klar, dass Gott David `die Gerechtigkeit zurechnet´ (Römer 4,6-8), und wir erkennen in Davids Psalmen die Schriften einer wiedergeborenen Person – eines Menschen mit geistlichem Leben, der Gottes Zusagen glaubt. Daher meint unser Schreiber nicht, dass alttestamentliche Gläubige nichts von der Errettung wussten; er meinte nur, dass es nicht das Gesetz war, das ihnen die Errettung brachte. Sie wurden (auf alttestamentlichem Niveau) durch Glauben und nicht durch das mosaische Gesetz gerettet.

2. **Das Gesetz konnte keine angemessenen Anbeter Gottes hervorbringen**, es ist nur ein Schatten. *Daher kann es niemals mit*

denselben Opfern, die ständig jedes Jahr dargebracht werden, die vollkommen machen, die sich Gott nahen. Ein `vollkommener´ Anbeter Gottes ist jemand, der in der Gegenwart Gottes ein gereinigtes Gewissen hat, einer, der sich vor Gott nicht schuldig oder unrein fühlt. Es gibt nur eine Möglichkeit, sich von Gott angenommen zu fühlen, nämlich wenn man durch den Heiligen Geist weiß, dass das Blut Christi Gott befriedigt.

3. **Das Gesetz war ein sich ständig wiederholender Misserfolg.** Wiederholung ist ein Kennzeichen für Misserfolg. *[2]Denn hätte sonst ihre Darbringung nicht aufgehört? Denn die Anbetenden wären dann ein für alle Mal gereinigt, weil sie kein Sündenbewusstsein mehr gehabt hätten.* Hätten die Opfer vollkommene Reinigung bewirkt, so hätten sie aufgehört, denn die Anbetenden hätten festgestellt, dass ihre Schuldgefühle verschwunden waren und dass kein weiteres Opfer mehr nötig war. Natürlich meint unser Schreiber nicht, dass ein Christ sich nie schuldig fühlt. Aber er meint, dass in der Weltgeschichte eine Zeit angebrochen ist, in der es nicht nötig ist, die Schuldgefühle zu **behalten.** Unter dem Gesetz fühlten sich die Juden schuldbeladen und das Gesetz gab ihnen an dieser Stelle keine Hilfe. Es war so, als würde jedes Mal, wenn ein Opfer für eine Sünde dargebracht wurde, jemand **versuchen**, eine Antwort auf die Schuldfrage zu finden – aber ohne Erfolg. Und so versuchte das System immer wieder, ein Opfer für die Sünde zu finden, das eine dauerhafte Antwort auf das Problem gab, dass die Schuld eine Belastung für das Gewissen war. Wenn das Gesetz irgendwann Erfolg gehabt hätte, indem es eine ein-für-allemal gültige Antwort auf das Problem der Schuld geliefert hätte, so hätte das Opfersystem aufgehört, weil das Heilmittel für die Sünde dagewesen wäre! Keine weitere Suche nach einer Antwort wäre nötig gewesen.

4. **Das Gesetz verschlimmerte die Situation!** *[3]Aber diese Opfer erinnern jedes Jahr an die Sünde.* Weit entfernt davon, eine Antwort auf die Schuldfrage zu geben, erinnerte die jährliche Wiederholung der Zeremonie des Versöhnungstages die Menschen daran, dass es für das Sündenproblem noch keine

Lösung gab und dass dieses trotz vieler Jahre von Opferritualen immer noch ungelöst war. ⁴*Denn es ist unmöglich, dass das Blut von Stieren und Böcken Sünden wegnimmt.* Der Verfasser verwirft das Gesetz als Mittel der Errettung völlig. Tatsache ist: Tieropfer bewirken nichts! Obwohl das Gesetz von Gott bestimmt und als Lehrmittel nützlich war, hatte es keine wirkliche Kraft, mit der Sünde fertig zu werden. Wir sollten das mosaische Gesetz nicht so sehr bewundern, wie manche Leute meinen! Die Tiere des mosaischen Systems waren nicht kostbar genug, um Sünde aufzuwiegen. Anders als Jesus konnten sie niemals zustimmen, sich an die Stelle des Sünders zu setzen und seine Sünden zu tragen.

Die wiederholten Opfer waren hoffnungslos unnütz. Ebenso ist hiermit jede Vorstellung, dass das Abendmahl (oder die Eucharistie bzw. die Heilige Kommunion oder Messe) ein fortdauerndes Opfer Christi ist, ausgeschlossen. Manche meinen, dass, wenn ein Priester die Worte spricht `Dies ist mein Leib ...´, Jesus Christus leiblich gegenwärtig wird trotz Anschein (Geschmack, Geruch und Eindruck), dass es Brot und Wein ist. So meint man, dass Jesu Opfer am Kreuz sich irgendwie fortsetzt. Leute, die das glauben, werden das Brot und den Wein anbeten, weil sie meinen, es sei Jesus. Aber Hebräer 10 zeigt, dass so eine Lehre ein schlimmer Irrtum ist. Wenn das Kreuz wiederholt werden müsste, wäre es genauso mangelhaft wie die alttestamentlichen Opfer. Ist es aber wirksam (und das ist es!), dann ist eine Wiederholung überflüssig und abwegig.

Christus kann tun, was das Gesetz nicht vermochte. Christi Blut stellt Gott zufrieden, und das dürfen wir wissen! Das Opfer, das Gott bereitgestellt hat – das Blut Christi – ist vollkommen. Es braucht nie wiederholt zu werden, weil die Sünde durch das einmalige Geschehen des Opfers Jesu am Kreuz einen Todesstoß bekommen hat. Der Sünder hat Vergebung, und er ist – in Bezug auf seine ewige Stellung – für immer Gott geweiht. Kein Gesetz gibt uns die Garantie der ewigen Freiheit von der Schuld und der Macht der Sünde. Doch Christus gibt sie!

48

Für immer geheiligt
Hebräer 10,5-10

Die rituellen Opfer des mosaischen Bundes waren fast nutzlos. Sie brachten dem Volk Israel nichts weiter als einen `Schatten´ des Evangeliums. Es war völlig anders, als der Herr Jesus Christus kam. Sein Opfer hatte unermessliche geistliche Kraft. Unser Schreiber erklärt uns den Grund dafür, indem er sich auf Psalm 40 bezieht. Der hebräische Text von Psalm 40,7-9 kann folgendermaßen übersetzt werden:

[7]Es sind nicht Schlachtopfer und Speisopfer, die du haben willst, aber du hast mir ein offenes Ohr gegeben.
[8]Es sind nicht Brandopfer und Sündopfer, die du verlangt hast. Da sagte ich: `Siehe ich bin gekommen; in der Rolle des Buches ist von mir geschrieben. [9]Ich begehre, deinen Willen zu tun, mein Gott, dein Gesetz ist in meinem Herzen.´

Das griechische Alte Testament erklärt das wie folgt:

> Schlachtopfer und Speisopfer hast du nicht begehrt,
> aber einen Leib hast du mir bereitet.
> Brandopfer und Sündopfer
> hast du nicht gefordert.
>
> Da sagte ich: `Siehe, ich bin gekommen;
> in der Rolle des Buches ist von mir geschrieben.
> Mein Wunsch war es, deinen Willen zu tun, mein Gott,
> und dein Gesetz ist in meinem Herzen.´

Es ist zu beachten, dass das Griechische nicht einfach eine Übersetzung des Hebräischen ist. Es ist gleichzeitig eine Auslegung. Die Übersetzungen im griechischen Alten Testament sollten oft auslegende Übersetzungen genannt werden. Sie sind eine Übersetzung, aber sie versuchen auch mit der Art, wie sie übersetzen, die Bedeutung des Originals herauszuarbeiten. Hier bemerken wir, dass das Hebräische sagt: `Du hast mir ein offenes Ohr gegeben´. Es bezieht sich einerseits auf die Fähigkeit, Gottes Stimme zu hören (siehe Jesaja 50,5). Aber es scheint andererseits auch eine Anspielung auf 2. Mose 21,6 zu sein, wo jemandem das Ohr durchbohrt wird als Zeichen dafür, dass der Betreffende auf Dauer Diener seines Herrn sein und bleiben will. Das griechische Alte Testament entfaltete diesen Punkt und legte ihn aus. Es bedeutete, dass David Gott völlig geweiht sein wollte in seiner Haltung (mit einem offenen Ohr) und in seiner Hingabe (mit einem wie bei einem Sklaven durchbohrten Ohr). Jemand, der den Wunsch hatte, ein permanenter Diener seines Herrn zu bleiben, wollte sogar seinen Leib dazu hergeben, dass er als Zeichen für seine `dauernde´ Bindung an seinen Herrn an einer Stelle durchbohrt wurde. Mit dieser Art leiblicher Hingabe möchte David Gott gehören.

Das alles sieht man noch stärker in unserem Herrn Jesus Christus. Deshalb zitiert unser Verfasser den Psalm 40 auf eigene Art, indem er das griechische Alte Testament gebraucht. *5Als Christus in die Welt kam, sagt er deshalb: `Schlachtopfer und Speisopfer hast du nicht begehrt, aber einen Leib hast du mir bereitet. An Brandopfern und Sündopfern hast du kein Wohlgefallen gefunden. Da sagte ich: „Siehe, ich bin gekommen – in der Rolle des Buches ist von mir geschrieben – deinen Willen, o Gott zu tun." ´* Der Herr Jesus Christus war **mit seinem Leib** Gott noch mehr hingegeben als David oder der Sklave aus 2. Mose 21. Er kam in einem vorbereiteten Leib. Er wurde geboren von der Jungfrau Maria, empfangen vom Heiligen Geist. Er hatte einen echten menschlichen Leib ...

Unser Schreiber gibt dazu einige Bemerkungen. *8Wie weiter oben erwähnt, sagte er: `Schlachtopfer und Speisopfer, Brandopfer und*

Sündopfer hast du nicht begehrt und kein Wohlgefallen daran gefunden´ (obwohl diese doch nach dem Gesetz geopfert wurden). ⁹Dann sagte er: `Ich komme, um deinen Willen zu tun´. Er hebt also das erste auf, um das zweite einzusetzen. ¹⁰Durch diesen Willen Gottes wurden wir ein für alle Mal geheiligt durch das Opfer des Leibes Jesu Christi.

In dem Psalm (und auch an Stellen wie Jesaja 1,11; Jeremia 7,21-22; Hosea 6,6; Amos 5,24-25; Micha 6,6-8) sind die verschiedenen Schreiber äußerst kritisch gegenüber dem Opfersystem. Natürlich leugnen sie nicht, dass es zu einem von Gott gegebenen Gesetzessystem gehörte. Die negative Haltung ist nicht so zu verstehen, als wäre das Gesetz dämonisch (Jesaja 1,15 erwähnt Gebet, und Gott war nicht gegen das Beten!). Es war der Missbrauch des Gesetzes und nicht das Gesetz selbst, das bei den Denunziationen der Propheten im Vordergrund stand. Und doch ist das nicht die ganze Geschichte und, indem er an Psalm 40 anknüpft, geht der Hebräerbrief noch weiter als die Anklagen der Propheten! Sein Punkt ist nicht, dass das Gesetz dämonisch oder überhaupt **nie** Gottes Wille war. Vielmehr geht es ihm darum, dass Gottes tiefster und ständiger Wunsch nicht Opfer und Zeremonien waren, sondern leibliche Hingabe, wie sie Jesus bei seinem Tod am Kreuz bewies.

1. **Christus war gehorsam im Fleisch.** Als Christus kam, erfüllte er das Gesetz, nicht indem er ein mosaischer Priester war, sondern durch seinen völligen leiblichen Gehorsam gegenüber Gott. Das Leben, das er im Fleisch lebte, lebte er in völliger Hingabe an Gott. Es war diese Hingabe, die ein Tier niemals erreichte. Christus führte das Leben, das wir hätten leben sollen, auf eine Art und Weise, wie es niemals von einem Tier in einem Opferritual möglich war. In Jesaja 50 erwähnt der Prophet Gehorsam nicht nur mit dem Ohr, sondern auch mit der Zunge, dem Rücken, den Backen und dem Gesicht (Jesaja 50,4. 6). Der Erlöser gab Gott seinen Leib im Leben und im Tod.

2. **Das eigene Opfer Christi war das Ende aller Opferriten.** Sie sind überhaupt nicht mehr nötig. Bestenfalls waren sie nur symbolisch und weiter nichts. Das wirkliche Opfer war das

Opfer Christi. Jetzt, wo das vollkommene Opfer geschehen war, wird die erste Kategorie von Opfern (das mosaische Gesetz) abgeschafft.

3. **Christus erfüllte Gottes Willen.** `In der Rolle des Buches ist geschrieben`. Das könnte sich darauf beziehen, wie Jesus das Gesetz erfüllt hat. Es könnte sich auch auf das `Buch` der Pläne und Verfügungen Gottes beziehen. Was es auch im Psalm 40 bedeuten mag, jeder Leser des Hebräerbriefs würde an beide Aspekte der Sache denken.

4. **Christi Gerechtigkeit wird die unsere.** Gottes Wille war es, dass Christus dieses Werk des gehorsamen Opfers und des Sündentragens für uns vollbrachte. Wir, die wir an Jesus glauben, werden durch das Opfer des Leibes Jesu Christi `ein für alle Mal geheiligt` (10,10). Für Zweifel und Befürchtungen hinsichtlich unserer Errettung bleibt kein Raum mehr. Wir haben **schon** eine sichere Stellung in der Gnade, die nicht verloren gehen kann. Es stimmt zwar, dass es viel gibt, was wir zu tun haben. Die Worte `Lasst uns` erscheinen vierzehnmal im Hebräerbrief (in 4,1. 11. 14. 16; 6,1, 10,22-24; 12,1. 28; 13,13. 15). Aber was wir tun, tun wir auf der Grundlage einer von Gott geschenkten `Heiligung` in Christus, die nicht verloren gehen kann. Sie geschah ein für alle Mal. Die Motivation, sich um Gottes Belohnung zu bemühen, beruht auf einer von Gott geschenkten sicheren Stellung. Der vollkommene Gehorsam Christi ist unsere Sicherheit, weil es dieser Gehorsam ist, der uns eine geheiligte Stellung in einer ewigen Erlösung gibt. `Geheiligt` ist in Hebräer 10,10 ein einziges Wort. Es bezieht sich auf eine vollbrachte Tat. Der Hebräerbrief gebraucht dieses Wort hier nicht im Sinne einer `fortschreitenden Heiligung` (wie wir sie in Römer 6,19. 22 oder in 1. Thessalonicher 4,3 haben). Wir, die wir Christus anbeten, sind für immer vollkommen gemacht zu einem von Schuld unbelasteten Dienst für Gott.

49

Der König zur Rechten Gottes
Hebräer 10,11-14

Unserem Schreiber ist es ein großes Anliegen, dass wir um die Kraft des Priesteramts unseres Herrn Jesus Christus wissen. Er arbeitet für uns im Himmel, indem er sich für eine Aufgabe einsetzt, die erheblich größer ist als alles, was in der alten Stiftshütte jemals geschehen konnte. Die Priester unter dem mosaischen Gesetz hatten einen kraftlosen Dienst, der uns niemals Frieden im Gewissen geben konnte, aber Jesus übt ein Priesteramt aus, das endgültig und vollkommen ist. Wir müssen wissen, dass wir den Sohn Gottes als unseren Hohenpriester im Himmel haben. Wir müssen zu ihm kommen, um Gnade und Barmherzigkeit zu finden, wenn wir in Not sind. Er ist unser Melchisedek, der uns Kraft gibt, wenn wir müde sind. Er schenkt einen Neuen Bund mit neuen Verheißungen.

1. **Der Dienst Jesu hat nicht die Schwächen des alten Systems**. Mit Bezug auf das mosaische Gesetz kann gesagt werden: *11Und jeder Priester steht täglich im Dienst, indem er dieselben Opfer wiederholt, die niemals Sünden wegnehmen können.* Jedes Wort hier ist ein Hinweis auf die Schwachheit des alten Systems. Die Priester in der Stiftshütte waren gewöhnlich ständig damit beschäftigt, dasselbe zu tun, was sie schon hundertmal vorher getan hatten. Sie taten alles im Stehen. In der Stiftshütte gab es keinen Stuhl. Die Priester konnten sich nie hinsetzen. Es war ein Zeichen, dass ihre Arbeit nie erledigt war. Immer wiederholten sie, was sie schon vorher getan hatten. Tag für Tag und Jahr für Jahr gingen dieselben Zeremonien weiter. Doch änderten sie nie die Situation der Gottesdienstbesucher.

Bist Du ein religiöser Mensch, der immer derselben religiösen Routine folgt, aber nie im Gewissen das Glück empfindet, dass Gott Dich annimmt? Dann bedeutet es, dass Du noch nicht erkannt hast dass Jesus der Hohepriester derer ist, die zu ihm kommen. Eine ständige Wiederholung von Versuchen, Gott zu finden, ist ein schlechtes Zeichen. Es ist ein Hinweis darauf, dass Du auf falsche Art kommst. Gott will uns befähigen, kühn und zuversichtlich zu ihm zu kommen im Bewusstsein, dass wir angenommen sind und ein reines Gewissen haben. Religiöse Vorschriften können das niemals für uns tun. Selbst das Gesetz, das Gott gab, konnte es nicht. Auch kein religiöses Gesetz von irgendeinem anderen wird größeren Erfolg haben. Besser ist es, den `neuen und lebendigen Weg´ zu finden, den Weg, der durch Jesus zu Gott führt.

2. **Ein Stadium des Dienstes Jesu ist abgeschlossen.** [12]*Aber als Christus für alle Zeit ein einziges Opfer für Sünden gebracht hatte, setzte er sich zur Rechten Gottes...* Die Priester konnten sich nie hinsetzen, aber Jesus hat sich hingesetzt! Es bedeutet, dass das Werk des Sündentragens erledigt und so vollkommen ausgeführt ist, dass es nie wieder getan werden muss. Jesu Tod am Kreuz war so vollkommen, dass ihm nie etwas hinzugefügt werden kann. Er starb für jede Sünde, die jemals von einem Vertreter der menschlichen Rasse begangen wurde von der ersten Sünde des ersten Menschen bis zur letzten Sünde des letzten Menschen, der je existieren wird! Es bedeutet nicht, dass jeder gerettet wird, aber es bedeutet, dass von Gottes Seite her alles geschehen ist. Die Errettung muss *jetzt* angenommen werden! Sie ist alles, was im `Vorhof´ dieser Welt jemals von Gottes Seite getan werden konnte. Alles, was wir jetzt zu tun haben, ist zu glauben! Wir vertrauen auf die Kraft des Blutes Jesu im Himmel.

Jesus sitzt zur Rechten Gottes. Das ist Bildersprache. Es bedeutet, dass Jesus `Mitkönig´ mit seinem Vater ist. Dass man sich hinsetzt, zeigt, dass die Hauptarbeit getan ist. Es ist auch die Stellung eines Königs, der auf dem Thron sitzt und seinen Untertanen, die zu ihm kommen, Gnade und Barmherzigkeit austeilt.

3. Jesus bringt jetzt seine Herrschaft zum Endsieg. Nachdem er das vollkommene Sündopfer vollbracht hat, sitzt Jesus jetzt zur Rechten Gottes, *13und wartet von nun an, bis seine Feinde zum Schemel seiner Füße gemacht werden.* Jesus verwaltet unablässig Gottes Reich. Er weiß, dass er siegen wird. (i) Er wird sein Reich ausbreiten. Alle Völker werden zu Jüngern gemacht. Der Befehl aus Matthäus 28,19 wird vollständig ausgeführt. (ii) Die Sünde wird besiegt. Satan wird besiegt. Tod und Sünde werden beseitigt. Die Schwachheit in der Kirche wird aufhören. Er wird die Kirche zur vollen Reife bringen.

Jesu Feinde werden ein Schemel für seine Füße werden. Diese Redeweise ist Bildersprache, die von völligem Sieg spricht. In Josua 10 finden wir eine Begebenheit von fünf heidnischen Königen, die sich erhoben, um die Verbündeten Josuas anzugreifen. Deshalb marschierte Josua die ganze Nacht und besiegte die Könige in einem großen Sieg bei Gibeon. Israel verfolgte sie auf ihrer Flucht. Danach kehrte Josua zum Lager bei Gilgal zurück, um sich mit den Königen zu befassen, die sich in einer Höhle versteckt hatten. Josua sagte zum Volk: `Kommt her und stellt eure Füße auf den Nacken dieser Könige´ (Josua 10,24). Es war eine Art zu sagen: `Alle Feinde werden so besiegt wie diese Feinde besiegt wurden. Du wirst sie niedertreten und völlig besiegen.´ Jesus wird dasselbe tun. Er wird alles niedertreten, das gegen ihn und gegen die ist, die mit ihm verbündet sind.

14Denn mit einem einzigen Opfer hat er für immer vollkommen gemacht, die geheiligt sind. Es gibt eine Verbindung zwischen Vers 13 und Vers 14. Jesus wird seine Feinde unterwerfen, aber er wird es durch seine Leute tun. Er wird herrschen, **weil** er für alle Zeit die vollkommen gemacht hat, die für immer als seine Leute ausgesondert sind. Jesu Blut gibt uns Freiheit des Gewissens. Wir haben freien Zugang, in Gottes Gegenwart zu kommen. Der Neue Bund ist in Kraft getreten.

Es ist falsch, hier zu übersetzen: `die heilig gemacht **werden**´ oder `die geheiligt **werden**´. Es ist ein einziges griechisches Wort und Vers 10 macht klar, dass es sich auf einen neuen Zustand und etwas **Abgeschlossenes** bezieht. Es bedeutet: `Diejenigen, die für immer als Gottes Leute ausgesondert sind´. Mit einem einzigen Opfer haben die Leute Jesu eine Stellung in Gottes Gegenwart erhalten, die `vollkommen´ ist. Sie nähern sich ihm in der Gewissheit des vollen Angenommenseins, die durch den Tod Christi gewonnen wurde. Durch ein einziges Opfer hat Jesus für alle Zeit die vollkommen gemacht, die geheiligt sind – die für immer als Gottes Leute ausgesondert sind. Der Schreiber spricht also nicht davon, dass wir durch das Blut Christi erst auf der Basis einer erfolgreichen Heiligung vollkommen gemacht werden. Wenn das so wäre, gäbe es keine Hoffnung für uns.

Diese `für immer vollkommen Gemachten´ sind es, durch die Gottes Reich triumphieren wird. Jesus breitet Gottes Reich durch sie aus und dabei kann er nicht scheitern. Der Herr Jesus Christus geht mit seinen Leuten hinaus, um das Evangelium auszubreiten, indem er siegt und weitere Siege vorbereitet. Die Kirchen mögen Leid und Verfolgung erfahren, aber das wird für den endgültigen Erfolg der Herrschaft und der Regierung Gottes keine Rolle spielen. Zwischen dem Drachen und dem Christuskind findet eine gewaltige Auseinandersetzung statt, aber durch seine Leute wird Jesus herrschen, bis jedes Knie sich vor ihm beugt und Sünde und Satan völlig beseitigt sind.

50

Der Neue Bund
Hebräer 10,15-18

Wir nähern uns dem Ende des Teils des Hebräerbriefs, der von
8,1 bis 10,18 geht. Der Hauptpunkt, auf den unser Schreiber Wert
legt, ist der, dass Christen vom Alten Bund völlig entbunden – ja
sogar ausgestoßen – sind, weil Jesus einen Neuen Bund
begründet hat. Jesus ist jetzt der einzige Hohepriester über das
Volk Gottes. Das Stiftshütten-Ritual ist in ihm erfüllt. Sein Tod
am Kreuz und sein Eintritt in den Himmel haben den durch
Mose geschlossenen Bund Gottes mit Israel beendet. Der lange
angekündigte `Neue Bund´ ist eingeleitet und wird jetzt von
Jesus verwaltet.

Der Hebräerbrief kehrt nun zurück zu dem schon zitierten
Text (siehe 8,8-12), obwohl der Schreiber ihn nicht so ausführlich
zitiert wie vorher. In 10,16 zitiert er Jeremia 31,33 und in 10,17
zitiert er Jeremia 31,34. Wir müssen uns daran erinnern, was wir
aus der Bibel über `Bundesschlüsse´ wissen können. Das sind
Zusagen, die durch die Leistung eines Eides gesetzlich
abgesichert wurden. Es gibt drei Arten (oder drei Gruppen) von
Bundesschlüssen. (i) In dem mit einem Gesetz verbundenen
Bund leistet der untergeordnete Teilhaber den Eid. Der `Alte
Bund´ mit Israel, den Mose schloss, war so ein Bund. (ii) Es gibt
wechselseitige Bundesschlüsse, bei denen beide Parteien einen
Eid ablegen. Diese Art von Bund wird nicht gebraucht, um die
Beziehung zwischen Gott und seinem Volk zu veranschaulichen
(obwohl die Ehe manchmal als Bild dieser Beziehung gebraucht
wird und die Ehe einen zweiseitigen Bund darstellt). (iii) Die
wichtigste Art Bund für den Christen ist der `großzügige Bund´,
bei dem ein Wohltäter einen Eid ablegt, um jemanden zu segnen,
der ihm untergeordnet ist. Der `Neue Bund´ ist von dieser Art.

Der Prophet Jeremia sagte die Invasion Judas durch Nebukadnezar und die sich daran anschließende Gefangenschaft in Babylon voraus. Das Exil war nötig, weil das Gesetz des mosaischen Bundes völlig untauglich war, Israel dauerhaften Segen zu bringen. Jedoch hat Jeremia einen späteren Tag vorausgesagt, an dem Gott durch einen neuen von ihm selbst ins Leben gerufenen Bund Segen auf Israel bringen würde. Der `Neue Bund´ wird mit `dem Haus Israel und dem Haus Juda´ geschlossen (Jeremia 31,31). Jeder, der am Pfingsttag beteiligt war, war Jude. Später wurde klar, dass Heiden in das Israel Gottes eingepflanzt werden sollten. Die Kirche erbt Israels Verheißungen nicht deswegen, weil die Kirche Israel **ersetzt** hat (eine falsche Redeweise, meiner Meinung nach), sondern weil nichtjüdische Gläubige in Gottes Israel **eingepfropft** wurden.

Diese neuen Bundessegnungen sind es, die durch den Priesterdienst Jesu, des Sohnes Gottes, ins Leben gerufen werden. Unser Schreiber sagt: *15Und auch der Heilige Geist bezeugt es uns; denn nachdem er sagt: 16`Dies ist der Bund, den ich nach diesen Tagen mit ihnen schließen werde, spricht der Herr. Ich will meine Gesetze in ihre Herzen legen und es in ihre Sinne schreiben´, 17fügt er hinzu: `Ich will ihrer Sünden und ihrer Übertretungen nie mehr gedenken´. 18Wo aber Vergebung für Sünden und Übertretungen ist, da gibt es kein Sündopfer mehr.*

Beachten wir das Schriftverständnis unseres Schreibers! Die Worte der Schrift sind das Zeugnis des Heiligen Geistes. Gott gebraucht sie, um heute zu sprechen (er sagt `bezeugt´ und nicht `bezeugte´).

Wir wollen uns an die wesentlichen Merkmale eines Bundes erinnern.

1. **Bündnisse haben Zusagen.** Im Fall des `Neuen Bundes´ erwähnt unser Schreiber zwei davon. Eine davon ist das neue Herz und der neue Sinn, die jedem von Gottes Leuten gegeben werden. Der Neue Bund verspricht die Gabe eines neuen Sinnes und eines neuen Herzens. Es fängt an mit dem, was wir `Erneuerung´ oder `Wiedergeburt´ nennen und wächst, wenn

wir Gottes Stimme hören. Ein noch grundlegenderer Segen ist die Vergebung aller Sünden.

2. **Zum Bündnis gehört ein Eid.** Im Fall des `Neuen Bundes´ hat Gott dem Abraham einen Eid geschworen (`Jetzt weiß ich, dass du mich fürchtest... Bei mir selbst habe ich geschworen...´). Er wird einen unzerstörbaren Samen haben. Alles, was Gegenstand eines Eides ist, ist unverlierbar und unzerstörbar. Gott hat auch Jesus einen Eid geschworen (Er wird nie aufhören, unser Priester zu sein). Er bietet uns einen Eid an. Wenn er uns den Eid schwört, werden wir `die Zusagen ererben´, die Gott uns über unser Leben, über unsere Beziehung zu Gott und über unseren Dienst macht. Wenn unser Glaube eifrig ist, kommt ein Augenblick, an dem Gott uns einen Eid leistet hinsichtlich der Pläne, die er für uns hat.

3. **Bündnisse haben Nutznießer.** Im Fall des `Neuen Bundes´ kommt der Segen auf alle Gläubigen und wird durch unseren Glauben und unsere Geduld verstärkt.

4. **Großzügige Bündnisse sind bedingungslos, sobald der Eid geleistet wurde.** Im Fall des `Neuen Bundes´ wurden Abraham und Jesus Eide geschworen. Diese grundlegenden Dinge können nicht verloren gehen. Aber auch wir können unseren Eid empfangen, und danach ist unser Erbe sicher und gewiss.

5. **Großzügige Bündnisse können als Belohnung gegeben werden.** Die grundlegende Beziehung des Gläubigen zu Jesus ist ausschließlich eine Sache der Gnade. Doch das volle Erbe ist mit Werken des Glaubens verbunden. Unser Verfasser wird bald sagen: `Werft euer Vertrauen nicht weg, welches eine große Belohnung hat... Geduld habt ihr nötig, damit ihr den Willen Gottes tut und das Verheißene empfangt´. Das Empfangen des mit dem Bündnis-Eid versprochenen Segens wird eine Belohnung für unseren beharrlichen Glauben sein.

6. **Zu einem Bund kann ein Bundeszeichen gehören.** Dieser Aspekt von Bündnissen wird im Hebräerbrief nicht erwähnt.

7. **Bündnisse werden auf der Basis eines Blutopfers geschlossen.** Das Blut des Herrn Jesus Christus und seine

Darbietung an Gott im himmlischen Heiligtum ist das Fundament aller Segnungen des Neuen Bundes. Christen sind stark beteiligt an dieser Bundesbeziehung zum Herrn Jesus Christus. Sie wurde eingeleitet durch den Tod Christi. Obwohl sie mit der Mitgliedschaft im Israel Gottes verbunden ist, werden Heiden in den Baum des wahren Volkes Gottes eingepfropft. So erben sie im Glauben die Zusagen, die Gott Abraham machte. Sie werden Teilhaber an Gottes einzigartigem Plan für sein Volk. Sie erwarten jetzt Sicherheit, in Kürze das Erbe und schließlich das Erbe nach dem Tod. Die `Hoffnung unserer Berufung´ und das `Erbe´ der Verheißung (was nicht dasselbe ist wie die Grundlage der Verheißung, nämlich Vergebung und Rechtfertigung) liegt vor ihnen.

Volle Vergebung für jede Art von Sünde gehört zu der Verheißung des Neuen Bundes. Daraus folgt, dass kein weiteres Sündopfer nötig ist. Das Gesetz konnte keine schweren Sünden vergeben und deshalb wurden dauernd neue Versuche unternommen, ein vollkommenes Opfer zu finden. Aber der Neue Bund gründet sich auf eine so völlige Vergebung, dass der Alte Bund mit Gott durch Mose nicht mehr gebraucht wird. [18]*Wo aber Vergebung dieser Sünden ist, da gibt es kein Opfer mehr für Sünden.* **Über das Blut Christi hinaus** kann es nichts mehr geben. Zur Zeit der levitischen Priester gab es etwas Weiteres. Ihre Opfer waren unzureichend, und deshalb war Größeres nötig und man hielt Ausschau danach. Ich frage mich, was die Priester über Davids Psalm (Psalm 110) dachten, als er ein neues Hohepriestertum voraussagte. Was dachten sie über seine Worte: `Schlachtopfer begehrst du nicht und gäbe ich Brandopfer, es gefiele dir nicht´ (Psalm 51,18)? Es gab etwas, was über die mosaischen Opfer hinausging, aber es kann nichts geben, was über Jesu Opfer hinausgeht. Das Blut Jesu ist genug.

51

Kühn werden
Hebräer 10,19-21

Hebräer 10,19 bringt uns zum großen Wendepunkt im Hebräerbrief. Fast zehn Kapitel lang hat uns unser Schreiber die Größe unseres Herrn Jesus Christus vor Augen geführt. Jesus ist für uns Gottes vollständige und endgültige Offenbarung. Er ist der göttliche Schöpfer. Mehr als alles andere ist er der, der überall eine Reinigung aller Sünden erwirkt hat. Das heißt, er hat eine Möglichkeit zur Vergebung unserer Sünden geschaffen unabhängig davon, wie schlimm sie auch gewesen sein mögen. Er hat ein gereinigtes Gewissen und Zugang zum lebendigen Gott ermöglicht. Er ist unser Führer durch die Wüste, der Mose bei weitem übertrifft. Er ist unser Aaron, unser großer Hoherpriester. Sein Tod am Kreuz bewirkt, was kein Tieropfer je zustande bringen konnte. Das Blut Jesu hat das Allerheiligste aufgetan, den Ort, an dem Gottes Gegenwart erfahren wird. All das hat unser Schreiber uns gesagt, und seine Hauptlehre ist damit abgeschlossen. Was bleibt noch zu sagen? **Der Schreiber muss uns jetzt noch dazu aufrufen zu gebrauchen, was uns zur Verfügung steht.** Was wir hier vor uns haben, ist das Herz und die Zusammenfassung all dessen, was unser Schreiber sagen möchte.

19Deshalb, Brüder und Schwestern, haben wir Grund, so kühn zu sein, das Allerheiligste durch Jesu Blut zu betreten. 20Wir haben einen neuen und lebendigen Weg, den er uns durch den Vorhang gebahnt hat, nämlich durch sein Fleisch. 21Und wir haben einen großen Hohenpriester über das Haus Gottes. 22Lasst uns also hinzutreten mit wahrhaftigem Herzen, in voller Gewissheit des Glaubens, unsere Herzen rein gesprengt von einem bösen Gewissen, und unsere Leiber gewaschen mit reinem Wasser. 23Lasst uns, ohne zu schwanken, am

Bekenntnis der Hoffnung festhalten, weil der, der uns Zusagen gemacht hat, treu ist. ²⁴*Und lasst uns aufeinander achthaben und uns gegenseitig zu Ausbrüchen der Liebe und der guten Taten anspornen,* ²⁵*und lasst uns unseren Zusammenkünften nicht fernbleiben, wie einige es sich angewöhnt haben, sondern lasst uns einander ermutigen, und das umso mehr, als ihr den Tag des Herrn herannahen seht.*

Es sind also drei Dinge, die wir haben
- Wir haben Grund, kühn zu sein
- Wir haben einen neuen und lebendigen Weg
- Wir haben einen großen Hohenpriester

Und es sind fünf Dinge, die wir tun müssen:
- Lasst uns hinzutreten
- Lasst uns am Bekenntnis festhalten
- Lasst uns aufeinander achthaben und uns gegenseitig anspornen
- Lasst uns nicht unseren Zusammenkünften fernbleiben
- Lasst uns einander ermutigen

1. **Der Schreiber beginnt mit einem Aufruf, das Recht zu gebrauchen, das wir haben, uns Gott zu nähern**. Viele Übersetzungen sprechen davon, `Kühnheit zu haben´ (im Griechischen steht *echontes … parrhēsian*). Es ist eigentlich schwer zu übersetzen, weil das Wort `Kühnheit´ sich auf ein Gefühl, auf eine Gemütsbewegung bezieht. Aber das ist nicht gemeint. Unser Schreiber bezieht sich nicht auf ein Gefühl, sondern auf eine Tatsache. Stelle Dir einen Mann vor, der zwanzig Jahre im Gefängnis verbracht hat und dann freigelassen wird. Er **hat** jetzt seine Freiheit. Aber es kann sein, dass er sich nicht frei fühlt. Er war so lange im Gefängnis, dass er nicht mehr weiß, wie man sich als freier Mann verhält. Er `ist´ frei. Das ist eine Tatsache. Aber vielleicht **fühlt** er sich nicht besonders frei. Er verhält sich so, als wäre er noch im Gefängnis. Darum geht es hier in Hebräer 10,19. Unser Schreiber spricht nicht darüber, ob wir uns sehr kühn fühlen; er spricht von dem, was wir haben – ob wir es

fühlen oder nicht. Ich übersetze daher: [19]Deshalb, Brüder und Schwestern, haben wir Grund, so kühn zu sein, ... William Lane übersetzt: `Since we have authorization for free access...´ (`Da wir die Berechtigung zu freiem Zugang haben...´). Die Neue Genfer Übersetzung lautet: `Wir haben jetzt also, liebe Geschwister, einen freien und ungehinderten Zugang zu Gottes Heiligtum... ´ Eine andere Übersetzung lautet: `Und deshalb, liebe Brüder und Schwestern, können wir das himmlische Allerheiligste kühn betreten...´ Unser Schreiber befasst sich nicht mit Gefühlen; er spricht von objektiven Tatsachen.

Wir haben das Recht, uns Gott zu nahen! Jesus ist voller Sympathie. Er ist bereit, mit uns zu sprechen und uns zu führen. Er wird uns die Zusagen Gottes über unser Leben in ganz persönlicher Art offenbaren. Er wird uns führen, wenn wir abirren, uns wieder aufhelfen, wenn wir fallen, und nach jedem Kampf mit Brot und Wein zu uns kommen. Er wird uns sagen, dass er unser Schild und unsere große Belohnung ist. Er ist der Tisch, an dem wir sitzen, der siebenarmige Leuchter, der auf unser Leben scheint, der Weihrauch, der unsere Gebete für Gott lieblich macht. Er ist das alles und mehr. Wir haben das Recht, durch Jesus mit voller Zuversicht zu Gott zu kommen – was wir auch getan haben oder wie schlimm wir auch gefallen sein mögen. Wir haben Anlass dazu, kühn zu sein, wir haben Grund zur Zuversicht. Wir dürfen im Glauben unmittelbar in die Gegenwart Gottes treten. Jesu Blut macht es möglich.

2. **Es gibt einen neuen und lebendigen Weg zu Gott.** Er ist neu, weil er unendlich viel größer ist als alles, was zur Zeit des Alten Testaments bekannt war. Er ist lebendig, weil er durch eine Person und nicht durch ein System gebahnt wird. Neben anderen Dingen repräsentieren die beiden Bereiche der Stiftshütte die beiden Bündnisse (den mosaischen und den neuen Bund), mit denen Gott sich mit seinem Volk beschäftigt hat. Jesus ist die Trennlinie zwischen beiden Epochen.

Der Vorhang ist ein Bild für Jesus, der hier in menschlichem Fleisch in dieser Welt ist. Als Jesus gekreuzigt wurde, zerriss der Vorhang. Das heißt, als Jesus gekreuzigt wurde, wurde der

Vorhang, der die neue Zeit des Evangeliums verbarg, heruntergeholt und der Weg zu einer völligeren Gemeinschaft mit Gott wurde frei. `Wir haben einen Zugang´, der besser ist als alles, was in vergangenen Zeiten bekannt war. Er ist ` uns gebahnt durch den Vorhang, das ist durch sein Fleisch´. Als Jesus am Kreuz zerrissen wurde, wurde die neue Zeit der Gemeinschaft mit Gott eingeleitet.

3. **Wir haben einen großen Hohenpriester**. Der Weg, auf dem wir zu Gott kommen, führt nicht durch Zeremonien oder symbolische Handlungen. Wir kommen zu Gott durch Jesus. Selbst die wenigen neutestamentlichen Zeremonien (Wassertaufe, Abendmahl, Salbung mit Öl, der heilige Kuss, die rechte Hand der Gemeinschaft; gibt es noch weitere?) sind nur Erinnerungen an Jesus und kaum mehr. Sie helfen uns, wenn sie unseren Glauben an Jesus und an seinen Heiligen Geist wecken, aber das Geheimnis jeden geistlichen Segens ist unsere Nähe zu Gott durch unseren großen Sympathisanten, den Herrn Jesus Christus. Die Zeremonien des Alten Bundes sind aufgehoben, weil der, auf den sie hinweisen, da ist. Die Zeremonien des Neuen Bundes sind gering und einfach. Was wir wirklich brauchen, ist persönlicher Kontakt, **gefühlter** Kontakt, **sicherer** Kontakt, mit dem lebendigen Gott. Und den können wir finden, wenn wir durch Jesus zu Gott kommen. Wir können Gott kennen. Wir können in seine Gegenwart kommen. Lasst uns deshalb am Glauben festhalten. Lasst uns aufeinander achthaben und uns gegenseitig anspornen. Lasst uns unseren Zusammenkünften nicht fernbleiben und lasst uns einander ermutigen, da wir den Tag des Herrn herannahen sehen.

52

In Gottes Gegenwart kommen
Hebräer 10,22-23

Als Christen sollen wir völliges Vertrauen auf das Wohlwollen Christi, auf sein Blut und auf seine Fürbitte haben. Und auf dieser Grundlage werden wir – wie die Hebräer – aufgefordert, einiges zu tun.

    1. Wir sollen uns Gott nähern. *22Lasst uns also hinzutreten mit wahrhaftigem Herzen, in voller Gewissheit des Glaubens, unsere Herzen rein gesprengt von einem bösen Gewissen, und unsere Leiber gewaschen mit reinem Wasser.* Ständig kommen wir zu Gott, um Hilfe zu erhalten, Tag für Tag. `Hinzutreten´ ist ein alttestamentlicher Ausdruck mit der Bedeutung `in Gottes Gegenwart kommen´. Zum Beispiel kann ein Priester sagen: `Lasst uns vor Gott treten´ (1. Samuel 14,36). Gott selbst sagt: `Tretet her zu mir´ (Jesaja 48,16). Der Hebräerbrief gebraucht diese Formulierung in der Bedeutung eines Lebens in der Gegenwart Gottes (4,16; 7,19. 25; 10,1. 22; 11,6). Im Neuen Testament gebraucht auch Jakobus diese Formulierung (Jakobus 4,8).

    Damit wir uns Gott nähern können, muss unser Herz wahrhaftig sein. Wir brauchen Ehrlichkeit, Offenheit, Aufrichtigkeit in unserem Verlangen, Gott zu begegnen. Wir brauchen überzeugten Glauben. Wenn wir verstanden haben, was unser Schreiber uns über Jesus gesagt hat, werden es uns das Mitleid und die Barmherzigkeit unseres großen Hohenpriesters ermöglichen, diese Art zuversichtlichen Glaubens zu haben.

    Wenn wir auf diese Weise zu Gott kommen, wird unser Gewissen durch das Blut Christi rein gesprengt (zur Formulierung hier vgl. aber auch Hebräer 9,14). Wir werden befreit von der Last der Schuld, weil wir wissen, dass Jesu Opfer Gott zufrieden stellt. Wir brauchen die Schuld für unsere Sünde oder ein Gefühl der Verunreinigung nicht mehr zu tragen. Wir fühlen uns rein im Gewissen und rein im Leib – [22]*unsere Leiber gewaschen mit reinem Wasser.* Das hat nichts mit der Wassertaufe zu tun! Die hebräischen Christen waren schon lange vorher ´errettet´ und sollten eigentlich Lehrer sein (siehe 5,12). Es ist klar, dass der Schreiber sie nach all dieser Zeit nicht auffordert, sich mit Wasser taufen zu lassen! Das war schon lange vorher geschehen! Das Hinzutreten und das Besprengen und das Waschen sollen hier und jetzt stattfinden, wenn seine Leser auf das, was er sagt, eingehen. Aber sie waren schon lange vorher getauft worden. Das war eine der Grundlagen, die nicht mehr zur Diskussion standen (wenn sie in den *baptismoi* – ´Waschungen´ – von 6,2 enthalten ist). Es ist schade, dass manche Leute so von der Wassertaufe besessen sind, dass jedes Mal, wenn sie auf das Wort ´Wasser´ oder ´Waschen´ stoßen, sie es sofort auf die Wassertaufe beziehen – und dann folgern, dass ´das Zeichen mit der Gnade verbunden ist ´, das heißt, dass das Wasser ´mit geistlicher Kraft verbunden ist´. Aber eins sollte uns der Hebräerbrief inzwischen gelehrt haben, dass Zeremonien nur Schatten sind! Haben alttestamentliche Zeichen und Symbole nichts weiter bewirkt, als auf **weitere** Zeichen und Symbole hinzuweisen?

Nein, das ´Wasser´ ist nicht die Taufe. Es ist die **Erfüllung** der alttestamentlichen Zeremonien. Die **Erfüllung** ist das Gefühl, das wir haben sollen, dass wir so völlig rein sind, dass nichts uns hindert, sofort in Gottes Gegenwart zu treten! Unser Schreiber gebraucht Bildersprache. Das Allerheiligste und der Vorhang sind nicht gegenständlich (obwohl die Symbolik gegenständlich war). Und auch das gesprengte Blut ist nichts Gegenständliches. Wir werden nicht buchstäblich mit Blut bedeckt (wie die in Hebräer 9,19 erwähnten Leute). Genauso wenig werden wir buchstäblich nass mit Wasser auf unserem Leib (wie es bei Aaron und seinen Söhnen in der alttestamentlichen Zeremonie – 2. Mose 40,12 – der Fall war). Die Erfüllung der alttestamentlichen Zeremonien sind nicht weitere Zeremonien, sondern eine bewusste geistliche Erfahrung. Die Priester unter dem Gesetz mussten sich waschen, bevor sie in die Gegenwart Gottes gingen. Wir tun etwas Ähnliches, aber es handelt sich nicht um ständige Wiedertaufen! Es handelt sich eher um ein ehrliches Herz und um Demut beim Sündenbekenntnis.

2. Wir sollen am Bekenntnis unserer Hoffnung festhalten. Der Hebräerbrief spricht mehrmals davon, wie die Leser ihren Glauben `bekannt´ haben. Sie haben den Menschen erzählt, dass sie zum Glauben an den Herrn Jesus Christus gekommen sind. Jesus – so sagt unser Schreiber – ist der `Hohepriester unseres Bekenntnisses´ (3,1). Er möchte, dass wir am Vertrauen festhalten, von dem wir bekannt haben, dass wir es auf Jesus gesetzt haben. Er sagt, dass es einen **Zukunftsaspekt** unseres Glaubens gibt. Wir sollen `das Rühmen der Hoffnung… festhalten´ (3,6). `Wir halten bis ans Ende fest an dem, worauf wir am Anfang unsere Zuversicht gesetzt haben´ (3,14).Wir `halten fest an unserem Bekenntnis´ (4,14). Wir `beweisen denselben Eifer, um die volle Gewissheit der Hoffnung bis ans Ende zu behalten´ (6,11). Er wird etwas sehr Ähnliches in 10,35 sagen: `Deshalb werft euer Vertrauen nicht weg…´. Unser Schreiber wiederholt den Gedanken im Licht des `Grundes zur Kühnheit´, den der Christ im Blut Christi hat. [23]*Lasst uns, ohne zu schwanken, am Bekenntnis der Hoffnung festhalten, weil der, der uns Zusagen gegeben hat, treu ist.* Erneut bezieht er sich auf etwas, was schon in ihrem Leben geschehen ist. Sie haben öffentlich bekannt, dass sie zum Glauben an Jesus gekommen sind. Sie haben `ihren Glauben bekannt´. Unser Schreiber möchte, dass sie an diesem Glauben festhalten, nur spricht er jetzt über Hoffnung. Hoffnung ist Glaube, der nach vorne schaut. Es ist Glaube, der erwartet, bei Ereignissen belohnt zu werden, die erst später eintreten. Unser Schreiber weiß, dass Gott uns Zusagen macht: Zusagen, anderen nützlich zu werden, Zusagen, etwas im Reich Gottes zu bewirken, Zusagen, dass Gott uns trotz Schwachheit, Widerstand oder Aufschub befähigt. Weil wir kühn zu Gott kommen können, rechnet er damit, dass wir beharrlich an der Hoffnung auf die Zukunft festhalten können. Der Gott, den wir kennen lernen, ist ein Gott, der Zusagen gibt und einhält, was er uns verspricht. Unsere Hoffnung auf die Zukunft wächst durch kühne Bekanntschaft mit Gottes Gnadenthron.

53

Einander ermutigen
Hebräer 10,24-25

Weil wir sicher sind, dass wir in Gottes Gegenwart kommen können, können wir uns zuversichtlich Gott nähern. Wir dürfen und müssen an unserer Erwartung festhalten, dass Gott in naher Zukunft für uns arbeiten wird. Ein dritter Punkt findet sich in Vers 24. *Und lasst uns aufeinander achthaben und uns gegenseitig zu Ausbrüchen der Liebe und der guten Taten anspornen.*

   3. **Wir sollen die Verantwortung annehmen, andere zu ermutigen.** Die Befehle in den Versen 22-23 (`Lasst uns hinzutreten... Lasst uns am Bekenntnis der Hoffnung festhalten´) könnten individualistisch interpretiert werden, als ob der Schreiber sich nur mit unserer eins-zu-eins Beziehung zu Gott befassen würde. In Wirklichkeit ist aber das Thema, anderen zu helfen, einen beharrlichen Glauben zu haben, ein wichtiges Thema in diesem Brief. Christen sind `heilige Brüder und Schwestern... heilige Teilhaber an einer himmlischen Berufung´ (3,1). Deshalb richtet sich die dringende Bitte an uns: Sehet zu, ihr Brüder und Schwestern, [wir bemerken den Bezug auf die Gemeinschaft], ob etwa jemand von euch [wir bemerken den Hinweis auf einzelne] ein böses Herz des Unglaubens habe... Wir sollen aufeinander achten. Wir sind in bester Verfassung als Christen, wenn wir uns um andere kümmern und andere sich um uns kümmern. Unser Schreiber hat das schon vorher mehrfach betont (siehe 3,13; 4,1). Er hat gesagt: `Lasst **uns** eifrig danach streben, dass **niemand... zu Fall komme**´ (4,11). Wir sollen in Gottes Gegenwart kommen und an unserer Erwartung festhalten, dass Gott jederzeit seine Zusagen in Kürze erfüllt. Aber gleichzeitig, während wir das für uns tun, sollen

wir jeden anderen Christen um uns herum im Auge behalten. Wir sollen alle gemeinsam Fortschritte machen.

Wir können uns an dieser Stelle daran erinnern, wie Jakob sich um alle seine Angehörigen gekümmert hat. `Die Kinder sind keinen Anstrengungen gewachsen. Außerdem muss ich die säugenden Schafe und Rinder schonen´, sagte er. `Wenn ich sie nur einen Tag lang zu schnell treibe, wird mir die ganze Herde vor Erschöpfung sterben ... Ich will ihnen langsam vorausgehen in dem Tempo, in dem die Tiere, die vor mir sind, und die Kinder gehen können, bis ich zu meinem Herrn in Seir komme´. (1. Mose 33,13-14). Er achtete nicht nur auf sich selbst, sondern auf alle, die ihm anvertraut waren, und sorgte dafür, dass jeder im eigenen Tempo mit ihm ging.

Ebenso sollen Christen sorgfältig aufeinander achten. Dazu gehört, dass man die besonderen Schwächen jedes einzelnen beachtet. Dazu gehört, dass man sich nicht gegenseitig Vorwürfe macht oder moralisiert (Ihr solltet euch schämen ...!). Wir sollen einander ermutigen zu `Ausbrüchen´ (*paroxysmoi*). Keine Zornesausbrüche (wie in Apostelgeschichte 15,39 – `Da kam es zu einer heftigen Auseinandersetzung, so dass sie sich voneinander trennten´). Keine Ausbrüche von Fieber (wie das Wort in griechischen Schriften manchmal gebraucht wird), sondern begeisterte Ausbrüche der Liebe!

4. **Wir sollen Zeit miteinander verbringen.** Der Schreiber entfaltet sein drittes `Lasst uns...´: [25] *und lasst uns unseren Zusammenkünften nicht fernbleiben, wie einige es sich angewöhnt haben...* Es ist Gottes Wille für uns Christen, dass wir uns oft treffen, um einander zu helfen. Manchmal tun wir das in kleinen Gruppen. Immer wenn es zu einem geistlichen Aufbruch kommt führt es dazu, dass Christen sich oft in Kleingruppen zu geistlichen Gesprächen und zum Gebet treffen. Auch größere öffentliche Treffen sind wichtig. Wenn Christen aufhören, sich so zu treffen, werden sie bald in großen geistlichen Schwierigkeiten stecken. Es war schon einigen so ergangen, die einmal zu `den Hebräern´ gehört hatten, an die unser Verfasser schreibt.

5. Unser Leben soll ein Leben der Ermutigung für andere sein. Ein bedeutendes Kriterium für unser geistliches Verständnis, für unsere Beziehung zu Gott, ja sogar für die Gesundheit unserer Lehre, ist die Frage, ob unser Leben einen ermutigenden Einfluss auf das Leben anderer hat. Es ist ein harter und anstrengender Test! Unser Schreiber fährt fort: *sondern lasst uns einander ermutigen, und das umso mehr, als ihr den Tag des Herrn herannahen seht.* Es war offensichtlich, dass der Tag des zweiten Kommens Jesu näher rückte. Was machte es offensichtlich? Der Fortschritt des Evangeliums! Die Völker werden erreicht. Die Christen konnten es damals erleben, und es brachte ihnen die Erkenntnis, dass Jesu Kommen sehr wohl bevorstehen konnte. Natürlich ist die `Nähe´ des zweiten Kommens Jesu ein geistliches Geheimnis. Es ist immer `nah´, obwohl Tausende von Jahren verstreichen! Das bedeutet Folgendes: (i) Es ist sehr wohl möglich, dass es näher ist, als wir denken, und (ii) wenn das Ende der Welt nicht buchstäblich eintrifft, dann geschieht etwas, was so ist **wie** das Ende der Welt. So oder so ist das plötzliche Eingreifen Gottes immer nah! Das ist der Grund, weshalb wir uns die Mühe machen, uns gegenseitig geistliche Hilfe zu geben.

Wie tun wir das? Wir beten füreinander. In liebevoller Art warnen wir einander und erinnern uns gegenseitig an die Gefahren und Ermutigungen, die uns auf dem Weg zur himmlischen Herrlichkeit begegnen. Manchmal hilft es einem anderen, wenn wir erzählen, wie Gott uns geholfen hat. Vielleicht erzählen wir anderen Christen von Gebetserhörungen – aber ohne uns zu rühmen, ohne Neid zu provozieren und ohne das Ich in den Mittelpunkt zu stellen. Deshalb sind christliche Biografien und die Kirchengeschichte so inspirierend. Es gibt nichts so Ermutigendes wie die mächtigen Taten Gottes in vergangener Zeit. Josua bekam den Auftrag, ein Monument zu errichten, damit das Volk nie vergisst, wie mächtig die Hand des Herrn ist (Josua 4,20-24). Auch wir müssen Wege finden, uns gegenseitig daran zu erinnern, dass Gottes Hand mächtig ist!

54

Wenn ein Christ sündigt
Hebräer 10,26

Wir haben allen Grund, im Hinblick auf die Kraft des Blutes Christi (10,19-21) kühn und zuversichtlich zu sein, und zwar so sehr, dass wir es relativ leicht finden, zu Gott zu kommen, an der Erwartungshaltung festzuhalten und liebevolle Fürsorge für unsere Geschwister im Glauben zu zeigen (10,22-25). In Hebräer 10,26 geht unser Schreiber dem, was er gerade gesagt hat, weiter nach. Er beginnt mit `Denn…´. Wir müssen jedes Wort sorgfältig beachten. Im Griechischen enthält dieser Vers sechzehn Wörter ([1]Mutwillig [2]nämlich [3]sündigend [4]wir [5]nach [6]dem [7]Empfangen [8]der [9]Erkenntnis [10]der [11]Wahrheit [12]nicht-mehr [13]für [14]Sünden [15]bleibt-übrig [16]ein-Opfer). In normalem Deutsch können wir übersetzen: *Denn bei Gelegenheiten, bei denen wir mutwillig sündigen, nachdem wir die Kenntnis der Wahrheit empfangen haben, bleibt ein Opfer für Sünden nicht mehr übrig.* Die Übersetzung `wenn wir mutwillig **weiterhin** sündigen´ überbetont leicht die griechische Zeitform und erweckt den Eindruck, dass es keine Rolle spielt, wenn wir nur einige Male mutwillig sündigen. Andererseits kann die Zeitform übersetzt werden `beim Sündigen´. Sie bezieht sich auf etwas, was weitergeht.

Lasst uns jedes Wort einzeln betrachten.

1. *Denn…* Unser Schreiber erklärt, weshalb wir den Ermahnungen aus Hebräer 10,19-25 gehorchen sollten. Wir sollten es tun, weil es jetzt, wo es einen so klaren Grund für Christen gibt, Gott kühn um Hilfe und Versorgung zu bitten, eine Beleidigung Gottes wäre, das Angebot, das er uns macht, nicht zu gebrauchen. `Lasst uns deshalb hinzutreten …´, sagt er, `denn …´ die Alternative ist schreckliches Gericht.

2. ... *bei Gelegenheiten, bei denen wir sündigen.* Das wird oft übersetzt mit `wenn wir sündigen`. Es heißt `wir` und nicht `sie`. Unser Schreiber spricht von etwas, was im Leben von Christen passieren kann. Er schließt sich selbst ein. Er sagt `wir`, nicht `ihr`. Wir dürfen keine Lehre vertreten, die besagt, dass es für einen Christen unmöglich ist zu sündigen! Natürlich würde das niemand im Ernst sagen, aber es gibt solche Lehren (Wer sagt: `Wenn du das tust, **kannst du nicht** gerettet sein...` scheint eigentlich zu meinen, dass es für einen Christen **unmöglich** ist zu sündigen – was Unsinn ist). Echte Christen können ziemlich schlimm fallen.

3. ... *mutwillig...* Das Wort bedeutet bewusst, absichtlich, vorsätzlich. Ähnliche Begriffe werden in Philemon 14 gebraucht (`damit deine Hilfe nicht erzwungen ist, sondern **aus freien Stücken**`), in 1. Korinther 9,17 (`wenn ich es **freiwillig** tue, so habe ich eine Belohnung`) und in 1. Petrus 5,2 (`Hütet die Herde Gottes **bereitwillig**, wie Gott es möchte, und nicht widerwillig`). Hier besteht ein Gegensatz zwischen dem, wie es vor und nach der Bekehrung ist. Bevor wir zum Glauben an Christus kommen, können wir in großer Unwissenheit sündigen. Denken wir an das, was Paulus in 1. Timotheus 1,13 sagte: `Ich war ein Lästerer, Verfolger und rücksichtsloser Gegner. Aber ich habe Barmherzigkeit erfahren, weil ich es unwissend im Unglauben tat`. Es gibt so etwas wie unwissendes Handeln im Unglauben. Oder denken wir an Apostelgeschichte 17,30: `Gott hat die Zeit der Unwissenheit übersehen, aber jetzt befiehlt er allen Menschen überall umzukehren`. Aber wenn wir erst einmal im Glauben zum Herrn Jesus Christus gekommen sind, können wir nicht mehr so viel im Unglauben tun. Wenn wir sündigen, sündigen wir gegen etwas, was wir kennen. Es gibt beim Sündigen von Christen etwas Vorsätzliches, was es schlimmer macht als das Sündigen von Nichtchristen. Sünde von Christen ist meistens `bewusst`. Denn wir wissen, wir sollten und brauchen nicht weiter zu sündigen, und wir haben ein erleuchtetes Gewissen, das uns anklagt, wenn wir sündigen.

4. *... nachdem wir die Kenntnis der Wahrheit empfangen haben ...*
So beschreibt der Verfasser die Bekehrung von Christen. Es ist die gläubige Annahme der guten Nachricht Gottes über den Herrn Jesus Christus.

5. *... bleibt ein Opfer für Sünden nicht mehr übrig.* Das ähnelt der Formulierung in Hebräer 10,18. Dort meint der Schreiber, dass die Opfer des Alten Testaments (die zuerst erlaubt waren) jetzt **nicht mehr** nötig sind, weil das Opfer Christi geschehen ist. `Nicht mehr´ bedeutet `von jetzt an´. Das Opfer Christi ersetzt die levitischen Opfer, so dass sie `nicht mehr´ nötig sind. In Hebräer 10,29 haben wir eine ähnliche Formulierung, obwohl unser Schreiber von etwas anderem spricht. Das griechische Wort *ouketi* (`nicht mehr´ oder `nicht länger´) steht in Matthäus 19,6; Markus 5,3; Lukas 15,19; Johannes 4,42; Apostelgeschichte 8,39; Römer 6,9; 2. Korinther 1,23; Galater 2,20; Epheser 2,19; Philemon 16; Hebräer 10,18 und Offenbarung 10,6 – sowie in Hebräer 10,26. Es bedeutet immer, dass etwas bis zu diesem Augenblick wahr war, aber jetzt `nicht mehr´ wahr ist. Der Mann in Markus 5,3 konnte früher einmal gebunden werden, aber zurzeit der Begebenheit in diesem Kapitel war es `nicht mehr´ möglich. In 2. Korinther 1,23 war Paulus schon vorher in Korinth gewesen, hat aber beschlossen, vorläufig `nicht mehr´ dorthin zu reisen.

Das Wort `bleibt ... übrig´ kommt vom Griechischen *apoleipo*. Es bedeutet `übrig bleiben´ oder `immer noch zur Verfügung stehen´. Hebräer 4,9 sagt, dass für Gläubige eine Ruhe **immer noch zur Verfügung** steht, zu der sie gelangen können (wo dasselbe griechische Wort verwendet wird). In Hebräer 4,6 steht, dass diese Ruhe `übrig bleibt´ oder `zur Verfügung bleibt´ (wo wieder dasselbe Wort gebraucht wird wie in Hebräer 10,26).

Wir müssen beachten, was unser Schreiber nicht sagt. Er hat gesagt, dass das Blut Christi ewige Erlösung bringt und dass es uns für immer heiligt (9,12; 10,10). Er sagt jetzt nicht, `dass das Opfer für Sünden zurückgezogen wird´ oder dass `das Opfer für Sünden weggenommen wird´. Er sagt nicht: `Das Opfer für Sünden ist widerrufen´. Er sagt, es ist `**nicht mehr**´ wirksam. Das bedeutet, bis zu diesem Augenblick hat es etwas geleistet, aber es wird **in Zukunft** nicht bewirken, was man erwarten könnte. Es geht nicht darum, dass Gottes Errettung **in der Vergangenheit** irgendwie rückgängig gemacht oder in unserem Leben aufgehoben ist, sondern dass die **zukünftigen** Segnungen des Blutes Christi nicht in unser Leben gelangen. In Hebräer 9,12. 14. 15 hat das Blut dreierlei bewirkt: Es **gab** ewige Erlösung (Vergangenheitsform); es **wird** tägliche Reinigung des Gewissens **bringen** (Zukunftsform, die sich darauf bezieht, was Tag für Tag in der Zukunft liegt); und es **bringt** uns **vielleicht** unser Erbe (ein Verb in der Möglichkeitsform, die sich auf das bezieht, was vielleicht geschieht). Die letzten beiden Wirkungen des Blutes sind es, die durch das Sündigen eines Christen verloren gehen – zeitweise oder vielleicht auf Dauer.

In Hebräer 10,26 geht es darum, dass beharrliches Sündigen durch den Christen das Blut Christi davon abhält, die **weiteren** Wirkungen zu entfalten, die es haben sollte. Die ewige Erlösung ist nicht verloren. Das ewige `Geheiligt-sein´ des Christen ist nicht verloren (Hebräer 9,12; 10,10), aber das Gewissen wird nicht mehr gereinigt und es besteht die Gefahr, dass das Erbe der Belohnung verloren geht. Hebräer 9,14 ist wirkungslos. Es gab ein Opfer für Sünden, das ewige Erlösung gab, aber danach gibt das Blut keine tägliche Reinigung mehr. Das Blut führt den sündigenden Gläubigen nicht zu seinem verheißenen Erbe (9,15 hat auch keine Wirkung). Es gab ein Opfer für die Sünde, das ewige Erlösung schenkte – **und das wird nicht weggenommen** – aber es hat keine weitere Wirkung.

55

Ausgewogenheit
Hebräer 10,27-31

Wenn ein Christ sündigt, sind zwei Wirkungen des Blutes Christi in Gefahr, verloren zu gehen. Die tägliche Reinigung und das Erbe der Belohnung können verloren gehen und für den Moment hat man keine Freude daran. So ein Christ ist auf dem Weg zum Verlust der ewigen Belohnung beim Throngericht durch den Herrn Jesus Christus. Vers 27 fährt fort: *... es gibt aber die schreckliche Erwartung des Gerichts und das verzehrende Feuer, das die Widerspenstigen verschlingen wird.*

1. **Gott kann auf seine Leute zornig werden.** Liebt Gott sein Volk nicht für immer? – könnte man fragen. Doch, das tut er. Aber es ist sehr wohl möglich, dass Gott uns liebt und gleichzeitig zornig auf uns ist! Werden nicht Eltern manchmal zornig über das, was ihre Kinder getan haben – obwohl sie sie gleichzeitig lieben? Gott hat keine Pläne, uns aufzugeben, aber `die andere Seite´ der Wahrheit ist, dass ein unverbesserlicher Christ den Zorn Gottes zu erwarten hat. Am Gerichtstag wird alles, was Gott nicht gefällt, zuerst bestraft und dann ausgerottet. Niemand glaubt mehr als ich an `Einmal gerettet - immer gerettet´! Trotzdem haben Sünden der Christen eine schreckliche Züchtigung zu erwarten. Es ist keine ausgewogene Lehre zu sagen, wenn wir gerettet sind, ist alles für immer geregelt und die **Belohnung** des Christen garantiert. Die `Rechtfertigung´ ist wohl für immer geregelt. Wer gerechtfertigt ist, der wird auch verherrlicht. Aber eine lebendige Beziehung zu Gott hängt davon ab, dass man für Gottes Stimme offen bleibt. Seinen Erwählten entzieht Gott nicht seine Liebe. Das kann Israel nicht passieren (`Gottes Gaben und Berufung sind unwiderruflich´). Es konnte dem königlichen Sohn Davids nicht passieren (`Wenn

seine Söhne mein Gesetz verlassen ..., so werde ich ihre Sünde bestrafen ... aber meine Gnade werde ich ihm nicht entziehen ... Ich werde meinen Bund nicht entweihen´). Es kann dem Kind Gottes nicht passieren (`Ich gebe ihnen das ewige Leben und sie werden nie umkommen, und niemand wird sie aus meiner Hand reißen´). Aber trotzdem leiden Christen in diesem Leben für ihre Sünden, und die Möglichkeit besteht, dass sie am Throngericht Christi Schaden leiden. Der Herr wird sein Volk richten. Wenn jemandes Werk verbrennt, wird er seinen Lohn verlieren, obwohl er selbst gerettet wird, aber nur wie durchs Feuer. Für den Christen, der sündigt, gibt es eine schreckliche Erwartung des Gerichts und das Feuer des Zornes Gottes. Gott wurde zornig auf Israel und schloss die Israeliten davon aus, `in seine Ruhe´ zu gelangen (aber er schickte sie nicht nach Ägypten zurück, damit sie wieder unerlöst sind!). Gott kann einerseits der Feind seines Volkes sein und es andererseits immer noch lieben. Die Sünde bringt Feindschaft mit Gott. Was Gott nicht gefällt, wird früher oder später beseitigt und ausgerottet.[a]

2. **Der Hebräerbrief gibt die Gründe für Gottes Zorn, wenn seine Leute sündigen.** (i) Sie verachten Jesus [29]*Wieviel schlimmere Strafe, meint ihr, wird für den angemessen sein, der den Sohn Gottes mit Füßen getreten und das Blut des Bundes, durch das er geheiligt worden ist, für gemein und unbedeutend geachtet und den Geist der Gnade missbraucht hat?* (ii) Sie behandeln Jesu Blut als unwichtig. (iii). Sie missbrauchen und beleidigen die Gnade des Heiligen Geistes. (iv) Sie sind extrem undankbar. Das Blut Christi hat uns geheiligt und trotzdem verhalten wir uns so, als wäre es nicht geschehen!

3. **Die Strafe wird schwer sein.** Vielleicht sagt jemand: `Solange ich überlebe und gerettet bin, ist das alles, was für mich von Bedeutung ist´. Was für ein dummes Gerede! Hast du überhaupt Glauben an Jesus? Ich frage nicht: `Sündigst du? ´ Ich sage: `Willst du mir sagen, dass du dein Leben im Glauben dem Sohn Gottes anvertraut hast? Du lässt mich daran zweifeln!´ Aber nehmen wir an, du bist ein Christ. Dann antworte ich: `Jetzt kannst du das vielleicht so sagen. Du wirst es aber nicht sagen,

wenn es geschieht, und Gott kann jederzeit beschließen zu handeln.´ ³⁰*Denn wir kennen den, der gesagt hat: `Die Rache ist mein. Ich will vergelten.´ Und wieder: `Der Herr wird sein Volk richten.´* ³¹*Es ist schrecklich, in die Hände des lebendigen Gottes zu fallen.* Gott ist der lebendige Gott. Wenn er entscheidet, streng zu verfahren, dann werden die Menschen weinen und jammern und mit den Zähnen knirschen. Sogar einige der Geretteten werden heulen und wehklagen, wenn sie vor dem Throngericht Christi stehen. Sie werden auf jeden Fall durch das Feuer hindurchkommen (1. Korinther 3,15), aber der Schaden wird furchtbar sein. Zweifellos wird Gott irgendwie jede Träne von ihren Augen wegwischen, aber der Schaden wird ewig sein, und die Ehre in der Herrlichkeit wird geringer ausfallen. Es ist ein großes Geheimnis, und ich verstehe es nicht völlig, aber eins ist sicher: Der sündigende Christ wird schließlich bedauern, dass er sein Heil nicht entschiedener mit Furcht und Zittern verwirklicht hat.

Ich stimme M. R. De Haan zu: `Gnade, Gnade und freie Gnade zu verkündigen ohne die ausgleichende Wahrheit der Verantwortung für die Gnade, und der Strafe für die Sünden der Gläubigen und der Leiden für unsere Missetaten hier und jetzt und am Throngericht Christi, das ist in der Tat eine gefährliche Lehre.´ᵇ Die **ausgewogene** Position – wie ich sie sehe – ist die, **beides** zu lehren, die ewige Sicherheit und die Möglichkeit schwerer Züchtigung durch die Hand Gottes. Einen Christen, der sündigt, kann man nicht zurechtweisen, indem man sagt: `Wenn du so etwas tust, kannst du nicht gerettet sein´ (dieses Vorgehen ist nirgends im Neuen Testament zu finden), sondern indem man Hebräer 10,29-39 erklärt!

Anmerkungen:
a. Psalm 89,31-35; Johannes 10,28; 1. Korinther 3,15; Hebräer 10,27; 3,11.18; 4,1.3.5.8-11.
b. M.R. De Haan, Hebrews (Zondervan 1959), p. 133

56
Die Motivation des Christen
Hebräer 10,32-35

Auf Warnungen des Schreibers folgen ausnahmslos Ermutigungen. Er hat hohe Hoffnungen für seine Leute. Sie haben sich in der Vergangenheit richtig verhalten. Sie sind in der Zeit, in der er schreibt, sehr entmutigt, aber er rechnet damit, dass sie sich erholen und den christlichen Wettlauf gut bestehen.

1. **Er bittet uns, an unsere früheren Tage zu denken**. Im Frühstadium unseres geistlichen Lebens hatten wir oft bedeutende Siege. Manchmal scheint es, als hätten wir unsere besten Tage gehabt, als wir jung oder neubekehrt waren. Die frühen Tage dieser Christen waren trotz großer Schwierigkeiten voller Glauben. Er sagt zu ihnen: *32Erinnert euch aber an die früheren Tage, nachdem ihr erleuchtet worden wart*. Er bezieht sich auf ihre Bekehrung. Unser erster Glaube ist weitgehend eine Sache der `Erleuchtung´. Er besteht darin, dass wir das Licht des Evangeliums annehmen. Er besteht darin, dass wir den Herrn Jesus Christus annehmen, weil wir sehen, wer er ist und was er getan hat. Unser erster Glaube ist sehr passiv (aber er soll natürlich nicht passiv **bleiben**). Am Anfang ist es so, dass man nichts tut, sondern an den Gott glaubt, der die Gottlosen durch den Herrn Jesus Christus rechtfertigt (siehe Römer 4,5). Wir werden nicht durch gute Taten gerettet; sondern durch eine Erleuchtung, die die Seele erfasst. Sie bringt schließlich gute Taten hervor, aber am Anfang **gibt** sie Gott nichts. Sie besteht darin, dass wir Jesus **annehmen**, weil wir das Licht des Evangeliums gesehen haben.

Damals waren diese Christen wunderbar stark in ihrem Glauben. *Damals habt ihr einen harten Kampf mit vielen Leiden erduldet. 33Manchmal wart ihr öffentlicher Schmach und Verfolgung ausgesetzt; manchmal standet ihr Seite an Seite neben denen, die so behandelt wurden.* Sie bewiesen Mut. Sie ließen sich nicht durch Schande und Misshandlung abbringen. Sie bewiesen große Liebe zueinander. [34]*Denn ihr habt mit Gefangenen gelitten und den Raub eurer Güter mit Freuden angenommen, weil ihr wusstet, dass ihr selbst einen besseren Besitz hattet, der ewig bleibt.* Jetzt sagt er ihnen: Seid so, wie ihr am Anfang wart. Macht eure guten Leistungen in der Vergangenheit nicht zunichte. Kehrt zurück zu der Zeit, als ihr euch so bewährt habt. Waren es nicht gute Tage, trotz allem, was ihr durchgemacht habt?

2. **Die Worte unseres Schreibers zeigen die Motivation, die sie zuerst hatten und die sie sich jetzt wieder zu Eigen machen sollten.** Sie waren motiviert durch Belohnung! Sie waren in der Lage durchzuhalten inmitten großer Schwierigkeiten, weil sie wussten, was für eine Entschädigung sie erwartete. `Ihr wusstet, dass ihr selbst einen besseren Besitz hattet, der ewig bleibt´.

Diese Worte bestätigen, dass es bei der Warnung aus Hebräer 10,26-31 um einen möglichen Verlust der Belohnung geht. Er sagt nicht: `Deshalb werft euer Vertrauen nicht weg, das euch eine ewige Erlösung bringt´ oder `Deshalb werft euer Vertrauen nicht weg, denn dann werdet ihr für immer geheiligt sein´. Nein, die ewige Erlösung haben sie schon. Sie sind schon auf ewig geheiligt durch das Blut Christi. Sein Thema ist Erbe oder Belohnung. Er sagt: `Deshalb werft euer Vertrauen nicht weg, welches eine große Belohnung hat´. Sie sind durch und durch gläubig. Ihre `Erleuchtung´ war ihre Bekehrung zu Christus. Sie hatten Glauben – Vertrauen – eine feste Zuversicht – auf den Herrn Jesus Christus. Aber jetzt müssen sie trotz schwieriger Umstände weiter glauben. So werden sie erleben, wie Gott hier in der Welt seine Zusagen für ihr Leben einlöst und dass sie in der künftigen Welt noch mehr ererben werden. Verfolgung bringt Belohnung. Wenn wir verunglimpft und verfolgt werden, sollten wir uns freuen, weil unsere Belohnung groß ist (Matthäus 5,11-12). Einige werden mehr als andere `groß im Himmelreich´ sein (Matthäus 5,19). Warum ist es nicht richtig, nur unsere Freunde zu lieben? Das zeigt Jesu Frage: `Was habt ihr für einen Lohn?´(Matthäus 5,46). Frömmigkeit aus Eitelkeit bleibt `ohne Lohn´ (Matthäus 6,1), aber bescheidene Freigebigkeit bringt Lohn (Matthäus 6,4). Dasselbe gilt für Gebet (Matthäus 6,6) und echtes Fasten (Matthäus 6,18). Es gibt so etwas wie den Lohn eines Gerechten (Matthäus 10,41). Wer einem der geringen Leute Jesu auch nur einen Becher kalten Wassers zu trinken gibt, weil er ein Jünger ist, wird nicht unbelohnt bleiben (Matthäus 10,42). Gottesfurcht bringt Gewinn. Gott wird jedem vergelten nach dem, was er getan hat (Matthäus 16,27), sei es gut oder böse. Es gibt Große und Kleine im Himmelreich (Matthäus 18,1-3). Wer Häuser oder Brüder oder Schwestern oder Vater oder Mutter oder Kinder oder Äcker um Jesu Namen willen verlässt, wird's hundertfach empfangen und das ewige Leben ererben (Matthäus 19,29). Aber es wird Stufen beim Erbe geben. Viele, die Erste sind, werden Letzte sein, und viele Letzte Erste. Das Gleichnis in Matthäus 20,1-16 bedeutet nicht, dass jeder denselben Lohn bekommt, sondern dass Gottes Lohn unvorstellbar erstaunlich sein wird und nach Gottes und nicht nach menschlichen Ideen vergeben wird.

Unser Schreiber hatte keine Zweifel an der Notwendigkeit, gläubig und zuversichtlich für Gottes Belohnungen zu arbeiten. [36]*Ausdauer habt ihr nötig, damit ihr, wenn ihr den Willen Gottes getan habt, die Verheißung erlangen könnt.* Sie sind entmutigt, aber sie sollen daran denken, wie gut sie früher mit allem fertig wurden. Sie sollen jetzt nicht aufgeben! Sie werden zweifellos die ewige Erlösung genießen (denn Gott wird ihnen nicht untreu sein, selbst wenn sie ihm untreu sind), aber im Feuer des Zornes Gottes werden sie eine unermessliche Belohnung verlieren, wenn sie ungläubig werden. Sie haben eine ewige Erlösung, aber sie sollen sie einsetzen, um eine Auszeichnung zu erhalten, wenn Jesus zu ihnen kommt.

57

Eine sehr, sehr kurze Zeit
Hebräer 10,36-39

Zu den Hauptthemen der ganzen Bibel gehört die Belohnung oder (um den biblischen Fachausdruck zu verwenden) `das Erbe´. Die Begriffe `Belohnung´ oder `Erbe´ beziehen sich niemals auf die Rechtfertigung; das Erbe kommt **durch** Rechtfertigung (wie es in Römer 4,13 heißt). Auch das `In-den-Himmel-Kommen´ ist nicht das Erbe. Sobald wir `gerettet´ sind (d.h. gerechtfertigt, wiedergeboren, als Gottes Kinder angenommen), stehen wir sozusagen in der Schlange, um die Verheißungen Gottes für unser Leben durch Standhaftigkeit im Glauben zu `ererben´. Betrachte Hebräer 6,12. Durch Glauben und geduldiges Ausharren ererben wir, was Gott uns zugesagt hat. Was hat er uns denn zugesagt? Dazu gehören die verschiedenen Berufungen, die Gott auf uns gelegt hat (Denken wir an die verschiedenen Dienste, zu denen die Menschen in Hebräer 11 berufen wurden!). Dazu gehören die Befähigung und die Versorgung. Dazu gehört das Teilhaben an Gottes Ruhe – der Augenblick in diesem Leben, wenn ein Teil oder ein großes Stück oder viel von unserem Lebenswerk vollendet ist. Dazu gehört die Belohnung im Himmel, Ehre von Jesus, sichtbare Herrlichkeit in einem auferstandenen Leib, ein Anteil an den neuen Himmeln und der neuen Erde, in welcher Gerechtigkeit wohnt.

Kann die Errettung verloren gehen? Wenn damit gemeint ist: `Kann die Rechtfertigung/Wiedergeburt/Gotteskindschaft verloren gehen?´, dann ist meine Antwort: Nein! Kann das Erbe der Belohnung verloren gehen (eine Formulierung, die Paulus in Kolosser 3,24 gebraucht)? Meine Antwort: Das ist möglich. Es kann ein Feuergericht geben, bei dem jedes unwürdige Werk verbrannt wird und wir infolgedessen Schaden nehmen. Die Warnungen der Heiligen Schrift haben es nie mit der Rechtfertigung, der Wiedergeburt oder der Gotteskindschaft zu tun. Bei ihnen geht es immer um die Folgen unserer guten oder schlechten Taten. Um unsere vollständige Belohnung zu erhalten, brauchen wir Ausdauer und beharrlichen Glauben. Das ist das Anliegen, auf das der Hebräerbrief Nachdruck legt. *36Ausdauer habt ihr nötig, damit ihr, wenn ihr den Willen Gottes getan habt, die Verheißung erlangen könnt.* Vielleicht fragt jemand: Wie ist es wohl, die Person in 1. Korinther 3,15 zu sein – im Himmel, doch ohne Belohnung? Meine Antwort: Wir wissen es nicht und brauchen es auch nicht zu wissen!

Jesus kommt zu uns, wenn wir ihn brauchen. Unser Schreiber ermutigt uns, vorwärts zu drängen und an den Zusagen, die Gott für uns hat, festzuhalten. Der Herr Jesus Christus wird uns zu Hilfe kommen, wenn wir ihn brauchen. *37Denn in einer sehr, sehr kurzen Zeit wird der kommen, der kommen soll, und sich nicht verspäten. 38Mein Gerechter aber wird aus Glauben leben, und wenn er zurückweicht, wird meine Seele kein Gefallen an ihm haben. 39Aber wir gehören nicht zu denen, die zurückweichen und dadurch ihr Leben zerstören, sondern wir sind diejenigen, die Glauben haben und dadurch den Besitz der Seele erlangen.*

Ist das ein Hinweis auf das zweite Kommen? Ja – aber wir müssen daran denken, dass das zweite Kommen voraus empfunden werden kann. Auf die eine oder andere Weise ist es **immer** wahr, dass `der Tag des Herrn nahe ist über alle Völker´, und das bezieht sich auf die Belohnung `Wie du getan hast, wird dir geschehen´. Deine Taten – ob gut oder schlecht – fallen zurück auf dein Haupt (Obadja 15). Das zweite Kommen ist ein Denkmodell für alle plötzlichen Eingriffe in unser Leben, in denen Gott uns züchtigt oder belohnt. In jedem Augenblick kann Jesus sagen: `Gut gemacht!´. Wenn das zweite Kommen nicht tatsächlich sehr bald kommt, dann wird stattdessen etwas geschehen, was ungefähr dieselbe Wirkung hat. Gott liebt es, Dinge zu versprechen und dann einen Vorgeschmack davon zu senden, was er versprochen hat. Das ist der Grund, weshalb manches für **sofort** versprochen zu sein scheint und gleichzeitig doch noch weit entfernt sein kann. Entweder die Sache selbst tritt ein oder etwas Gleichwertiges. Wie es auch geschieht, Jesus wird sehr, sehr bald zu uns kommen. Die Worte hier sind betont. `In einer sehr, sehr kurzen Zeit...´, sagt unser Schreiber. Jesus kommt zu uns früher als wir denken, mit Belohnung oder Gericht.

Wir leben aus Glauben. Jesus wird auf die eine oder andere Art sehr bald kommen. Gottes gerechte Leute sollen `aus Glauben leben´. Das bedeutet, dass wir **Leben gewinnen,** indem wir Gott vertrauen. Glaube bringt Energie, Kühnheit, Beharrlichkeit.

Gott gefällt es nicht, wenn wir in Unglauben fallen. Selbst wahre Gläubige können es versäumen, ihren Glauben anzuwenden. `Wo ist euer Glaube?´ – kann Jesus uns fragen (siehe Lukas 8,25). Das heißt nicht, dass wir völlig aufgehört haben, Gläubige zu sein, aber manchmal scheint unser Glaube in gewissen Krisen aufzuhören. Doch Gott möchte, dass wir am Glauben festhalten, ganz gleich, was uns passiert. Wenn wir einen Rückzieher machen, wird Gott kein Gefallen an uns haben.

Unglaube ist sehr zerstörerisch. Grundsätzlich ist der Christ gläubig. Unser Schreiber sagt: [39]*Aber wir gehören nicht zu denen, die zurückweichen und dadurch ihr Leben zerstören, sondern zu denen, die Glauben haben und dadurch den Besitz der Seele erlangen.* Wir sind wiedergeboren. Wir haben Glauben in unseren Herzen. Jesus betet, dass unser Glaube nicht versagt. Wir sind Leute, von denen es heißt: `Wir gehören nicht zu denen, die zurückweichen´. Wenn es trotzdem passiert, passt es nicht zu uns. Es läuft dem zuwider, was Gott für uns und in uns getan hat. Wir haben den Heiligen Geist; wir haben Gottes Stimme gehört. Es gibt keinen Grund, weshalb wir ungläubig werden sollten. Es ist äußerst beleidigend für Gott, wenn wir vernachlässigen, was er in uns hinein gelegt hat. Es zerstört unser Leben. Ich glaube nicht, dass das unbedingt bedeutet, dass der `Rückfällige´ in so einem Falle zur ewigen Strafe geht. Es gibt viele Stellen im Neuen Testament – und sogar im Hebräerbrief –, wo uns eine unzerstörbare Erlösung zugesagt wird. Und doch zerstört der Unglaube unser Leben! Wir hören auf, Gottes Stimme zu hören. Wir werden geistlich taub. Gott nimmt uns unseren Dienst aus der Hand – wie er `Saulus als König verwarf´ (aber es heißt nie, dass er Saulus selbst verwarf!). Unser Grundcharakter ist der: Wir gehören zu denen, die glauben und dadurch den Besitz der Seele erlangen (10,39). Wir gelangen zu unserer Belohnung. Selbst der Gedanke, dass wir unsere Belohnung verlieren, ist komisch und grotesk. Nur extremer offener Widerstand hält uns davon ab, unsere Belohnung jetzt und in Ewigkeit zu erhalten. Und doch ist es jener extreme Widerstand, den unser Schreiber zu verhüten besorgt ist. Einige hatten tatsächlich die Gemeinschaft verlassen (10,25) und waren völlig hart und unerreichbar geworden. Es war unmöglich, ihnen zu helfen oder sie zur Umkehr zu bewegen. Aber es ist nicht nötig, dass uns das passiert. Wir müssen einfach für Gottes Stimme offen sein, weiterhin treu Werke des Glaubens ausüben, die Gott uns auf den Weg legt, und eines Tages werden wir Jesus sagen hören: `Gut gemacht´. Das kann eher geschehen, als wir denken. Und es kann geschehen, bevor wir sterben, sowie auch am Throngericht Christi. Es scheint, dass einige mit knapper Not zum Himmel kommen. Aber wir können es viel besser machen. Wenn wir am Glauben festhalten, wird unser himmlischer Melchisedek kommen, wenn wir ihn brauchen, um uns zu versorgen und zu erfrischen, und wir werden das Leben erhalten – das ewige Erbe in der Herrlichkeit.

58

Der Charakter des Glaubens
Hebräer 11,1-3

Der Schreiber hat seine Leser dringend ermahnt, in ihrem Leben am Glauben festzuhalten. Wir haben Anlass, kühn zu Gott zu gehen und ihn um Hilfe im Leben des Volkes Gottes zu bitten (10,19-25). Unglaube wäre schwere Rebellion (10,26-31). Die Leser des Briefes waren willig und fähig, für Gottes Belohnungen zu leben (10,32-34). Sie sollen auf Kurs bleiben! Es wäre dumm, gefährlich, zerstörerisch, nicht im selben Glauben zu beharren, den sie bewiesen, seit sie zu ihrem ersten Glauben kamen (10,35-39).

Unser Schreiber ist jetzt zum nächsten Schritt bereit, bei dem er im Einzelnen zeigt, was dieser beharrliche Glauben bedeuten kann. Die ersten drei Verse behandeln einige vorbereitende Fragen. Dann fängt er an, die Charaktere des Alten Testaments in der Reihenfolge durchzugehen, in der sie im Alten Testament auftreten. Es geht ihm darum, den Lesern zu zeigen, was dieser beharrliche Glaube, von dem er gesprochen hat (erst kürzlich in 10,19-39, und auch vorher), praktisch bedeutet.

1. Zuerst gibt er eine Definition solch eines Glaubens, wie er ihn sich vorstellt. *¹Glaube ist nun die zuversichtliche Gewissheit über Dinge, die wir erwarten; es ist eine Überzeugung von Dingen, die man nicht sieht.* Der Glaube bezieht sich auf Gottes Wort und auf Gottes Charakter. Es heißt, Gott so zu glauben, dass wir eine tiefe und packende Gewissheit haben, dass, wenn Gott sagt, dass etwas geschehen wird, es auch wirklich geschieht.

Glauben ist das Gegenteil von Sehen. Wenn du etwas siehst und jemand spricht davon, dann brauchst du keinen Glauben mehr, um es als wahr zu akzeptieren. Wenn du aber glaubst, ohne es gesehen zu haben, dann glaubst du im Vertrauen auf das

Wort des anderen. **Glaube ist Gewissheit**. Mag sein, dass es einen Kampf mit Zweifeln gibt. Aber das Wesen des Glaubens ist die Gewissheit, dass Gott uns die Wahrheit sagt. ˋWir werden jetzt eine vollständige Definition des Glaubens haben´, sagt der berühmte Johannes Calvin, ˋwenn wir sagen, dass er eine feste und sichere Kenntnis der göttlichen Güte gegen uns ist...´.[a] Glauben heißt, dessen sicher zu sein, was Gott zu uns sagt. Sowohl in der allgemeinen Erlösungsbotschaft der Schrift als auch in der besonderen Führung durch den Heiligen Geist kommt der Christ zur Gewissheit, dass, was Gott zu ihm sagt, vollkommen vertrauenswürdig ist. Bei allen in Hebräer 11,4-31 erwähnten rund zwanzig Charakteren war es immer so, dass sie so etwas wie eine Überzeugung bekamen, dass Gott zu ihnen sprach oder sie führte, und diese Überzeugung genügte ihnen, ihr Leben und Tun auf das zu gründen, was Gott zu ihnen gesagt hatte. Bevor sie irgendeinen Beweis für Gottes Zuverlässigkeit gesehen hatten, waren sie bereit, in der Überzeugung zu handeln, dass es zutraf, was er ihnen sagte.

2. Unser Schreiber spricht von der Macht des Glaubens, Gottes Anerkennung zu bringen. [2]*Denn durch ihn empfing das Volk Gottes in der Vergangenheit Gottes Billigung und Lob.* Unser Schreiber denkt dabei an Leute wie die, die er gleich erwähnen will: Abel, Henoch, Noah, Abraham, Sara, Isaak, Jakob, Josef, Moses Eltern, Mose selbst, das Volk Israel, Josua, Rahab, Gideon, Barak, Simson, Jeftah, David, Samuel, die Propheten. In ihrem Umfeld mussten alle bestenfalls mit Missbilligung, schlimmstenfalls mit Ermordung rechnen. Und doch erhielten alle Gottes Lob. Gott sagte eigentlich zu jedem von ihnen: „Gut gemacht!" Sie erhielten Gottes Lob als Teil ihrer Belohnung, nämlich für ihre beständigen Glaubenstaten. Unser Schreiber denkt dabei in erster Linie an Billigung durch Gott, aber es ist auch darauf zu achten, wie jeder Glaubensheld schließlich auch die Anerkennung des Volkes Gottes erhielt. Zu ihrer Zeit wurden sie verachtet, manchmal sogar von Gottes Leuten, aber letzten Endes wurden sie von Gott gerechtfertigt.

3. Drittens sagt er uns, wie der Glaube mit der Schöpfung umgeht. [3]*Durch Glauben verstehen wir, dass die ganze Welt durch Gottes Befehl geschaffen wurde, sodass das Sichtbare aus Nicht-Sichtbarem entstanden ist.* Der Ausdruck `durch Glauben´ kommt etwa zwanzigmal in diesem Kapitel vor. Meistens bezieht er sich auf Dinge, die Menschen für Gott taten. Durch Glauben bahnte Abel den Weg für das Opfersystem. Durch Glauben bewies Henoch Gottes Macht über den Tod. Durch Glauben rettete Noah Menschen aus dem Gericht. Und so weiter. Doch überrascht es, dass der Schreiber vor dem, was Menschen taten, den Glauben an die Schöpfung nennt. Warum wird die Schöpfung hier erwähnt? Weil der Glaube an die Schöpfung zeigt, was das Wesen des Glaubens ist. Niemand war Zeuge der Schöpfung. Die menschliche Rasse war die letzte im Genesis-Bericht erwähnte Schöpfung. Es gibt wirklich nur eine Möglichkeit, etwas über die Schöpfung zu wissen. Gott muss es uns sagen! Und – ohne wirklich irgendetwas von der Schöpfung miterlebt zu haben – kommen wir zum Glauben, dass die Schöpfung eine Tatsache ist. Wir glauben einfach, was Gott sagt. Nichts ist ein so großartiger Beweis für das, was Glaube ist, wie unser Glaube an dieser Stelle. Und der Glaube ist auch weiterhin ein Glaube an die Schöpfung! In jeder Situation glauben wir, dass Gott nur durch seine eigene Kraft zuwege bringt, was er verspricht. Gott hat es gesagt; wir glauben es – in jeder Situation, in die er uns führt. Das ist derselbe Glaube, den wir haben, wenn wir glauben, dass Gott alles um uns herum erschaffen hat.

Anmerkung:
a. J. Calvin, Institutes 3:2:7 (Übersetzung durch Henry Beveridge)

59
Abel – Henoch – Noah
Hebräer 11,4-7

Es sind etwa zwanzig Charaktere, die der Schreiber in Hebräer 11,4-31 erwähnt. Danach erinnert er uns an einige Errungenschaften des Glaubens (11,32-35a) und an Zeiten, als diese Gottesleute über das triumphierten, was wie eine Niederlage aussah (11,35b-38).

Zwei Beobachtungen allgemeiner Art sind wichtig. (i) In keinem Fall wird in den Beispielen von 11,4-31 berichtet, wie diese Menschen zum ersten Glaubensschritt –zu ihrer Erlösung– kamen. Abel **hatte** schon rettenden Glauben, als er seinen Glauben im Tieropfer ausdrückte. Henoch **hatte** schon rettenden Glauben, als er ohne zu sterben zu Gott ging. Die Beispiele konzentrieren sich auf Taten des Glaubens, die **nach** dem ersten rettenden Glaubensschritt der betreffenden Gläubigen getan wurden. Genau das ist es, was der Schreiber seinen Lesern sagen will. Durch Glauben und Ausharren sollen sie sich daran beteiligen, das Reich Gottes zu propagieren. (ii) All diese Menschen taten etwas, was noch niemand vor ihnen getan hatte und was auch nie wiederholt wurde. Niemand baute eine Arche auf genau dieselbe Art wie Noah. Niemand musste noch einmal eine bauen. Vor Josua hat niemand jemals eine Stadt zerstört, indem er um sie herum marschierte und Trompeten blies, und nach ihm hat es niemand getan. Die Beispiele betonen, dass Gott einen persönlichen und individuellen Willen für unser Leben hat, den wir nicht dadurch finden, dass wir die Berufungen anderer kopieren.

1. **Abel begründete das Opfersystem.** *⁴Durch Glauben brachte Abel Gott ein besseres Opfer dar als Kain. Dadurch erhielt er von Gott das Zeugnis, dass er gerecht war. Gott selbst hat seine Opfergaben*

bezeugt und, obwohl er gestorben ist, spricht er dadurch immer noch. Viele Punkte, die unser Schreiber weitergeben will, finden sich in der Geschichte Abels. (i) Abel bekam den Gedanken, dass er durch ein Blutopfer vor Gott gerecht wurde, offensichtlich von Gott selbst. Gott hatte ein Tier geopfert, um Adam und Eva zu bekleiden (1. Mose 3,21). Der Glaube beruht auf dem, was Gott darüber sagt, was Gottes Willen ist. Kains Opfer scheint seine eigene Idee gewesen zu sein, die darauf beruhte, wie hart er als Landwirt `im Schweiße seines Angesichts´ gearbeitet hatte (siehe 1. Mose 3,19). (ii) Abel erreichte etwas für Gott. Was er tat, war der Anfang des Opfersystems (das später Teil des mosaischen Gesetzes wurde), bei dem es darum ging, dass man Gott nur durch den Tod eines Stellvertreters nahen konnte. Sein Opfer war ein Hinweis auf Christus. (iii) Er erreichte etwas für Gott, was seine eigene Lebenszeit überdauerte. Sein Glaube und seine Botschaft sind für uns heute immer noch von Bedeutung. (iv) Gott sagte im Grunde zu Abel: `Gut gemacht´! Er `kam zur Ruhe Gottes´. Er erhielt die Belohnung für seinen Glauben.

2. **Henoch bewies Gottes Macht über den Tod**. *⁵Durch Glauben wurde Henoch aus diesem Leben genommen, damit er den Tod nicht erlebte, und er konnte nicht gefunden werden, weil Gott ihn weggenommen hatte. Denn bevor er aufgenommen wurde, erhielt er das Zeugnis, dass er Gott gefallen hatte.* Unser Schreiber richtet sich nicht nur nach der Reihenfolge des Alten Testaments. Die Themen folgen auch einem logischen Aufbau. Der christliche Glaube ist zuerst Glaube an die Schöpfung (11,3). Weiter ist er Glaube an das `Blut des Lammes´ (11,4). Er ist Glaube an Gottes Macht über den Tod (11,5-6). Die Merkmale eines beharrlichen Glaubens zeigen sich auch bei Henoch. Zu der Zeit, als er weggenommen wurde, hatte er schon Glauben. Er `lebte mit Gott´ (1. Mose 5,24). Gott versprach Henoch, dass er nicht sterben würde, und weil er am Glauben festhielt, geschah es so, wie Gott gesagt hatte. Henoch erreichte etwas für Gottes Reich. Er gab einen seltenen Beweis dafür, dass Gott Macht hat über den Tod. Für Henoch war der Glaube Gewissheit. Er lebte mit der ihm von Gott gegebenen Überzeugung, dass er Gott gefiel.

Schon vor dem Ausgießen des Heiligen Geistes bezeugte ihm der Geist Gottes, dass er ein Kind Gottes war und Gott gefiel. Auch er war `zur Ruhe Gottes gekommen´.

Um sicher zu gehen, dass wir verstehen, um was es ihm geht, fügt der Hebräerbrief eine Bemerkung hinzu, damit wir von diesen Beispielen lernen. *6Aber ohne Glauben ist es unmöglich, Gott zu gefallen, denn wer zu Gott kommt, muss glauben, dass es ihn gibt und dass er ein Belohner derer ist, die ihn suchen.* Wir sehen, dass unser Schreiber an **beständigen** Glauben denkt. Ohne Beharrlichkeit im Glauben wird Gott kein Gefallen an uns haben. Hier wird wieder betont, dass wir uns `Gott nähern´ müssen. Glaube in dieser Situation bedeutet zweierlei: Wir müssen glauben, dass Gott da ist. Wenn uns Missgeschicke treffen, empfinden wir das manchmal so, als wäre Gott nicht da! Wir müssen auch an eine Belohnung glauben! Das ist eine sehr starke Aussage über die Belohnung. Jeder, der nicht an eine Belohnung glaubt, missfällt Gott in gewissem Umfang!

3. **Noah rettete seine Familie.** *7Im Glauben fürchtete sich Noah mit heiliger Furcht, als er vor Ereignissen gewarnt wurde, die noch niemand erlebt hatte, und baute eine Arche zur Rettung seiner Familie. Damit verurteilte er die damalige Welt und wurde ein Erbe durch die Gerechtigkeit, die aus dem Glauben kommt.* Wieder bemerken wir Schlüsselelemente des beharrlichen Glaubens. (i) Er beruhte auf dem, was Gott gesagt hat. (ii) Er führte zum praktischen Handeln. Noahs Glaube blieb unbeirrt fest, bis er den Willen Gottes tat. (iii) Sein Handeln ließ seinen Glauben klar hervortreten und zeigte ebenso deutlich den Unglauben seiner Zeitgenossen. Sein Glaube hob sich gut ab gegen den Unglauben seiner Umgebung und damit verurteilte er sie durch sein Beispiel. (iv) Er wurde ein Erbe der Belohnung.

Hier ist eine wichtige sprachliche Besonderheit. Im Griechischen ist die Formulierung `Erbe der Gerechtigkeit, die aus dem Glauben kommt´ kein Genitivobjekt (als wäre die Gerechtigkeit das, was ererbt wird). Der Genitiv ist ein `Genitiv des Ursprungs´. Ebenso wie in 2. Korinther 4,7 davon die Rede ist, dass die alles überragende Kraft `Gottes´ ist (d.h. **von** Gott), so spricht Hebräer 11,7 davon, dass man ein `Erbe der Gerechtigkeit des Glaubens´ ist (d.h. ein `Erbe **aus** der Gerechtigkeit des Glaubens´ oder besser verständlich: `ein Erbe infolge der Gerechtigkeit des Glaubens´). Es bedeutet nicht, dass der Glaube `die Rechtfertigung ererbt´ (das wäre ein noch nie vorgekommener Gebrauch des Wortes `erben´); es bedeutet, dass diejenigen, die aus Glauben gerechtfertigt sind, Leute werden, die dazu bestimmt sind, die Belohnungen Gottes zu ererben. Eine Parallele dazu ist Römer 4,13. Die Verheißung an Abraham und seine Nachkommen, dass er die Welt erben würde, kam nicht aus dem Gesetz, sondern durch die `Gerechtigkeit des Glaubens´. Noah ist ein großartiges Beispiel für alles, was unser Schreiber bisher gesagt hat. Er wurde allein durch Glauben gerettet. Er `fand Gnade´ – und nichts anderes als Gnade hat zu seiner ursprünglichen Gerechtigkeit vor Gott beigetragen. Aber dann hat sein Glaube durchgehalten. Er hörte Gottes Stimme (erinnern wir uns an Hebräer 3,15!). Trotz des Widerstands der Menschen um ihn her weigerte er sich, seinen Glauben aufzugeben. Er leistete etwas für Gott. Er wurde angetrieben von dem Gedanken an das, was er erben würde. Die Errettung bahnt den Weg zum Erbe. Das sind die Themen des Hebräerbriefs und unser Schreiber findet sie alle in der Geschichte von Noah.

60

Der Eine und die Vielen
Hebräer 11,8-12

Alle gläubigen Christen glauben an die Schöpfung (11,3). Abel war ein Hinweis auf die Erlösung durch Blut (11,4). Henoch zeigte, dass der Tod besiegt war (11,5-6). Noah predigte das Evangelium in einer Zeit des Zornes Gottes (11,7). Aber Abraham, der Vater aller Gläubigen und der Pionier des Volkes Gottes ist es wert, noch ausführlicher erwähnt zu werden. Unser Schreiber befasst sich mit seiner Geschichte im Einzelnen (11,8-19).

8Durch Glauben gehorchte Abraham, als er berufen wurde, an einen Ort zu gehen, den er als Erbe erhalten sollte. Und er machte sich auf den Weg, ohne zu wissen, wohin er ging. Abraham ist natürlich das größte Glaubensbeispiel in der Bibel; er ist der Vater aller Gläubigen.

In den Beschreibungen unseres Schreibers sind viele Aspekte des Glaubens zu erkennen. (i) **Der Glaube hat es mit einem Wort von Gott zu tun.** Abraham wurde berufen zu tun, was er tat. (ii) **Der Glaube schaut voraus in die Zukunft.** Er ist immer mit Erwartung oder Hoffnung verbunden. (iii) **Der Glaube schaut nach dem Erbe oder der Belohnung.** Wir haben das häufig im Hebräerbrief und in anderen Teilen der Bibel gesehen und hier haben wir es explizit. (iv) Obwohl es beim Glauben eine grobe Kenntnis der Zukunft gibt, **enthält er doch kein ausführliches Wissen über die Zukunft.** Abraham wusste ganz allgemein, dass er ein Land erhalten sollte. Aber trotzdem wusste er nicht, wohin er ging, bis er dort ankam.

9Durch Glauben lebte er wie ein temporärer Gast; er lebte in Zelten als Ausländer in dem ihm versprochenen Land, und Isaak und

237

Jakob, die mit ihm Erben derselben Verheißung waren, lebten genauso.
(v) **Das endgültige Wunschbild des Glaubens richtet sich auf das Leben jenseits vom Grab.** Selbst das verheißene Land wurde von Abraham nicht als letzte Heimat angesehen. (vi) **Der Glaube trennt uns von unserer Umgebung** und von unserem Volk. Abraham war in gewissem Umfang entfremdet von seiner Umgebung. Er war wie ein Ausländer. Seine Nachbarn fühlten sich in Kanaan ganz zu Hause, aber Abraham nicht. Er hat sich mit den Überzeugungen und dem Lebensstil der Kanaaniter um ihn herum nicht identifiziert und hat keinen Ort auf dem Planeten Erde als permanentes Zuhause betrachtet. (vii) **Der Glaube wirkt sich aus auf unsere Einstellung gegenüber Besitz.** Da Abraham Kanaan nicht als permanentes Zuhause betrachtete, warum sollte er dann ein Haus bauen und sich dort ansiedeln? Er lebte in Zelten wie jemand, der jederzeit bereit ist umzuziehen. Der Christ ist ein Pilger in dieser Welt, nicht ein Siedler. Vielleicht ist ein Haus nützlich für uns! In einem Backsteinhaus zu wohnen ist keine Sünde! Aber wir sollten darin leben, als wäre es ein Zelt und als wären wir im Begriff, bald anderswohin umzuziehen – wie es ja wirklich der Fall ist! (viii) Wieder wird betont - **Abraham lebte für eine Belohnung.**

Er war ein `Erbe´ von Segnungen, die Gott für ihn geplant hatte. Er lebte für das, was Gott für ihn tun würde und er überzeugte seinen Sohn, es genauso zu machen, und auch sein Enkel lebte so.

Dieses Leben für eine Belohnung wird im Vers 10 betont. Denn er freute sich auf die Stadt, die ein Fundament hat, deren Planer und Erbauer Gott ist. Die von Gott vorgesehene Belohnung motivierte Abraham; er freute sich sehr darauf. Die Belohnung bestand aus einer Stadt. Menschen ohne Gott gefällt oft das Stadtleben. Schon früh in der Entwicklung der menschlichen Rasse erbauten sich heidnische Menschen Städte (siehe 1. Mose 4,17; 11,4), aber Gott vereitelte ihre Versuche, durchs Stadtleben `zum Himmel zu gelangen´ (1. Mose 11,8). Abrahams Neffe wünschte sich das Stadtleben in Sodom, erfuhr aber, dass `der Herr im Begriff ist, diese Stadt zu vernichten´.

Stattdessen sollten sich Gottes Leute auf Gottes Stadt freuen. Jerusalem war ein Schatten davon und die Psalmisten liebten Jerusalem genauso sehr wie das mosaische Gesetz. `Auf dem heiligen Berg steht die Stadt, die er gegründet hat´, sagten sie (Psalm 87,1). Aber die wirkliche Stadt ist überhaupt nicht von Menschen gemacht. Jerusalem war nur ein schwacher Schatten davon. Sie kommt `von Gott vom Himmel herab´ (Offenbarung 21,2). Darin lag Abrahams Motivation. Er wusste, es gab etwas weit Besseres als das Stadtleben Sodoms und Gomorras. Er wusste, Gottes Stadt würde Bestand haben (im Gegensatz zu Sodom); er wusste, Gott musste ihr Planer und Architekt sein.

(ix) **Der Glaube wirkt sich aufs Familienleben aus**. Anscheinend hat Abraham seine Familie ebenso gerettet wie Noah (siehe 11,7), denn er scheint in der Lage gewesen zu sein, seinen Glauben an Isaak weiterzugeben, und Isaak tat dasselbe für Jakob. Vers 11 beschäftigt sich dann mit Saras Anteil am Leben Abrahams. [11]*Durch Glauben erhielt auch Abraham – zusammen mit Sara, der es nicht möglich war, ein Kind zu bekommen – Kraft, Vater zu werden, obwohl er schon sehr alt war. Das geschah, weil er Gott, der die Zusage gemacht hatte, als treu erachtete.* Das Griechische bedeutet wahrscheinlich nicht: `Durch Glauben [erhielt] Sara selbst...´ (weil sich die Formulierung bei dem im Hebräerbrief verwendeten Griechisch nur auf den Mann beziehen kann). Es bedeutet eher `Durch den Glauben hat auch er [Abraham], zusammen mit der unfruchtbaren Sara[a], Kraft bekommen, ein Kind zu zeugen...´ Aber wie man die Sache auch betrachtet, Sara war beteiligt! Obwohl sie anfangs skeptisch war (1. Mose 18,12), kam sie zum Glauben, weil sie in der Lage war, `Gottes Stimme zu hören´, als sie scharf getadelt wurde (siehe 1. Mose 18,13). Was offensichtlich ist in der Geschichte der Glaubenshelden, ist, dass es für sie schwierig war, ihre Familien zu demselben Glauben zu bringen, den sie hatten. Natürlich war der `Glaubensheld´ manchmal eine Frau und an anderer Stelle werden Moses Mutter und Rahab lobend erwähnt.

(x) **Der Glaube überwindet scheinbare Unmöglichkeiten**. Unser Schreiber fährt fort: [12]*Und daher wurden von einem Mann –*

und in dieser Hinsicht war er tot! – Nachkommen geboren. An Menge waren sie so zahlreich wie die Sterne am Himmel und so zahlreich wie die zahllosen Sandkörner am Meeresstrand. Abraham musste im Glauben alleine stehen. Manchmal betont die Bibel seine Einsamkeit. `Schaue auf deinen Vater Abraham und auf Sara, die dich getragen hat; denn er war nur einer, als ich ihn rief´ (Jesaja 51,2). `Abraham war nur ein Mann, und doch bekam er das Land als Besitz´(Hesekiel 33,24). Einem einzelnen Mann wurde die Verheißung gegeben. Und er war so alt, dass er eigentlich tot war! Es gab kaum eine Hoffnung, dass Abraham erben konnte, was ihm versprochen war. Aber er hielt am Glauben fest. Das Ergebnis war, dass der Eine zu Millionen wurde! Aus Abraham entstanden Millionen Juden. Millionen Juden waren die Umgebung, in denen ein anderer `Einer´ geboren werden würde – der Same Abrahams par excellence, unser Herr Jesus Christus. Und von diesem Einen würden Millionen `Kinder Abrahams´ in einem noch tieferen Sinne entstehen, Christen, Leute, die Abrahams Glauben teilen, der, bevor es geschah, das Kommen Jesu von ferne sah (siehe Johannes 8,56). Der Eine wurde zu Vielen – durch Glauben.

Anmerkung:
a. Das griechische *autē Sara* sollte als Dativ der Begleitung gelesen werden.

61
Erfolg nach dem Tod!
Hebräer 11,13-16

An dieser Stelle macht der Schreiber des Hebräerbriefs einen
Einschnitt, um etwas mehr über das Wesen des Glaubens
nachzudenken, bevor er zum nächsten Ereignis im Leben
Abrahams übergeht. Es gibt nämlich einen anderen Aspekt des
Glaubens, der von Interesse ist. Einige unserer bedeutendsten
Leistungen beginnen in diesem Leben, und doch haben sie ihre
am weitesten reichenden Auswirkungen, wenn wir gestorben
sind. Das größte Beispiel ist Jesus!

(xi) **Der Glaube erzielt Erfolg für Gott, sogar wenn wir
gestorben sind.** Wir haben schon die Aussage gehabt: `Obwohl
er gestorben ist, spricht er immer noch´ (11,4). Jetzt macht der
Schreiber klar, dass dasselbe auch für andere gilt. Er sagt: [13]*Diese
alle starben im Glauben, ohne die Dinge erhalten zu haben, die ihnen
versprochen waren...* Sie müssen die Zusagen in **gewissem** Sinn
erhalten haben, weil es in Hebräer 6,15 heißt: `Abraham, ...der
geduldig gewartet hat, erhielt die Zusage´, und in Hebräer 11,33
steht, dass diese Helden `Verheißungen´ erhielten. Sie hatten,
was ihnen versprochen war, in dem Sinne erhalten, dass sie
einen Eid bekommen hatten und die Zusagen, die ihnen gemacht
worden waren, **zwangsläufig** erfüllt werden würden. Im Fall
Abrahams war es seit dem Ereignis aus 1. Mose 22
hundertprozentig gewiss, dass Jesus als Same Abrahams
kommen würde. Aber in einem anderen Sinn hatte er die
Verheißung nicht erhalten, weil es erst lange nach Abrahams
Tod geschah. Das ist ein wichtiger Punkt für uns. Manches von
dem, was wir für Gott tun, hat seine größte Wirkung auf andere
erst, wenn wir zum Himmel gegangen sind! Das Glaubensleben
hat eine **dauerhafte** Wirkung im Reich Gottes. Wir müssen bereit

sein, `die Verheißung erhalten zu haben´, und sie in unserer Lebenszeit doch noch nicht ganz zu erkennen. Wie Abel tun wir vielleicht den größten Teil unserer Arbeit, wenn wir gestorben sind!

Nebenbei gibt uns der Verfasser einen klaren Begriff davon, womit es diese Art Glauben zu tun hat. [13]*Diese alle starben im Glauben, ohne die Dinge erhalten zu haben, die ihnen versprochen waren, aber nachdem sie sie aus der Ferne gesehen hatten. Sie ergriffen sie und bestätigten, dass sie Ausländer waren und auf der Erde im Exil lebten.*

Glauben heißt Sehen. Zuerst ist der Glaube völlig passiv. Er ist eine Überzeugung im Herzen, mit der wir `sehen´, dass, was Gott sagt, wahr ist. Zuerst besteht er nicht darin, dass wir irgendetwas tun, sondern dass wir etwas sehen. Wie das Volk Israel, das die eherne Schlange sah und Leben fand (4. Mose 21,9), so `sehen´ wir Gottes Wort durch den Heiligen Geist und finden Leben in dem, was wir sehen.

Glaube heißt, was wir sehen, zu ergreifen. Glauben ist nicht bloß eine Sache des Intellekts. Es beginnt damit, dass man passiv ist, aber was wir sehen, ergreift unser Herz so, dass es uns begeistert und aufrüttelt. Es ist nichts Intellektuelles beim rettenden Glauben! `Das Wort wird nicht im Glauben angenommen, wenn es nur im Gehirn flattert, sondern wenn es tiefe Wurzeln in unserem Herzen schlägt…´, sagte Johannes Calvin.[a]

Glauben heißt sehen und mit solcher Überzeugung ergreifen, dass der Glaube für jeden schlagartig sichtbar wird. Die Helden des Glaubens sahen. Sie ergriffen. Dann `bekannten´ sie es. Sie haben kein Blatt vor den Mund genommen und jedem gesagt, dass in ihrem Leben etwas passiert ist, was ihnen eine ganz neue Lebensperspektive gab. Sie hatten kein brennendes Interesse mehr an den Gütern dieser Welt. Sie fühlten sich nicht mehr heimisch bei den Leuten aus ihrer Umgebung. Sie machten es jedem ganz klar, dass ihre Hoffnung im Himmel lag. [14]*Denn die so etwas sagen, machen deutlich, dass sie ein Land suchen, zu dem sie wirklich gehören.* Sie richten ihren Blick auf die himmlische

Herrlichkeit. Das Land, in dem sie ihre `himmlische Staatsange-hörigkeit´ haben, betrachten sie als ihre wirkliche Heimat, – und sie ließen es alle wissen.

(xii) **Ein gewissenhafter Glaube wächst immer weiter bis ins hohe Alter.** In Hebräer 11,15 steht: *Hätten sie an das Land gedacht, aus dem sie ursprünglich kamen, so hätten sie die Möglichkeit gehabt, umzukehren.* Unser Schreiber denkt an das hohe Alter Abrahams. Als Abraham schon ziemlich alt war und seine Aufgabe mehr oder weniger erfüllt war, erhielt er Nachricht von seiner weiteren Verwandtschaft in Ur in Chaldäa (siehe 1. Mose 22,20-24). [Ur liegt im Süden Iraks, am Euphrat, 14 km westlich vom heutigen Nasiriyeh.] Abraham war dort aufgewachsen, und die meisten Leute haben schöne Erinnerungen an den Ort, an dem sie aufgewachsen sind. Viele gehen in hohem Alter gerne in ihre ursprüngliche Heimat zurück! Abraham hatte Gelegenheit, von Kanaan `in den Ruhestand´ zu treten und zu seiner alten Familie zurückzukehren und sich dort auszuruhen bis zu seinem Tode in Ur in Chaldäa. Aber wir ziehen uns vom Glauben nicht `in den Ruhestand´ zurück. Abraham und seine Familie blieben, wo Gott sie hingestellt hatte. Nicht, weil sie für Kanaan lebten. Aber Kanaan war der Ort, an den sie gestellt waren, um Gott zu dienen. 16*Aber in Wirklichkeit wünschen sie sich ein besseres Land, nämlich ein himmlisches.* Sie blieben in Kanaan, freuten sich aber auf die himmlische Herrlichkeit. Jeder Geburtstag Abrahams in seinem Alter war ein Schritt näher zum Ziel! Gott selbst ehrt die Menschen des Glaubens.

Deshalb schämt sich Gott nicht, ihr Gott zu heißen, weil er eine Stadt für sie vorbereitet hat. Beharrlicher Glaube wird bis ans Ende siegen, bis er die letzten Etappen der himmlischen Belohnung erreicht. Gott selbst wird stolz auf uns sein. Die Welt, in der wir leben, ist unheilbar böse. Wir lösen uns von ihr und bereiten uns vor auf die Wiederkunft Jesu in der Herrlichkeit seines Vaters. Uns wird die denkbar größte Ehre zuteil – die Billigung Gottes und die Freude am Neuen Jerusalem, das auf die Erde kommen wird und in dem für immer Gerechtigkeit herrschen wird. Die

Stadt ist schon vorbereitet, und wir gehen darauf zu – durch beharrlichen Glauben.

Anmerkung:
a. J. Calvin, Institutes 3:2:36 (engl. Übersetzung von Henry Beveridge).

62

Die Verheißung erhalten
Hebräer 11,17-19

Unser Schreiber kehrt jetzt zu Abraham zurück. Wir dürfen nicht vergessen, was er vorhat. Er will uns überreden, weiter an Gott und an seine Verheißungen zu glauben. Er schreibt nicht an Menschen, die keine Christen sind, und er schreibt nicht an Christen, die `unseren Zusammenkünften fernbleiben´. Er schreibt nur an Christen, die weiterhin Christen sein und als Christen gewisse Fortschritte machen wollen. Seine große Bitte ist, dass wir uns nicht im Unglauben und im rebellischen Zweifel von Gott und seinem Sohn, unserem Herrn Jesus Christus, abwenden, und davor warnt er. Gott hat es ermöglicht, dass wir ein gereinigtes Gewissen und Zugang zu ihm haben. `Wir **können** das Allerheiligste im Himmel durch Jesu Blut kühn und zuversichtlich betreten´, hat er gesagt. Die Möglichkeit besteht, dass wir bei Gott selbst Barmherzigkeit und Gnade finden. Gott selbst sagt: `Kommt zu mir´(Jesaja 48,16). Unser Schreiber bittet uns dringend, nicht bewusst zu sündigen, nachdem wir die Erkenntnis der Wahrheit empfangen haben. Konkreter gesagt, will er, dass wir Gottes Willen für unser Leben finden und vorwärts eilen, um in der Hoffnung auf große Belohnung Gottes Willen für unser Leben zu tun. Wir brauchen Ausdauer, um die Verheißung der Nützlichkeit und der Belohnung zu bekommen. Gott wird uns in Kürze zu Hilfe kommen, aber wir müssen im Glauben beharren.

Deshalb zeigt uns jetzt unser Schreiber, was das bedeutet, indem er unsere Aufmerksamkeit auf die großen Glaubensbeispiele des Alten Testaments lenkt. Er hat Abel und Henoch und Noah erwähnt, aber das größte Vorbild für Glauben ist Abraham. Er erzählt uns jetzt, wie Abrahams Glaube ihn zur größten Lebensleistung brachte. Er denkt an die Geschichte, die wir in 1. Mose 22 finden.

1. **Es fing mit einer Prüfung an**. [17]*Im Glauben brachte Abraham in einer Zeit, in der er geprüft wurde, Isaak als Opfer dar.* Bevor Abraham zum größten Segen seines Lebens gelangte, hatte er die größte Prüfung seines Lebens zu bestehen. Wahrscheinlich erleben auch wir das so.

2. **Die Prüfung hatte es mit einer Bedrohung der Verheißungen zu tun, die Gott Abraham gegeben hatte**. [17]*Im Glauben brachte Abraham in einer Zeit, in der er geprüft wurde, Isaak als Opfer dar.* Abraham, der die Verheißungen erhalten hatte, opferte seinen einzigen Sohn. Die Forderung Gottes betraf Isaak, obwohl Isaak derjenige war, auf den sich alle Verheißungen Gottes konzentrierten. [18]*Von Isaak hieß es `In Isaak wirst du Nachkommen haben´.* Wenn Isaak starb, was würde aus allem werden, was Gott Abraham vor vielen Jahren versprochen hatte? Manchmal begegnet uns eine Herausforderung, etwas, was alles bedroht, für das wir gelebt haben, etwas, was sogar das bedroht, was wir für den Willen Gottes für unser Leben halten.

3. **Die Herausforderung für Abrahams Glauben führte ihn zu größerem Glauben als je zuvor**. Unser Schreiber sagt: [19]*Er rechnete damit, dass Gott Isaak sogar von den Toten auferwecken konnte. Und – als Gleichnis – erhielt er ihn von den Toten zurück.* Unser Text sagt nicht, dass Abraham bereit war, Isaak zu opfern (im Gegensatz zu einigen modernen Übersetzungen); er sagt: `Abraham opferte seinen einzigen Sohn´. Er tat es! Im Geist und in der Absicht war es so gut wie getan! Was ihn befähigte, so gehorsam zu sein, war, dass Abraham zu neuen Glaubenshöhen erhoben worden war. Als er das Messer auf seinen Sohn herabführte, rechnete er bei sich selbst damit, dass Gott, falls nötig, Isaak von den Toten auferwecken könnte. Wir erinnern uns daran, dass er zu den Knechten sagte: `**Wir** werden zu euch zurückkommen´ (1. Mose 22,5). In Abrahams Vorstellung war Isaak so gut wie tot. Da gab Gott ihm den Isaak zurück! Es war so, als hätte er an eine Auferstehung geglaubt und es war – symbolisch – eine Auferstehung Isaaks, die Abraham erhielt.

Abrahams Glaube wurde zu einem Auferstehungsglauben. Christlicher Glaube beginnt als Schöpfungsglaube (siehe 11,3) und steigt empor als Auferstehungsglaube.

Abraham überlegte! Es war geistliche Logik, die ihn befähigte, zu großen Glaubenshöhen aufzusteigen. Abraham sagte sich: `Gott hat mir diese Verheißungen über einen Nachkommen gegeben, durch den alle Nationen gesegnet werden. Jetzt verlangt Gott von mir, genau diesen Nachkommen zu opfern. Aber Gott hat alle Macht. Er steht immer zu seinem Wort. Es kann nur bedeuten, dass Gott beabsichtigt, meinen Sohn Isaak von den Toten aufzuerwecken. Ich weiß, dass er den Tod besiegt, weil ich mich an Henoch erinnere. Ich rechne daher damit, dass er etwas Ähnliches für mich tut!´ Es war so eine geistliche argumentative Logik, die Abraham dazu brachte, zuversichtlich auf Gott zu vertrauen als einen, der Tote auferweckt.

4. **Der größte Teil der Geschichte wird als bekannt vorausgesetzt!** Unser Schreiber weiß, dass wir wissen, was geschah. Hebräer 6,13-20 hat sich schon auf den Eid bezogen, der dem Abraham damals geleistet wurde. Abrahams ausdauernder Glaube brachte ihn schließlich so weit, dass er die Verheißung `empfing´. Gott schwor dem Abraham, dass die Verheißungen, an die er seit vielen Jahren geglaubt hatte, tatsächlich in Erfüllung gehen würden. Sie wurden ihm nach dem Ereignis in 1. Mose 22 wirklich fest zugesichert. Ausdauer im Glauben führt dazu, dass die Zusagen ererbt werden. Um diesen Punkt ging es unserem Schreiber schon immer, und jetzt veranschaulicht er ihn erneut mit der Geschichte Abrahams. Er möchte, dass Christen auf demselben Glaubensweg gehen, den schon Abraham gegangen ist. Der moderne Christ hat mehr als Abraham! Er hat das immer wirksame Blut Christi, das ihn befähigt, aus dem Gnadenthron Kraft zu schöpfen. Er hat die allmächtige Fürbitte des Herrn Jesus Christus zur Rechten der Majestät in der Höhe.

63

Isaak – Jakob – Josef
Hebräer 11,20-23

Das Glaubensleben ist der Kern dessen, was es bedeutet, zum Volk Gottes zu gehören. Abraham ist das große Vorbild dafür, was es heißt, ein glaubender Mensch zu sein, und viele Jahrhunderte lang waren es seine Nachkommen, bei denen der Glaube an den Gott der Bibel zu finden war. Der Hebräerbrief fährt fort, Isaak, Jakob und Josef zu erwähnen. Allerdings war nicht jeder Nachkomme Abrahams ein wahrer Gläubiger. Die Jesus kreuzigten, sagten: `Wir sind Abrahams Nachkommen´, aber Jesus sagte ihnen `Ihr seid von eurem Vater, dem Teufel´! Nicht alle sind schon deshalb `Kinder Abrahams´, weil sie von Abraham abstammen. Unser Schreiber wählt die aus, die ihres Glaubens wegen Beachtung verdienen.

1. **Isaak hatte Glauben für die Zukunft seiner beiden Kinder**. [20]*Durch Glauben segnete Isaak den Jakob und den Esau hinsichtlich zukünftiger Dinge.* Der Glaube richtet sich auf die Zukunft des Reiches Gottes. Es ist auffällig, dass die Beispiele, die uns an dieser Stelle gegeben werden, sich alle auf das Lebensende von Menschen beziehen. Isaak segnete Jakob und Esau, als er dachte, er würde sterben (1. Mose 27,2). Jakobs Glaube war zu sehen, `als er starb´ (11,21). So war es auch bei Josef (11,22). Es wird wieder betont, dass unser Glaube sich in die Zukunft erstrecken muss. Wenn wir jetzt Männer und Frauen des Glaubens sind, wird sich unser Glaube auf zukünftige Generationen und auf die Zukunft der Gemeinde des Herrn Jesus Christus auswirken. Isaak schaute in die Zukunft und hatte Glauben an `zukünftige Dinge´. Wenn wir die Geschichte in 1. Mose 27 lesen, stellen wir fest, dass Isaak in erster Linie den Jakob segnete und den Esau nur in zweiter Linie.

Die Hauptlinie des Volkes Gottes war dazu bestimmt, durch Jakob zu gehen. Isaak hätte es lieber gehabt, wenn der Segen durch Esau geflossen wäre. Aber genau das ist der Augenblick, in dem Isaak als Mann des Glaubens zu erkennen ist. Jakobs Arglist wurde von Gott gebraucht (Jakob musste sich schließlich davon lossagen, aber Gott gebrauchte sie im Augenblick). Als Isaak herausfand, wie er getäuscht worden war, zitterte er heftig und sagte: `Ich habe ihn gesegnet? Ja, und er wird gesegnet sein´(1. Mose 27,33). Sein Glaube konnte erkennen, dass Gott das, was er persönlich gewollt hätte, abgelehnt hat. Das ist Glaube – zulassen, dass Gott uns gebraucht, wie er es wünscht, zulassen, dass Gott Gott ist!

2. **Jakobs Glaube erwartete das Unerwartete.** [21]*Durch Glauben segnete Jakob, als er im Sterben lag, beide Söhne Josefs; und betete Gott an, wobei er sich auf die Spitze seines Stabes stützte.* Das hebräische Wort konnte *matteh* (`auf seinem Stab´) oder *mittah* (`auf seinem Bett´) sein, da das Original ohne Vokale geschrieben war. Die Schriftgelehrten, die Vokale in unser hebräisches Altes Testament einfügten, verstanden es auf die eine Art (siehe 1. Mose 47,31); die griechischen Übersetzer (denen sich der Hebräerbrief anschloss), verstanden es auf die andere Art. Seltsamerweise konnten beide Recht haben; denn Jakob hatte bestimmt einen `Stab´ (siehe 1. Mose 32,10) und er war sicher auch im Bett (siehe 1. Mose 47,31). Das ist jedoch keine wichtige Frage. Wichtiger ist die Tatsache, dass Jakob den Josef mit gekreuzten Armen segnete (siehe 1. Mose 48,14). Es war seine Art auszudrücken, dass Gott wahrscheinlich die unerwartete Person erwählen würde. Der Glaube erwartet, dass Gott der Gott des Unerwarteten ist!

3. **Josefs Glaube war zuversichtlich über den Auszug und über das von Gott gegebene Land.** [22]*Im Glauben erwähnte Josef, als es mit ihm zu Ende ging, den Auszug der Kinder Israels und gab Anweisungen hinsichtlich seiner Gebeine.* Wieder richtet unser Schreiber unseren Blick auf etwas, was am äußersten Ende von Josefs Leben geschah (siehe 1. Mose 50,24-26), die letzten drei Verse des 1. Buches Mose. Man kann vielleicht fragen: Wäre es

nicht interessanter gewesen, wenn er eine Glaubenstat in Josefs früherem Leben erwähnt hätte? Aber der Verfasser weiß, was er tut, wenn er an diese Hebräer schreibt. Josef hatte ein hartes Leben in seinen früheren Jahren, aber er war im Begriff, zu seinen Brüdern zu sagen: `Ihr hattet Böses für mich im Sinn, aber Gott hatte Gutes damit vor´. Der Glaube sieht Gottes Absicht durch unser Leben fließen. Selbst unsere Fehler beendigen Gottes Absicht nicht. Josef machte Fehler, als er jünger war. Aber Josef weiß, dass Gottes Plan weitergeht und daher weiß er auch etwas über die Zukunft. Wenn Gott eine Rückkehr der Israeliten nach Kanaan vorhergesagt hat, dann weiß Josef, dass es geschehen wird! Wenn Gott den Leuten Land gibt, dann wird es sicher so passieren. Der Glaube ist `eine gewisse Zuversicht über Dinge, von denen wir erwarten, dass sie passieren´; er besteht darin, dass wir Gott beim Wort nehmen.

4. **Der Glaube von Moses Eltern war instinktiv.** [23]*Durch Glauben wurde Mose nach seiner Geburt von seinen Eltern drei Monate lang versteckt, weil sie sahen, dass er ein schönes Baby war, und sie fürchteten das Gebot des Königs nicht.* Josefs Hoffnungen fingen an, sich in Mose zu erfüllen, aber unser Schreiber muss zuerst Moses Eltern erwähnen, weil auch sie Glauben hatten! Der Glaube entstand in den Herzen der Eltern Moses, weil ihr Kind so schön war! Das ist ein gutes Beispiel dafür, wo Glaube nicht so sehr auf einer bestimmten Aussage Gottes beruhte, sondern auf so etwas wie instinktivem Wissen über das, was Gottes Wille ist. Sie wussten, dass dieses Kind etwas ganz Besonderes an sich hatte. Sie wussten, dass Gottes Charakter gegen Kindesmord war. Das war so eine Situation, in der sie kein weiteres besonderes Wort von Gott brauchten. Ihr Glaube war instinktiv.

Wir haben hier auch ein Beispiel dafür, wie der Glaube uns von Furcht befreit. Interessanterweise ist es auch ein Beispiel dafür, wie der Glaube uns dazu bringen kann, ungehorsam zu sein! Wir gehorchen weltlichen Autoritäten, aber nicht, wenn sie uns befehlen, Babys zu ermorden! Dann hilft uns der Glaube, den Behörden zu trotzen!

64

Der Glaube Moses
Hebräer 11,24-27

Nach Abraham war Mose die nächst bedeutende Person im Alten Testament. Mose war berühmt dafür, dass er das Gesetz gegeben hat, aber das erwähnt unser Schreiber nicht! Es ist nicht Moses Gesetz, das ihn interessiert, sondern Moses Glaube.

1. **Der Glaube achtet sehr darauf, mit wem er sich identifiziert.** *24Durch Glauben weigerte sich Mose, als er aufgewachsen war, der Sohn der Tochter Pharaos genannt zu werden.* Mose wuchs mit gewaltigen Vorteilen auf. Er hatte eine königliche Erziehung. Stell dir vor, du bist Pharaos Enkel – des mächtigsten Mannes in der damaligen Welt. Was für Gelegenheiten das waren, um reich und mächtig zu werden. Was brachte Mose dazu, das alles aufzugeben, um der Führer eines Haufens ungebildeter und verarmter Sklaven zu werden? Das war sein Glaube. Der Glaube gibt uns ein klares Verständnis. Mose wusste, dass der Gott des Universums Pläne für die Welt hatte, die mit dem Volk Israel zu tun hatten. Um der Wahrheit willen, wie er sie kannte, war es für ihn wertvoller, ihr Führer und Befreier zu sein, als Enkel des reichsten Mannes der Welt zu sein. Sein Glaube brachte ihn dazu, sich lieber mit dem Volk Gottes zu identifizieren als mit Reichen und Berühmten.

2. **Der Glaube wählt Gerechtigkeit ohne Rücksicht auf die Folgen.** *25Mose beschloss, lieber mit dem Volk Gottes misshandelt zu werden, als kurze Zeit das Vergnügen der Sünde zu genießen.* Der Glaube gibt uns einen klaren Verstand. Wir erkennen deutlich, dass es besser ist, einige Jahre lang misshandelt zu werden und zu dem ewigen Volk Gottes zu gehören, als wenige Jahre vergnüglich zu sündigen und danach ewige Folgen zu tragen. Aber auch in diesem Leben stellt sich heraus, dass die Sünde gar

nicht so lustig ist! Schließlich ist die Sünde langweilig und zerstörerisch. Dann bringt sie Bedauern und Sorgen. Wir merken, dass wir vom Satan betrogen wurden.

Der Glaube sieht die Herrlichkeit des Volkes Gottes. Die meisten Menschen betrachteten die Israeliten und sahen nur einen Haufen notleidender Sklaven. Mose sah sie auch, aber er sah das herrliche Volk Gottes. Die meisten Leute schauten sich den Pharao und seine Tochter an, sie beneideten ihren Wohlstand und wünschten, zum Palast zu gehören. Mose sah den königlichen Palast und sah darin etwas, was dem Untergang geweiht war. Er hatte Recht. Vierzig Jahre später sollte sich Pharaos Palast nicht mehr retten können vor den Gerichten Gottes (man denke an 2. Mose 7-12!). Moses Entscheidung stellte sich als vorteilhaft heraus, wie man sie auch betrachtet –, aber es dauerte lange, bis das unverkennbar war. Der Glaube schaut in die Zukunft und trifft jetzt gute Entscheidungen im Licht dessen, was er sieht!

3. **Der Glaube sucht langfristige Belohnung.** Wie kam es, dass Mose sich eher einer Gruppe von Sklaven anschließen konnte, als im Palast als Pharaos adoptierter Enkel zu leben? [26]*Er hielt es für besser, dieselben Beleidigungen zu ertragen, die Christus erduldete, als alle Schätze Ägyptens zu haben; denn er blickte nach vorne auf die Belohnung.* Wie wir immer wieder in diesem Brief gesehen haben, ist die treibende Kraft hinter dem christlichen Leben der Wunsch, dass Jesus einmal sagt: `Gut gemacht`. Die `Furcht Gottes`, von der das Neue Testament spricht (2. Korinther 7,1; 1. Petrus 2,17; Offenbarung 14,7), ist nicht die Angst davor, dass Gott seine Zusagen nicht einhält und uns im Stich lässt. Es ist die Furcht vor seiner Strafe, davor, dass wir sein `Gut gemacht!´ verpassen.

Das Verlangen nach Gottes Belohnung war in Moses Leben so stark, dass es ihn dazu brachte, die Mitgliedschaft im Volk Gottes zu erwählen, mit allen Beleidigungen und Verlusten, die das bringen würde. Es machte ihn bereit, unermesslichen Wohlstand und Einfluss aufzugeben. Lieber die Belohnungen

Gottes in diesem Leben und im Jenseits zu erhalten, als die ganze Welt zu gewinnen.

Der Schreiber spricht von der `Schmach Christi´ oder `denselben Beleidigungen, die Christus erduldete´. Jeder, der für Gott lebt, wird wahrscheinlich genauso behandelt wie Jesus – selbst wenn er lebte, bevor Jesus geboren wurde! Mose traf eine bewusste Entscheidung. Er lehnte etwas ab (11,24). Er wählte etwas (11,25). Das war hart und schmerzhaft, aber es führte schließlich zu Gottes Belohnungen.

4. **Der Glaube ist furchtlos, weil er Gott sehen kann.** *27Durch Glauben verließ Mose Ägypten, ohne den Zorn des Königs zu fürchten. Denn er hielt durch, weil er den sah, der unsichtbar ist.* Gottes Belohnungen erreichen ihr volles Ausmaß erst nach dem Grab, und doch haben wir schon jetzt einen Vorgeschmack davon. Im Himmel werden wir Gott sehen (was das auch bedeuten mag!), aber es ist möglich, ihn schon jetzt zu sehen. Mose hielt standhaft aus, weil er Gott sehen konnte. Es bedeutet, dass ihm Gott bewusst war. Er konnte erkennen, dass Gott am Werk war. Er blickte in die Zukunft und konnte Gott sagen hören: `Gut gemacht!´

Sein Glaube machte ihn furchtlos. Schon das ist an sich eine Belohnung Gottes. Wie befreiend, wenn wir nichts und niemand fürchten! Aber wie können wir jemals zu so einer Freiheit kommen? Das erleben wir, wenn wir trotz Widerstand und Beleidigungen und trotz unserer eigenen Schwachheit im Glauben vorangehen. So lebte Mose und das brachte Furchtlosigkeit und Zuversicht in sein Leben. Er ließ ein Vermögen in Ägypten zurück. Aber das hätte er nicht so gesehen. Hätte man ihn gefragt, ob es ihn schmerzt, soviel zu verlieren, so hätte er geantwortet: `Ich habe überhaupt nichts verloren! Ich habe nur gewonnen! Die Schätze Ägyptens sind nichts im Vergleich zu dem, was ich erfahre, wenn sich Gottes Belohnung in meinem Leben auswirkt. ´

65

Der Glaube im frühen Israel
Hebräer 11,28-31

Unser Schreiber springt von Moses Entscheidung, den Palast zu verlassen, zu den Ereignissen, die vierzig Jahre später geschahen, als Mose achtzig Jahre alt war (2. Mose 7,7).

1. **Der Glaube veranlasst uns, so zu handeln, wie Gott es uns sagt, in der Gewissheit, dass Gott Wort hält.** ²⁸*Durch Glauben hielt Mose das Passahfest und das Besprengen [der Türpfosten] mit Blut, damit der Engel, der die erstgeborenen Söhne tötete, sie nicht anrührte.* Wir erinnern uns an diese Geschichte. Mose war achtzig Jahre alt; er war vierzig Jahre vorher zum Glauben gekommen. Gott war im Begriff, das ganze Land Ägypten zu richten, einschließlich des Landes Goshen, in dem die Israeliten wohnten. Gott befahl Mose, das Blut eines Lammes zu nehmen und damit die Türpfosten und die oberen Türbalken zu bestreichen, so dass das Blut um die ganze Tür herum aufgetragen war (2. Mose 12,7). Diejenigen Erstgeborenen, die unter dem Blut des Lammes Zuflucht gefunden hatten, waren mitten im Gericht sicher. Es war Moses Glaube, der zu seinem Gehorsam führte. Er wusste, dass Gott sein Wort halten würde. Er wusste, was geschehen würde, und hat sich – in voller Gewissheit – dem, was er wusste, anvertraut. Er hatte keine Zweifel hinsichtlich der Zukunft. Sein Glaube war zuversichtliche Gewissheit von Dingen, die er erwartete. Er brachte ihn dazu, Gott völlig zu gehorchen. Gehorsam kam in Moses Leben aus seiner Glaubensgewissheit.

2. **Der Glaube bringt das ganze Volk Gottes dazu, Gottes Anweisungen zu befolgen in der Gewissheit, dass er sein Wort halten wird.** Dasselbe Prinzip, das im Fall Moses zu erkennen ist, war zur Zeit des Passahs auch beim ganzen Volk Gottes

deutlich sichtbar. [29]*Durch Glauben schritten sie durch das Rote Meer, als reisten sie auf trockenem Land. Als die Ägypter ausprobierten, ob sie das auch konnten, ertranken sie.* Was bei Mose wahr war, galt für das ganze Volk. Eine kurze Zeitlang hatte das ganze Volk Gottes Glauben an das, was Gott ihnen versprach. Sie marschierten zum Roten Meer im Vertrauen, dass Gottes Wort an sie durch Mose völlig vertrauenswürdig war. Wir müssen hier eine sehr wichtige Sache beachten. Die erste Generation Israels war eine Nation von Gläubigen. Erst in der zweiten Generation kann gesagt werden: `Nicht alle, die von Israel abstammen, gehören zu Israel´(Römer 9,6). Das ist sehr wichtig für das Verständnis der Warnungen des Hebräerbriefs. Die Warnungen vor dem Unglauben sind keine Warnungen über irgendjemandes ersten Glauben (siehe Hebräer 3,14). Die Israeliten waren am Anfang Helden und Heldinnen im Glauben. Bei den Warnungen im Hebräerbrief geht es um das, was verloren geht, wenn der Glaube nicht weitergeht. Der erste Glaube ist ein Glaube an das Blut des Lammes. Er befreit uns aus der ägyptischen Sklaverei, und wir kehren nie dahin zurück! Beständiger Glaube bringt uns nach Kanaan und, ob wir es erreichen, hängt davon ab, ob wir Glauben und Geduld haben oder nicht. Die Leute, die anfangs Vorbilder des Glaubens waren, sind in der zweiten Phase ihres Lebens bekannt für ihren Unglauben. `Nachdem der Herr ein Volk einmal aus Ägypten gerettet hat, vernichtete er in der zweiten Phase die, die nicht glaubten´(Judas 5). Eine kurze Zeitlang hatte das ganze Volk Glauben. Dieser Anfangsglaube an das Blut des Lammes rettete sie und machte sie zu Gottes Volk. Danach hat ihr Glaube sie dazu gebracht zu tun, was Gott ihnen gesagt hat. Sie verließen Ägypten, wie Mose einst Ägypten verlassen hat. Wahrer Glaube wurde sehr schnell ziemlich wackelig (wir denken an 2. Mose 14,11-12!). Dennoch `ging das Volk Israel mitten ins Meer´ und es wurde zu trockenem Land, als sie das taten. `Die Wasser wurden zu einer Mauer auf ihrer rechten Seite und auf ihrer Linken´ (2. Mose 14,22). Das ging nur durch Glauben. Die Ägypter hatten kein Wort von Gott. Sie glaubten nicht, was Gott gesagt hatte.

Ohne Glauben konnten sie nicht tun, was die Israeliten gerade getan hatten.

3. **Durch Glauben werden manchmal dramatische Siege errungen.** Vierzig Jahre nach dem Auszug aus Ägypten brachte Josua das Volk ins Gelobte Land. Es war vierzig Jahre lang nicht hineingelassen worden, weil sein Glaube so schlimm und so beständig abgeebbt war. Aber jetzt entstand mit einer neuen Generation eine neue Gelegenheit zum Glauben. *[30]Durch Glauben fielen die Mauern Jerichos, nachdem das Volk Israel sieben Tage lang um sie herumgezogen war.* Die Prinzipien, die uns inzwischen geläufig sind, sind hier alle zu erkennen. Der Glaube antwortete auf ein Wort Gottes. Er verlangte, dass sie siebenmal um Jericho herum marschierten ohne **sichtbares** Zeichen dafür, was passieren würde. Aber durch beharrlichen Glauben an Gott fielen die Mauern. Nicht all ihre Siege waren so dramatisch wie dieser. Aber wenn man in gewaltige Ereignisse geführt wird, dann können gewaltige Dinge geschehen – durch Glauben.

4. **Ein Neubekehrter kann vielleicht große Dinge für Gott tun – durch Glauben.** Das nächste Beispiel unseres Schreibers ist Rahab. Rahab tat etwas, was sie sehr bald, nachdem sie zum Glauben gekommen war und schon, bevor sie sich dem Volk Gottes angeschlossen hatte, zu einer Glaubensheldin machte. *[31]Durch Glauben wurde die Prostituierte Rahab nicht mit denen, die ungehorsam waren, umgebracht, weil sie die Spione friedlich aufgenommen hat.* Rahab hatte erst kürzlich ihre Sünden aufgegeben (sie wurde immer noch Prostituierte genannt). Sie war eine Neubekehrte. Aber ihr Glaube brachte sie dazu, für Gott zu handeln, sich auf die Seite des Volkes Gottes zu stellen und das größte Ereignis ihres Lebens zu vollbringen. Das zeigt nur, dass ein Neubekehrter schon in den ersten Tagen seines Glaubens große Dinge für Gott tun kann.

66

Eine bessere Auferstehung
Hebräer 11,32-36

Unser Schreiber hätte vollständig durch das Alte Testament gehen und dabei die großen Glaubensbeispiele auswählen können. Er hat die großen Beispiele zwischen dem 1. Buch Mose und Josua gewählt. Er hätte zu Personen im ganzen Alten Testament Bemerkungen machen können.

Was für eine Größe bringt der Glaube in den Heiligen Gottes hervor! Er schreibt: *32Was soll ich noch sagen? Denn ich habe keine Zeit, die Geschichten Gideons, Baraks, Simsons, Jeftas und auch die Davids, Samuels und der Propheten zu erzählen.* Die Namen, die er erwähnt, sind eine Einladung an uns, ihre Geschichte zu prüfen und zu sehen, wie auch sie durch Glauben lebten. Wir fragen uns, welche besonderen Teile ihrer Geschichte er gewählt hätte. Von Gideon ist bekannt, dass er ein Gefühl der Minderwertigkeit überwunden hat – durch Glauben (Richter 6,15). Barak war ein Mann, der seine Grenzen kannte und auch das ist Glaube (Richter 4,8). Simson kam ins Kapitel 11 des Hebräerbriefs, weil er weiter glaubte, als es so aussah, als wäre er besiegt (Richter 16,28-30). Jefta kam in dieses Kapitel, weil sein schrecklicher Hintergrund (Richter 11,1-3) und sein Riesenfehler (Richter 11,30-40) ihn nicht dazu brachten, die Hoffnung aufzugeben, dass er für Gott nützlich werden könnte. Davids Glaube wird darin deutlich, dass er hörte, was jeder hörte, und es doch anders beurteilte (1. Samuel 17,23. 26). Samuels Glaube ist darin zu erkennen, dass er sich offen dafür einsetzte, sein Lebenswerk zu erfüllen, indem er einen König für Israel fand, obwohl das unmöglich schien (1. Samuel 16,1). Und die Propheten, sie waren berühmt dafür, dass sie Verfolgung erduldeten (Matthäus 5,12; Jakobus 5,10). All diese Menschen waren eigentlich ganz gewöhnliche Leute und doch erlangten sie Bedeutung, indem sie im Glauben beharrten.

Was für große Leistungen sie vollbrachten. Es gab mächtige Erfolge. [33]*Diese Menschen haben durch ihren Glauben ganze Königreiche bezwungen; sie haben Verheißungen erhalten.* `Eine Verheißung zu erhalten´ bedeutet mehr, als sie zu kennen und darauf zu vertrauen. Es bedeutet, sie durch Glauben wirklich zu erfüllen. Es gab persönliche Befreiungen. *Diese Männer verschlossen die Rachen von Löwen;* [34]*sie löschten große Feuerflammen; sie entrannen der Schärfe des Schwertes.* Es gab Zeiten, in denen sie **unglaubliche Gaben** gebrauchen konnten. *Aus der Schwachheit wurden sie stark; sie wurden mutig im Kampf; sie jagten fremde Heere in die Flucht.*

Die schwächsten Leute konnten die größten Wunder erhalten. Einige der größten Menschen des Glaubens waren Frauen, die in der Antike gewöhnlich schlecht behandelt wurden und relativ machtlos waren. In Hebräer 11,35 heißt es: [35]*Frauen erhielten ihre Toten durch Auferweckung zurück,* was darauf schließen lässt, dass das mit Glauben von Frauen verbunden war. Die meisten Auferweckungen in der Bibel geschahen, um Frauen zu helfen (siehe 1. Könige 17,17-24; 2. Könige 4,17-37; Lukas 7,11-17; Johannes 11,11-44; Apostelgeschichte 9, 36-42).

Der Glaube befähigt zum Ertragen großer Leiden. Er fährt fort: *Andere wurden gefoltert und lehnten es ab, das Freiheitsangebot anzunehmen, damit sie eine bessere Auferstehung erlangen konnten.* Die Auferstehung ist die Gelegenheit zur Belohnung, und die Belohnung variiert, deshalb gibt es so etwas wie `eine bessere Auferstehung´. `Jeder Stern unterscheidet sich von anderen Sternen durch den Glanz. So ist es auch mit der Auferstehung der Toten´ (1. Korinther 15,41-42; siehe auch Philipper 3,11; man beachte das Wort `würdig´ in Lukas 20,35; und ich verstehe `die erste Auferstehung´ in Offenbarung 20,5 auch so). In dieser Verbindung denkt man an die Geschichte von Eleasar in 2. Makkabäer (eines der Bücher, die von Römischen Katholiken als Heilige Schrift angesehen werden); es enthält die Geschichte des Kampfes der Makkabäer von 176 bis 161 v. Chr. Es berichtet von Eleasar, der lieber `ehrenhaft sterben, als verunreinigt weiterleben wollte und der freiwillig zur Folterbank ging´ (2. Makkabäer 6,19). [36]*Andere ertrugen Spott und Prügel, während wieder andere Ketten und Gefangenschaft erlitten.* Wir merken, dass der Glaube in einigen Fällen dem Leiden **entkam** (siehe 11,34), während in anderen Fällen der Glaube das Leiden **aushielt**. Durch was auch immer Gott uns führt – und unsere Verfolger können auf mehr als eine Art besiegt werden – Gott ruft uns zum Glauben. Manchmal muss der Glaube Befreiung suchen; manchmal sucht er die Auferstehungsherrlichkeit jenseits des Grabes.

Einige offensichtliche Schlüsse folgen aus dem Hinweis unseres Schreibers auf die Glaubenshelden. (i) Es ist auf jeden Fall klar, dass er nicht glücklich über eine vereinfachte Lehre wäre, dass Glaube und Wohlstand zwangsläufig zusammen gehören. Er hätte jede Art `siegreicher´ Theorie abgelehnt, die damit rechnet, dass das christliche Leben den Leiden im Hier-und-Jetzt stets entfliehen sollte. In der heutigen Zeit ist das vielleicht die beliebteste Verdrehung des christlichen Glaubens, aber beim Glauben geht es nicht darum, Gott zu überreden, uns ein leichtes Leben zu gewähren.

(ii) Wir müssen mit einer großen Vielfalt innerhalb der Erfahrungen von Christen rechnen. Einige werden so geführt werden, dass sie derselben Sache entfliehen, die andere zu ertragen haben. Man denke nur daran, dass Engel die Gefängnistore für Petrus geöffnet haben (Apostelgeschichte 12,6-11), während Paulus jahrelang im Gefängnis gelassen werden konnte (Apostelgeschichte 24,27). Beides erforderte Glauben. Keine Erfahrung sollte uns dazu verleiten, den anderen zu verurteilen. Diejenigen die leiden, dürfen nicht behaupten, sie seien geistlicher als andere, die den Leiden entkommen. Diejenigen die entkommen, dürfen nie sagen: `Hättest du Glauben, so wärst du nicht im Gefängnis´.

(iii) Wir dürfen nicht vergessen, weshalb unser Schreiber seine Bemerkungen über die vielen Arten zu leiden einfügt. Die hebräischen Christen waren vom Gefängnis und vom Raub ihrer

Güter bedroht (10,34). Das war so lange so gewesen, dass sie jetzt entmutigt sind. Aber – sagt unser Schreiber – solche Erfahrungen gehörten immer schon zum Glaubensleben. Lasst uns alle – so sagt er – sein wie die Helden vergangener Zeit und am Glauben festhalten, ob wir gerettet werden oder nicht. Uns erwartet eine bessere Auferstehung!

67
Leiden und Herrlichkeit
Hebräer 11,37-40

Christen sind die am meisten verfolgten Menschen in der Welt. Sogar heute gibt es Orte in der Welt, wo Gottes Leute die schrecklichsten Leiden zu ertragen haben. Es ist nichts Neues daran. Alle, die zum Volk Gottes gehören, haben voraussichtlich auf die eine oder andere Art große Trübsal zu befürchten. Jesus sagte: `In der Welt habt ihr Angst´ (Johannes 16,33). Hebräer 11,37 setzt die Liste schrecklicher Verfolgungen fort, die Glaubensmenschen zu ertragen hatten.

1. **Gott lässt uns vielleicht schreckliche Leiden durchmachen.** *37Sie wurden gesteinigt; zersägt; mit dem Schwert getötet. Sie liefen in Schafs- und Ziegenfellen, mittellos, geplagt, gefoltert, misshandelt – 38die Welt war ihrer nicht wert. Sie irrten durch Wüsten und Berge und [wohnten] in Höhlen und Erdlöchern.* Wir hatten schon fünf Arten von Verfolgung in Hebräer 11,35-36: Folter, Spott, Prügel, Gewahrsam in Ketten, Gefängnis. Jetzt folgen acht weitere: Steinigung (vielleicht dachte unser Schreiber an die Geschichten von Stephanus und von Paulus – Apostelgeschichte 7,57-58; 14,19), Zersägung (ein Fall wird erwähnt in Susanna: `der Engel Gottes wartet mit dem Schwert, um dich in zwei Teile zu schneiden´ (Susanna 59)a, und in jüdischer Überlieferung heißt es, dass Jesaja in der Zeit Manasses so getötet wurde. Es gab Tod durchs Schwert (wir erinnern uns an Elias Klage – 1. Könige 19,10) und den Zwang, ständig auf der Flucht zu sein (wie David und Jesus es erlebten) in Kleidern, die Armut zeigten. Weiter werden Elend, Trübsal, Folter und Misshandlung erwähnt. Die verfolgten Leute Gottes müssen oft an den bedrückendsten Stellen leben: in Wüsten, auf Bergen, in Höhlen und Erdlöchern.

Es gibt einige offensichtliche Bemerkungen, die wir zu all dem machen müssen. (i) **Es gibt keine plausible Begründung für den Unglauben.** Das alles zeigt, dass Widerstand gegen das Evangelium nicht von Logik oder Intelligenz bestimmt sind, sondern von Bosheit. Wie oft möchte die Welt bequeme, logische Gründe dafür geben, dass sie nicht an den Herrn Jesus Christus glaubt. In Wirklichkeit ist der Grund die Bosheit. Die Art, wie die Welt die Leute Gottes behandelt, beweist das. Sie sind nicht in liebevoller Weise anderer Meinung. Vielmehr reagieren sie mit Hass und tun, was sie können, um diese Christen ganz und gar zu verbannen. Dieser Geist ist es, der heute auf vielen Teilen der Erde zur Christenverfolgung führt.

(ii) **Das Ausmaß der Leiden des Gottesvolkes trennt die Welt scharf von den Christen.** `Die Welt war ihrer nicht wert´, heißt es im Vers 38. Das bedeutet, es war ein Vorrecht für die Welt, solche Leute um sich zu haben, aber die Menschen haben dieses Vorrecht nicht verdient!

(iii) **Das Ausmaß der Leiden des Gottesvolkes zeigt ihren wahren Charakter.** Ich meine Folgendes: Das große Problem, das sich jedem stellt, der an den Gott der Bibel glauben will, ist das Problem des Bösen, der Sünde und des Leidens. Warum erlaubt Gott überhaupt die in Hebräer 11,35-38 genannten Dinge? Es gibt darauf wirklich keine völlig befriedigende Antwort. Man kann einiges sagen (Die Sünde des Menschen ist die Ursache von vielem Leid; Gott schuf menschliche Wesen mit einem gewissen Maß an Freiheit, ohne die sie Roboter wären). Aber keine Antwort ist wirklich völlig zufriedenstellend. Wir müssen auf die Antwort **warten**, die am Richterstuhl Christi zutage treten wird. Aber inzwischen ist der Christ jemand, der Gott **vertraut** und Gottes Recht akzeptiert, uns so zu gebrauchen, wie er es wünscht. Warum bringt Gott seine Leute durch die Erfahrungen von Hebräer 11,35-38? Ich weiß es nicht! Aber ich weiß, dass die Antwort am Ende der Geschichte hervortreten wird; einstweilen sind solche Erfahrungen die größtmögliche Einladung, Gott zu vertrauen, ganz gleich, was uns passiert (etwas, was `die Hebräer´ zu wissen nötig hatten); und der mitfühlende Hohepriester, unser Herr Jesus Christus, wird früher oder später unsere Leiden mit Entschädigungen und Freuden ausgleichen, die uns befähigen, mit unserer Lage fertig zu werden; und wenn wir das wirklich lernen, wird unsere letzte Belohnung groß sein. `Freuet euch und seid fröhlich, denn euer Lohn ist groß im Himmel, denn so haben sie die Propheten verfolgt, die vor euch waren´ (Matthäus 5,12). Das gibt Raum für Liebe. `Doch liebt eure Feinde, tut Gutes und verleiht, ohne etwas dafür zu erwarten, und euer Lohn wird groß sein, und ihr werdet Söhne des Höchsten sein; denn er ist freundlich zu den Undankbaren und Bösen´ (Lukas 6,35).

Die letzte Herrlichkeit liegt immer noch vor uns! Darum geht es in den Versen 39-40. *[39]Und all diese Menschen haben durch ihren Glauben ein gutes Zeugnis erhalten und dennoch haben sie, was ihnen versprochen war, nicht erhalten. [40]Gott hat für uns etwas Besseres vorbereitet, denn sie sollten ohne uns nicht vollkommen werden.* In einem Sinn empfängt der Glaube die Verheißungen jetzt; in anderem Sinn arbeiten wir für die Zukunft. Die endgültige Erfüllung von Generationen von Gläubigen, die im Glauben gelebt haben, ist der Tag, an dem wir alle miteinander in die endgültige Freude eintreten. Was das für ein Tag sein wird! Der Tag, an dem das himmlische Jerusalem herabkommt auf den Planeten Erde. `Ich sah die Heilige Stadt, das neue Jerusalem, von Gott aus dem Himmel herabkommen´ (Offenbarung 21,2). Der Tag, an dem Gottes Volk in Herrlichkeit erhoben und völlig entschädigt werden für alle Trübsal und Prüfungen, belohnt für alle Siege über Versuchungen, vorbereitet wie eine für ihren Mann geschmückte Braut. Die `gingen ein in die Ruhe´; sie erhielten die Gewissheit der Belohnung. Aber noch `warteten sie auf die Stadt, die feste Fundamente hat´(11,10). Wenn der Tag kommt, an dem die endgültige Herrlichkeit sichtbar wird, werden alle Leute Gottes miteinander ihr Erbe antreten. Der Tempel Gottes – die Gemeinde – wird fertig gestellt und mehr als je zuvor in Wohnort Gottes sein. Das himmlische Jerusalem wurde nicht nur für alttestamentliche Heilige vorbereitet, sondern auch für die Heiligen des Neuen Bundes. Die Heiligen aus dem Alten Testament konnten ihr endgültiges Erbe – die Auferstehungsherrlichkeit – erst dann ganz bekommen, wenn der Neue Bund seinen Lauf vollendet hat.

Anmerkung:

a. Es gibt 15 Bücher, die manchmal als `die Apokryphen´ bezeichnet werden. Zwölf von ihnen (die manchmal auch `die Apokryphen´ genannt werden, aber in einem engerem Sinn), werden von den Römischen Katholiken, aber nicht von Bibel-gläubigen evangelischen Christen, als Heilige Schrift angesehen. Das sind die Bücher (i) Baruch und (ii) der Brief Jeremias (manchmal in einem Buch verbunden), (iii) Stücke zu Ester, (iv) das Gebet Asarjas (oder der Gesang der drei Männer im Feuerofen) – eingefügt zwischen dem hebräischen Text von Daniel 3,23 und 24, (v) Susanna – das ans Ende des Buches Daniel gesetzt wurde, (vi) Bel und der Drachen, das ebenfalls Daniel angehängt wurde. Dann gibt es noch (vii) die Weisheit Salomos, (viii) Jesus Sirach, (ix) Tobit, (x) Judit, (xi) 1. Makkabäer , (xii) 2. Makkabäer. Die anderen drei werden von niemand als Heilige Schrift akzeptiert (1. Esra und 2. Esra – von Römischen Katholiken als 3. und 4. Esra bezeichnet, und das Gebet des Manasse).

68

Der Wettlauf
Hebräer 12,1-41

Wir wollen uns noch einmal klarmachen, wo wir uns im Brief an die Hebräer befinden. Unser Schreiber hat uns viele Gründe gegeben zu glauben, dass wir fähig sind, im Glauben zu beharren. Das Priesteramt, das Blut und die Gebete unseres Herrn Jesus Christus sind ein Grund für gewissen und kühnen Glauben (wie in Hebräer 1,1 - 10,18 im Einzelnen dargelegt). Von Hebräer 10,19 an hat der Verfasser seine Leser dringend gebeten, in kühnem Glauben zu Gott zu kommen und Kraft zu finden, treu nach Gottes Willen zu leben (10,19-25). Es wäre Rebellion, etwas anderes zu tun (10,26-31), aber es gibt gute Gründe, geduldig zu sein und voranzugehen und so die ewige Belohnung zu erhalten, die für sie vorbereitet ist (10,32-39). Der Glaube ist eine zuversichtliche Gewissheit über die Zukunft (11,1) und war das hervorragende Merkmal der geistlichen Helden aus Israels Geschichte (11,20-38). All diese Leute erhielten großes Lob von Gott und von seinem Volk, aber auch wir müssen so leben, bis wir alle – Heilige des Alten und des Neuen Bundes – die versprochene Belohnung erhalten (11,39-40).

Hebräer 12,1-2 bringt das Kapitel 11 zum Abschluss, indem der Verfasser das, worauf er Wert gelegt hat, auf sich und auf seine Leser anwendet (Deshalb lasst uns auch…). Aber er bereitet damit auch den Weg dafür vor, Jesus als größten Glaubenshelden überhaupt vorzustellen (12,3-4).

Der Schreiber stellt unsere Situation als Wettlauf dar. [1]*Lasst uns deshalb auch – da wir eine so große Wolke von Menschen haben, die Zeugen für uns sind – jedes Gewicht und die Sünde ablegen, die uns so leicht umgarnt[a], und lasst uns mit Ausdauer im Wettlauf rennen, der vor uns festgelegt ist, [2]indem wir unsere Blicke auf Jesus heften, den Urheber und Vollender des Glaubens. Um der Freude willen, die vor ihm lag, ertrug er das Kreuz, verachtete die Schande und sitzt auf der rechten Seite des Thrones Gottes.* ³*Betrachtet ihn gut! Seht ihn, der solche Anfeindung von Sündern gegen sich erduldete, dass ihr nicht so entmutigt seid, dass ihr zusammenbrecht.* ⁴*In eurem Kampf gegen die Sünde habt ihr noch nicht so sehr widerstanden, dass ihr dabei euer Blut vergossen habt.*

1. **Da ist die Menge, die uns ermutigt.** Im Bild des Schreibers sind die Leute aus Hebräer 11 in der Arena, und Tausende von Leuten wie sie feuern uns an. Sie sind Zeugen für uns (sie sind mehr als nur Zuschauer). Sie rufen uns zu: `Wir waren schwache Leute, aber wir haben die Berufung unseres Lebens erreicht. Auch ihr könnt es schaffen. Lauft! Es sind sehr viele – eine unüberschaubare Menge.

2. **Da sind die Läufer.** Der Schreiber bezieht sich selbst mit ein. `Lasst uns deshalb auch… lasst uns rennen´. Das sind die Gläubigen, die nicht nachlassen dürfen, den Lauf des Glaubens bis zum Ende zu laufen.

3. **Da ist die leichte Kleidung.** Man rennt nicht in einem Wettlauf mit schweren Gewichten oder mit einem Mantel. Darum möchte unser Schreiber, dass wir alles, was hindert, ablegen (auch wenn es keine Sünde ist). Und noch mehr drängt er uns, die besondere Sünde abzulegen, die uns herunterzieht. Manchmal sind die Hindernisse `Gewichte´ – Dinge, die nicht unbedingt verkehrt sind, die aber nicht sinnvoll sind, wenn man an einem Wettlauf teilnimmt. Manchmal wird ein harmloses Vergnügen zu einem so zeitraubenden Teil unseres Lebens, dass es uns schließlich verlangsamt. Noch schlimmer ist es, wenn eine Sünde sich bei uns festsetzt. Vielleicht merken wir zuerst nicht, wie sehr sie uns beim Wettlauf des Glaubens hemmt. Unser Schreiber möchte, dass wir sie aufgeben.

4. **Da ist die Art und Weise, wie wir laufen sollen.** Wir laufen ausdauernd und durchhaltend. Wir schlendern nicht die Rennbahn entlang und bewundern die Landschaft! Es wird Zeit zur Entspannung geben, wenn der Lauf zu Ende ist. Im Augenblick sind wir in einem Wettlauf, der mit Anstrengung

verbunden und mühsam ist. Wir sind in Versuchung aufzuhören, weil die Aufgabe so anstrengend ist. Aber, so unser Schreiber, lasst uns unbeirrt weitermachen. Lasst uns hart im Nehmen sein und nicht müde werden.

5. **Da ist die Rennbahn, auf der wir laufen.** Wir sollen entlang der Bahn laufen, `die vor uns festgelegt ist´. Die Strecke ist festgelegt und es ist kein Weg, den wir für uns wählen und wir können ihn auch nicht abändern. Wir haben in diesem Brief gesehen (besonders im Kapitel 11), dass jeder der Knechte Gottes eine besondere Berufung hat. Wir laufen entlang **dieser** Rennbahn.

6. **Da ist der Eine, der am Ziel steht.** Am Ende der Rennbahn ist Jesus. Er ist der Urheber des Wettlaufs – des Gesamtplans der Erlösung, mit der wir es zu tun haben. Er ist der Vollender – der selbst zur Herrlichkeit gekommen und fähig ist, uns zum Ziel zu bringen. Er tut es, indem er uns im Glauben stützt. Er schaute nach vorne auf die Freude der Belohnung. Das brachte ihn dazu, jede Art von Schande und Schmach zu verachten. Und jetzt ist er Sieger und Eroberer. Wir rennen in einem Wettlauf, der seinem Wettlauf ähnelt. Wenn wir ihn gut beobachten –sein Beispiel genauso wie seine Unterstützung für unseren Lauf –, werden wir der Gefahr widerstehen können, entmutigt zusammen-zubrechen. In jedem Fall – sagt unser Schreiber – ist unser Fall nicht so schlimm wie seiner. Wir sind nicht gekreuzigt worden. Wir leben immer noch. Die Leiden und Schwierigkeiten sind nicht so schlimm, solange er bei uns ist.

Anmerkung

a. Es gibt hier zwei Lesarten: *euperispastos* (`leicht ablenkend´) und *euperistatos* (`leicht umschlingend´). Die zweite ist am besten belegt.

69

Gottes väterliche Korrektur
Hebräer 12,5-10

Die Hebräer machten viele Schwierigkeiten durch. Aber es ist nichts Ungewöhnliches dabei, dass Gottes Kinder durch schwierige Zeiten gehen. Es ist ein wesentlicher Grundbestandteil des christlichen Lebens, dass uns schmerzhafte Dinge passieren.

1. **Wir sind in Gefahr, einen wesentlichen Teil des christlichen Lebens zu vergessen.** *⁵Und ihr habt die Ermahnung vergessen, die euch als Söhne und Töchter zu überzeugen sucht: `Mein Sohn, verachte nicht die väterliche Korrektur des Herrn, und verliere nicht den Mut, wenn du von ihm getadelt wirst.´* Manchmal – obwohl das nicht die einzige Erklärung für unsere Unannehmlichkeiten ist – sind die Schwierigkeiten, die über uns kommen, Gottes väterliche Korrektur. Gott ist entschlossen, dass seine Kinder seine Heiligkeit teilen. Jeder Christ, der Gottes Korrektur ablehnt weil er diese Heiligkeit nicht teilen möchte, ist entweder überhaupt kein Christ oder er hat irgendwie eine sonderbare Vorstellung davon bekommen, was ein Christ ist. Wachstum in der Heiligung ist nicht freigestellt! Gott ist entschlossen, uns ihm ähnlicher zu machen. Je schneller wir mit ihm zusammenarbeiten, umso besser, und wenn wir wirklich Christen sind, sollten wir wissen, dass es im christlichen Leben überall um Heiligung geht. Unser Problem ist, dass wir dazu neigen, das zu vergessen. Irgendwie kommen wir auf den Gedanken, dass es im christlichen Leben darum geht, dass Gott uns das Leben leicht macht! Nun, Gott versteht es, Trübsal und Freude in der richtigen Zusammensetzung zu mischen! Aber vergessen wir nicht: die väterliche Korrektur ist Teil seines Plans. Wir sollten nicht den Mut verlieren, wenn das passiert. Es ist ein

Zeichen der Liebe Gottes zu uns. *6Denn der Herr weist zurecht, den er liebt, und er straft jeden Sohn, den er annimmt.*

2. **Gott diszipliniert uns, wenn er sieht, dass es nötig ist**. Der einfachere Weg, in der Heiligung zu wachsen, ist der, dass wir auf Gottes Wort eingehen. Aber wenn wir das nicht tun, hat Gott einen härteren Weg. Er behandelt uns mit Strenge! Wenn wir den leichten Weg nicht lernen, dürfen wir nicht überrascht sein, wenn wir es auf schwierige Art lernen müssen. Doch das passiert uns allen früher oder später. Wenn Gott harte Methoden gebraucht, müssen wir ihm erlauben, seinen Willen durchzusetzen, und so schnell wie möglich lernen. *7Es dient zu eurer Erziehung, dass ihr schwere Zeiten durchmacht.* Gott gebraucht schwierige Umstände, vielleicht finanzielle Verluste, vielleicht Misserfolg. Verlust der Gesundheit kann eine Strafe Gottes sein (wie 1. Korinther 11,30 zeigt), ist es aber nicht immer. Gott kann uns sogar segnen, indem er uns vorzeitig in den Himmel holt (wie 1. Korinther 11,30 deutlich macht). Gott kann Verfolgung zulassen, um die Gemeinde zu reinigen. Oder Gott `verbirgt sein Angesicht´.

Was für Sünden fordern Gottes Strafe heraus? Alles, was Gott missfällt! Aber wir müssen uns besonders hüten vor geistlichem Stolz, vor Selbstvertrauen, Weltlichkeit, Faulheit und Selbstzufriedenheit. Wenn Gott sieht, dass wir in diese Richtung treiben, dann spricht er mit uns. Aber wenn wir seine Stimme nicht hören wollen, wird er wahrscheinlich eingreifen! Das tut er, weil er uns liebt! *Gott behandelt euch als Söhne und Töchter.*

3. **Wir sollen Gottes Züchtigung als völlig berechtigt ansehen**. *Gibt es einen Sohn, den sein Vater nicht streng erzieht? 8Und wenn ihr ohne väterliche Korrektur seid, die alle erhalten, dann wärt ihr ja uneheliche Kinder und nicht Söhne. 9Außerdem hatten wir irdische Väter, die uns streng erzogen haben und wir haben sie respektiert. Sollen wir uns nicht erst recht dem Vater der Geister unterordnen und zum Leben zurückfinden* [unser geistliches Leben zurückgewinnen]*? 10Denn sie erzogen uns kurze Zeit, wie es ihnen am besten schien, aber er erzieht uns zu unserem Nutzen, damit wir an seiner Heiligkeit teilhaben.* Diese väterliche Korrektur ist keine

Härte bei Gott oder Rachsucht. Gott rächt sich nicht an uns. Jesus ist für unsere Sünden gestorben. Gott hat nichts als Liebe zu uns im Herzen. Aber manchmal schickt er uns seine väterliche Korrektur. Das beweist, dass wir seine Kinder sind! Wenn er nicht eingreifen würde, wenn er uns in die Irre gehen sieht, wäre es ein schlechtes Zeichen. Gott lässt die Welt mit vielen Sünden davonkommen. Ihr Gerichtstag kommt später. Wenn Gott zulässt, dass du sündigst und sündigst und immer weiter sündigst und nichts passiert dir, bist du dann überhaupt ein Kind Gottes?

Gott möchte, dass wir an seiner Heiligkeit teilhaben. Er verlangt, dass wir in Demut, in himmlischer Gesinnung, in Reinheit, in Sanftmut und in Geduld wachsen. Wenn unsere Schwierigkeiten das Ergebnis von Gottes Entschlossenheit sind, Gottes Wesensart in uns hervorzubringen, dann gehen sie nicht immer weiter. Selbst Hiobs Schwierigkeiten hatten ein Ende. Die väterliche Korrektur ist temporär. Sie geht nicht endlos weiter. Und sie ist Schulung, Vorbereitung für die Zukunft. Sie ist Vorbereitung, damit Gott uns gebrauchen kann.

Unsere irdischen Eltern haben oft Fehler gemacht. Sie haben uns vielleicht streng erzogen, `wie sie es für das Beste hielten´, aber manchmal waren sie nicht sehr geschickt. Gott ist anders. Er macht keine Fehler. Seine Erziehung wird nicht zu lange dauern. Sie wird nicht vorzeitig aufhören. Sie wird aufhören, wenn wir wirklich gelernt haben, was Gott uns lehren wollte. Wenn wir nicht lernen wollen, kann sie vielleicht aufhören und in anderer Form zurückkommen.

Lassen wir zu, dass Gott uns so lehrt! Freuen wir uns an dem, was uns geschieht, nicht weil es Freude macht, sondern weil wir wissen, was Gott tut. Bleiben wir fest! Ordnen wir uns Gott unter! Geraten wir nicht in Panik! Die Prüfung unseres Glaubens bewirkt Standhaftigkeit. Versuchen wir nicht, wegzulaufen oder ihr auszuweichen. Wenn es uns an Weisheit fehlt, wollen wir Gott bitten, sie uns zu geben; dann wird sie uns gegeben werden.

70

In Gottes Training
Hebräer 12,11-15

Wie sollen wir auf Gottes väterliche Züchtigung reagieren? Gottes Disziplin erfolgt nicht automatisch. Unser Wachstum in Gottes Wesensart ist nie etwas Automatisches. Wir machen keinen Fortschritt, wenn wir erwarten, dass Gott alles tut, was zu tun nötig ist. Die Gefahr besteht, dass wir seine Disziplin geringschätzen und versuchen, sie abzuschütteln. Andere werden ganz deprimiert. Wir fangen an, Gott Vorwürfe zu machen. Wieder andere werden bitter, wie unser Schreiber im Vers 15 sagt. Wie sollen wir also reagieren?

1. **Wir bemühen uns zu verstehen, was Gott uns lehren will.** *[11]Im Augenblick scheint keine väterliche Disziplin etwas Erfreuliches an sich zu haben. Im Gegenteil, sie ist schmerzlich. Aber später bringt sie die friedvolle Frucht der Gerechtigkeit denen, die dadurch gründlich geschult worden sind.* Gottes Zurechtweisung macht uns keine Freude! Es ist nichts Angenehmes dabei. Es ist schrecklich, in die Hände des lebendigen Gottes zu fallen. Aber es hat eine Langzeitwirkung, und wenn uns bewusst wird, dass sich Gott um uns bemüht, können wir anfangen, uns auf die Langzeitwirkung zu freuen. Eigentlich ist es wunderbar, korrigiert zu werden, weil wir daran erkennen, dass Gott uns nicht verlassen hat. Besser, wir werden auf den richtigen Weg gebracht, als dass wir Gottes Zorn zu spüren bekommen und keinen weiteren Fortschritt machen. Seine Korrektur schult uns also und bringt uns auf den Weg der Demut, der Sanftmut und des Friedens.

2. **Wir müssen begreifen, dass wir `gründlich geschult´ werden sollen.** Das hier verwendete Wort (*gymnazo*) wird oft in Verbindung mit gymnastischen Übungen gebraucht. Wir sind

erwachsene Söhne und Töchter Gottes. Wir sollen an Reife zunehmen, indem wir verstehen, was Gott tut. Es ist Gott, der sich um uns bemüht, und das ist ein sehr großes Vorrecht. *12Darum erhebt die schwachen Hände, und stärkt die lahmen Knie, 13und macht gerade Wege für eure Füße, damit das Verkrüppelte nicht ausgerenkt, sondern geheilt wird.* Hier wird in Bildern gesprochen. Uns wird das Bild eines Mannes gezeigt, der ein körperliches Wrack ist. Er braucht dringend Physiotherapie. Deshalb nimmt der Sportlehrer die Sache in die Hand und fängt an, ihm Übungen aufzuerlegen. Er muss die Hände heben. Er muss die Knie bewegen. Er muss eine gerade Rennbahn auf und ab laufen.

Was heißt das praktisch? Es bedeutet, dass wir anfangen müssen zu denken und unseren Verstand zu gebrauchen. Warum rügt uns Gott? Wie haben wir ihm missfallen? Wir müssen zu ihm gehen und bekennen, was wir getan haben. Wir heben unsere Hände zum Gebet! Sie waren zu lange lasch. Wir beugen unsere Knie – und wir tun es immer wieder. Wir laufen entlang der Rennbahn, die Gott für uns bestimmt hat. Wenn wir das nicht tun, wird unsere Lage sich verschlimmern. Wir müssen uns eine gerade Bahn machen, um darauf auf und ab zu gehen und uns wieder ans Gehen zu gewöhnen. Wir kommen wieder auf Kurs; zurück auf den Weg der Heiligung.

3. **Wir achten besonders auf bestimmte Gefahren.** Die erste Gefahr ist die Gefahr, dass wir unfriedlich sind. *14Sucht Frieden mit jedermann ...* Gott ist ein Gott des Friedens und er möchte, dass auch wir Leute des Friedens sind. Natürlich ist das nicht immer möglich. Die Weisheit von oben stellt die Reinheit an die erste und die Friedfertigkeit an die zweite Stelle. Nur `soviel an uns liegt´, können wir `mit allen in Frieden leben´ (Römer 12,18). Aber wir geben uns alle Mühe, friedfertig zu leben. *14Sucht Frieden mit jedermann und strebt nach Heiligkeit, ohne die niemand den Herrn sehen wird.* Wir streben nach Heiligkeit. Das ist ein heftiger Kampf und wir sind nie 100-prozentig erfolgreich. Wir werden im Kampf mit Satan oft zu Boden geschlagen. Aber wir stehen wieder auf und gehen weiter. Wenn wir das tun, fangen wir an, `Gott zu sehen´. Ich glaube nicht, dass unser Verfasser

vom Himmel spricht. Es gibt nur eine andere Stelle im Hebräerbrief, die sich darauf bezieht, Gott zu sehen (11,27), und sie bezieht sich auf etwas in diesem Leben. Aber wenn wir Menschen werden, die ihm gefallen, `sehen´ wir ihn.[a] Uns wird bewusst, dass er in unserem Leben ist. Er führt und leitet uns und segnet uns. Wir spüren das Wirken des Heiligen Geistes. Niemand kann in dieser Weise `Gott sehen´, der nicht gewissen Fortschritt auf dem Weg der Heiligkeit erzielt hat. Besonders lehnen wir es ab, bitter zu werden, und wir achten darauf, dass niemand in der Gemeinschaft um uns in Bitterkeit verfällt. [15]*Achtet darauf, dass niemand versäumt, die Gnade Gottes zu erhalten. Lasst keine bittere Wurzel emporwachsen und euch Ärger bringen. Wenn das passiert, können viele verunreinigt werden.* Wenn jemand so bitter auf Gott wird, dass er verzweifelt aufgibt, dann ist das entmutigend für die ganze Gemeinschaft des Volkes Gottes, die sieht, was geschehen ist.

4. **Wir bereiten uns vor auf einen heftigen Kampf.** Es ist nichts Passives bei der Heiligung. Eine Lehre, die uns auffordert `loszulassen und Gott machen zu lassen´, ist völlig falsch. Für die Rechtfertigung und für die Versöhnung trifft das zu. Es stimmt: Wir können `loslassen und Gott uns durch das Blut Christi **rechtfertigen** lassen´. Dem, der nichts tut, sondern an den Gott glaubt, der die Gottlosen rechtfertigt, dem wird sein Glaube als Gerechtigkeit angerechnet. Aber wir `lassen nicht los und lassen Gott´ die **Heiligung wirken**. Er heiligt uns, indem wir mit ihm zusammenarbeiten. Es gibt einen heftigen Kampf, auf den wir uns einlassen müssen. Wir wissen, dass wir in Christus sind und dass wir der Sünde schon abgestorben sind. Und wir kämpfen gegen weitere Angriffe und Versuchungen, die auf uns zukommen.

Anmerkung:
a. Das `Sehen Gottes´ ist geistlich. Es gibt geistliche Sinne, die unseren leiblichen Sinnen entsprechen. Wir können den Geist hören (Offenbarung 2,7); wir können Ohren haben und nicht hören, oder Ohren haben und auch geistlich hören (Matthäus 11,15). Gottes Leute hören die Stimme Jesu (Johannes 10,27). Der Glaube kommt durch geistliches Hören (Römer 10,17).

Einige hören Gottes Stimme nicht (Hebräer 4,7). Entsprechend gibt es ein geistliches `Sehen´ (Matthäus 5,8; 13,13; Markus 8,18; Johannes 3,3). Es gibt auch geistliches Schmecken (Psalm 34,9; Psalm 119,103; 1. Petrus 2,3) und geistliches Berühren (1. Samuel 10,26; Hiob 19,21) und geistlichen Wohlgeruch (2. Korinther 2,14.16).

71

Das Beispiel Esau
Hebräer 12,15-17

Unser Pastor und Freund, der Verfasser des Hebräerbriefs, kombiniert Warnungen und Ermutigungen. Wir haben gute Gründe, `das Allerheiligste zu betreten´ und nahe bei Jesus zu bleiben. Wir haben jede Ermutigung, am Glauben festzuhalten und in der Rennbahn zu laufen, die vor uns liegt. Aber – so unser Freund – wir müssen uns auch weigern, aufzugeben oder ungläubig zu werden. Unser Schreiber hat das mehrmals gesagt (2,1-3; 3,7-4,13; 6,3-12; 10,26-31). Jetzt sagt er es wieder, indem er Esau als Beispiel nimmt.

Erneut bemerken wir, wie die Gemeinschaft für den einzelnen sorgen muss. Er sagt: [15]*Achtet darauf, dass niemand versäumt, die Gnade Gottes zu erhalten. Lasst keine bittere Wurzel hochkommen und euch Schwierigkeiten machen. Andernfalls könnten viele verunreinigt werden.* Er wendet sich an alle Christen. Die gesamte Gemeinschaft muss dafür sorgen, dass kein einziger von ihnen zu Fall kommt oder versagt.

Unglaube blockiert den Fluss der Gnade Gottes. Unser Schreiber möchte, dass die Christen sich gegenseitig so sehr ermutigen, dass keine bittere Wurzel des Unglaubens in einem Mitglied der Gemeinschaft hochkommt. Die Formulierung (entnommen aus 5. Mose 29,18) gebraucht das Bild eines Unkrauts, das bitter schmeckt und giftig ist. Unkraut – wilde unansehnliche Pflanzen – neigen dazu, schneller zu wachsen und sich schneller auszubreiten als hübsche Blumen. Das Unkraut ist Unglaube; in 5. Mose 29 bezieht er sich darauf, das Verhalten des heidnischen Umfelds zu übernehmen. Der Unglaube breitet sich leicht aus – leichter als die Frucht des Geistes! Wenn daher ein Christ so entmutigt wird, dass er seine

Skepsis frei ausspricht, dann schadet er der ganzen Gemeinschaft. Unser Schreiber nimmt an, dass das möglich ist. Selbst ein aufrichtiger Christ kann zeitweise gefährlich skeptisch werden, besonders in einer Zeit der Verfolgung. Aber ein skeptischer Geist kommt nicht kühn zum Gnadenthron, um Gnade und Hilfe zur Zeit der Not zu erhalten. Deshalb erhalten solche Leute Gottes Gnade nicht, wenn sie sie brauchen. Unser Schreiber spricht nicht vom Verlust des Status als Christ; das ist schon für immer geklärt. Er spricht von der jetzigen Erfahrung und dem Fluss der Gnade in unser Leben. Heute müssen wir seine Stimme hören – solange es `heute´ heißt. Wenn jemand von uns skeptisch wird, ist die gesamte Gemeinschaft beunruhigt. Viele können durch den Unglauben einer einzigen Person beeinflusst und verdorben werden.

Ungeistlichkeit und Unreinheit blockieren Gottes Gnadenfluss. [16]*Lasst keine unmoralische oder gottlose Person wie Esau unter euch sein, der sein Erstgeburtsrecht für eine Mahlzeit vergab – sein Erbe, das für ihn als erstgeborenen Sohn bestimmt war.*

Esau ist ein Beispiel dafür, was dem Schreiber wichtig ist. Er lebte innerhalb der Familie Isaaks und war genauso ein Sohn Isaaks wie Jakob. Er war auch der Erbe – die Person, die durch Sitte und Tradition dazu bestimmt war, der geistliche Führer der Familie zu werden und die Vollmacht über ihren Besitz zu erhalten. Aber Esau zeigte kein Interesse am Familienerbe – obwohl er wusste, dass das Erbe wirklich vorhanden war. 1. Mose 27, 27-34 erzählt, dass er bereit war, sein Erstgeburtsrecht für einen geringen leiblichen Genuss aufzugeben. So wenig war es ihm wert. Ihn interessierte leibliches Vergnügen und er heiratete heidnische Frauen von den Hethitern (1. Mose 26, 34-35). Er zog einen Lebensstil vor, der `gottlos´ oder `weltlich´ war – ohne Verlangen nach geistlicher Erfahrung. Während Jakob nach der geistlichen Leitung der Familie trachtete (obwohl er auch kein Engel war!), war das Esau völlig gleichgültig.

Hier haben wir ein Bild des Christen (eines Mitglieds der Familie Gottes), der aus fehlendem Interesse an den Belohnungen des Glaubens – dem Erbe, das Gott ihm jetzt und in der Ewigkeit gibt – den Gnadenfluss in seinem Leben verliert. Aus geistlicher Nachlässigkeit fällt er in Sünde. Kann das einem Kind Gottes passieren? Allerdings! David hat Ehebruch und Mord begangen. Simson hat Geschäft und Vergnügen auf eine Art miteinander verquickt, die sein Lebenswerk fast ruiniert hätte. Der ˋgerechte Lotˊ hing viel zu stark an Sodom – als gäbe es nichts Besseres!

Esau verlor sein Erbe. [17]*Denn ihr wisst, dass er später, als er den Segen erben wollte, verworfen wurde; denn er fand keinen Raum zur Sinnesänderung, obwohl er ihn mit Tränen suchte.* Esaus Vater wollte ihm eigentlich sehr gern den Segen geben. Er hatte Esau lieber als Jakob! Aber obwohl der Vater dem Esau das Erbe geben wollte, hat Esau im Leichtsinn wieder alles verspielt. Als er schließlich das Erbe haben wollte, war es zu spät. Entscheidend dafür, dass er das Erbe verlor, war, dass Isaak auf dem Todesbett bereits einen Eid geschworen hatte. Das alles illustriert die Lage des nachlässigen und rebellischen Christen. Die Sünde blockiert das Erbe. Esaus Lage ist die des rebellischen Christen. Das Schwören eines Eides führt zum unwiderruflichen Verlust des Erbes. Isaak konnte seine Entscheidung nicht mehr ändern, weil er einen Eid abgelegt hatte! Esau wurde hinsichtlich einer möglichen Belohnung verworfen. Das griechische Wort hier (*apedokimasthe*, von *apodokimazo*) bedeutet, etwas nach der Prüfung zu verwerfen. Der Christ wird von Gott beobachtet (siehe Hebräer 4,12-13).

Es ist zu beachten, dass Esau in der Familie blieb! Unser Schreiber gibt keinerlei Hinweis darauf, dass der Christ aus der Familie Gottes verworfen wird. Und wenn gesagt wird, dass Esau ˋkeinen Raum zur Sinnesänderungˊ fand, dann bedeutet es, dass er und sein Vater nichts mehr ändern konnten, nachdem der Eid geschworen war. Esau konnte Isaak nicht dazu bewegen, seine Entscheidung zu ändern. Eigentlich bedauerten beide, was geschehen war; beide waren voller Kummer über Esaus Verlust. Aber der Eid war endgültig. Für Esau gab es keine Gelegenheit mehr, dorthin zurückzukommen, wo er war, bevor der Eid abgelegt war. Um weniger Augenblicke des Vergnügens willen hatte er sich auf die schiefe Bahn begeben. Er hatte vom Erbe gewusst und ans Erbe geglaubt, aber es nicht ernstlich begehrt. Als er es dann haben wollte, konnte er es nicht mehr haben, weil es schon anderweitig vergeben war – durch einen unwiderruflichen Eid.

Auf die scharfe Warnung unseres Schreibers folgt – wie immer – Ermutigung. `Aber´, sagt er, `ihr seid nicht zum Sinai gekommen, zu dem Berg, an dem schwere Sünde immer verurteilt wird. Ihr seid zum Berg Zion gekommen, dem Ort, an dem Jesus für alle Arten von Übertretungen und Bosheit gestorben ist´ (12,18-24). Er ermahnt sie, Gottes Stimme bald zu hören, bevor Gott einen Eid gegen sie ablegt.

72

Sinai oder Zion
Hebräer 12,18-22

Auf Warnungen lässt unser Schreiber immer Ermutigungen folgen. Es kann sein, dass ein rebellischer Christ sein Erbe vollständig verliert. Das passierte dem Esau. Obwohl er seinen Platz in der Familie Isaaks nicht verlor, verlor er doch die Rechte, die dem erstgeborenen Sohn zustanden; sie gingen stattdessen auf Jakob über. Doch – so fährt unser Schreiber fort – so ist es nicht zwangsläufig. Der Christ ist in einer Lage, in der ihm eine überfließende und erstaunliche Gnade zur Verfügung steht. Aber wir müssen sie gebrauchen. Wir haben einen großen Hohenpriester, der durch die Himmel gegangen ist, aber das funktioniert nicht automatisch. Wir müssen zum Gnadenthron kommen, um Barmherzigkeit und Gnade zu empfangen, die uns helfen. Wir müssen nicht wie Esau sein. Und wir sind zum Neuen Bund gekommen und nicht zum Alten Bund.

Unser Schreiber drückt es so aus: *[18]Denn ihr seid nicht zu etwas gekommen, das man berühren[a] kann, oder zu einem lodernden Feuer, zur Dunkelheit oder Finsternis oder einem Unwetter. [19]Ihr seid nicht zum Schall einer Posaune oder dem Schall von Worten gekommen ähnlich der Stimme, welche das Volk hörte und die so schrecklich war, dass die Hörer baten, ihnen kein weiteres Wort zu sagen. [20]Denn sie konnten das Gebot nicht ertragen, das ihnen gegeben wurde. `Selbst wenn ein Tier den Berg berührt, muss es zu Tode gesteinigt werden.´ [21]So schrecklich war die Erscheinung, dass Mose sagte: `Ich bin ganz erschrocken und zittere´. [22]Im Gegenteil, ihr seid zum Berg Zion gekommen, zur Stadt des lebendigen Gottes, zum himmlischen Jerusalem und zu Zehntausenden von Engeln in fröhlicher Versammlung ...*

Die Verse 18-24 bestehen sehr ausführlich und mit Nachdruck darauf, dass wir nicht dem mosaischen Gesetz (repräsentiert durch Sinai) unterstehen; wir unterstehen vielmehr dem Evangelium des Herrn Jesus Christus (repräsentiert durch den Hügel Zion in Jerusalem).

1. **Unser Evangelium ist innerlich und geistlich, bevor es äußerlich und sichtbar ist.** Als die Israeliten zum Sinai kamen, war alles ganz irdisch. Sie reisten buchstäblich und physisch Hunderte von Kilometern, um dorthin zu gelangen. Dann standen sie buchstäblich und körperlich um einen Berg herum, der bebte und brannte und als Thron und Wohnort Gottes fungierte. Es war alles irdisch und körperlich. Die weltliche `Religion´ ist immer noch so. Sie ist voll von Pilgerfahrten zu heiligen Orten, die dunkel und düster sind! Das Evangelium ist anders. Es berührt zwar die reale Welt, in der wir leben. Es ist nicht unirdisch. Unsere letzte Hoffnung ist die Auferstehung des Leibes. Und doch können wir ohne irgendwelche Pilgerreisen oder heilige Berge zu Gott kommen. Heilige Geografie ist nicht mehr wichtig (wie Jesus zu der Frau am Brunnen sagte – Johannes 4,21). Der Neue Bund beginnt im Herzen, und nicht in einer religiösen Touristen-Attraktion!

2. **Unser Evangelium arbeitet nicht mit Terror.** Das Gesetz arbeitete mit Terror. Es gab schreckliche Strafen – einschließlich der Todesstrafe für schwere Sünden – und fürchterliche Offenbarungen der Heiligkeit Gottes. Natürlich ist Gott **immer noch** heilig. Ohne das Evangelium gibt es noch allen Grund, erschrocken zu sein! Die Hölle wird immer noch dargestellt als Ort des Feuers und der Dunkelheit. Der Gott des Gesetzes ist kein anderer als der Gott des Evangeliums. Wir sind keine Anhänger Marcions[b]. Aber die Offenbarung der Heiligkeit Gottes durch das Gesetz, die zu dem Zeitpunkt `hinzugefügt´ wurde (Galater 3,19), als das Volk Gottes eine Nation wurde, hat dem Evangelium des Herrn Jesus Christus Platz gemacht. Gott ist `versöhnt´, sein Zorn hat sich von denen abgewandt, die in Christus sind. Wir haben unsere Zelte nicht rings um den Berg Sinai aufgeschlagen! Das Evangelium arbeitet nicht mit Angst

und Schrecken; sondern mit Gewissheit und Vertrauen. Gottes Liebe ist in unsere Herzen ausgegossen. Am Sinai war sogar Mose entsetzt; und auch Tiere wurden zu Tode gesteinigt. Für uns ist die `Furcht Gottes´ die Angst, seine Liebe zu verletzen! Das Feuer ist nicht ausgelöscht, aber wir sind davor geschützt.

3. **Der Christ sehnt sich danach, Gottes Stimme zu hören.** Am Sinai baten sie dringend, Gottes Stimme nicht zu hören! Das Evangelium sagt, wir **müssen** die liebevolle und zarte Stimme Gottes hören. Darin besteht das Geheimnis geistlichen Fortschritts.

4. **Wir sind für immer aus dem Bereich des mosaischen Gesetzes gerettet.** Ich meine nicht, dass wir befreit sind von Prinzipien der Gerechtigkeit. Ich meine, wir sind befreit vom mosaischen Bund. Wenn die Bibel vom `Gesetz´ spricht, meint sie nicht einfach `Prinzipien der Gerechtigkeit´. Wir sterben gegenüber dem Gesetz – aber wir sterben nicht gegenüber Prinzipien der Gerechtigkeit! Diese Art Definition kommt von Thomas von Aquin – dem im italienischen Aquin geborenen Theologen des dreizehnten Jahrhunderts, der eine hoch systematisierte Theologie entwickelte, wobei er sich auf Aristoteles´ Philosophie stützte. Sie enthielt sehr abstrakte Definitionen des Gesetzes. Aber `das Gesetz´ in der Bibel bedeutet meistens `das mosaische System der Beziehung zu Gott´. Wir sind diesem System abgestorben! Es gab Gründe für das mosaische System. Es war darauf angelegt, Israel aus Furcht vor Strafe auf einem bestimmten moralischen Niveau zu halten. Selbst darin versagte es schließlich. Aber unsere Beziehung zu Gott ist anders. Für uns gibt es keinen Segen in irgendetwas rein Materiellem oder so Schrecklichem, dass wir darum bitten, nichts mehr davon zu hören. Es gibt solche religiösen Systeme, sogar einige, die sich als christlich bezeichnen. Aber wir sind nicht zum Sinai gekommen, sondern nach Zion – zu dem Ort, wo Jesus starb, wo der Heilige Geist ausgegossen wurde und von dem aus die Völker erreicht wurden, nicht mit schrecklichen Nachrichten, sondern mit der guten Nachricht vom Herrn Jesus Christus.

Anmerkungen:
a. Einige Übersetzungen sprechen von einem `Berg´. Die besten Handschriften enthalten dieses Wort eigentlich nicht; es war eine (korrekte) interpretierende Ergänzung, die von frühen Abschreibern eingefügt wurde.
b. Marcion war der Irrlehrer des zweiten Jahrhunderts, der lehrte, dass der Gott des Alten Testaments ein anderer Gott ist als der des Neuen Testamentes.

73

Freude an Zion
Hebräer 12,22-24

Wir wollen sichergehen, dass wir den Gedankengang des Briefes verstehen. Das Priesteramt unseres Herrn Jesus Christus befähigt uns, einen kühnen Glauben zu haben (Hebräer 1,1 - 10,18). Wir müssen in Gottes Nähe kommen und tägliche Kraft von ihm bekommen (10,19-25). Das ist das Gegenteil davon, sich im Unglauben zurückzuziehen (10,26-39). Die Glaubenshelden haben bis zum Ende vorwärts gedrängt, um zu erhalten, was Gott ihnen versprochen hatte (11,1-40). Wir laufen wie sie auf der Rennbahn und schauen dabei auf Jesus, der auch aus Glauben lebte (12,1-4). Gottes väterliche Korrektur darf uns nicht entmutigen (12,5-15). Wir müssen nicht wie Esau sein (12,16-17).

Unser Schreiber nähert sich dem Ende seines großartigen Briefes. Wir Christen – sagt er – sind hoch privilegiert. Wir sind nicht am Sinai (12,18-21), sondern am Berg Zion (12,22-24). Anders als Israel dürfen wir Gottes Stimme nicht ablehnen (12,25); bald wird alles erschüttert und verzehrt, was Gott nicht gehorsam ist (12,26-29). Deshalb – sagt er – wollen wir unseren Glauben umsetzen in Liebe, Gastfreundschaft und Reinheit (13,1-6), indem wir unseren geistlichen Führern gehorchen (13,7), Jesus vertrauen (13,8), falsche Lehren vermeiden (13,9) und von der Erfüllung des Alten Bundes leben (13,10-16). Ihre Leiter – so der Verfasser – sind vertrauenswürdig (13,17), daher sollten sie für den Schreiber und seine Mitarbeiter beten (13,18-19). Der Verfasser beendet dann den Brief mit einem Gebet (13,20-21), einer Bitte (13,22), einer Mitteilung (13,23), weiteren Grüßen (13,24) und einem Wort des Segens (13,25).

Wir sind zu dem Teil des Briefes gekommen, in dem der Verfasser betont, dass seine Leser errettete Menschen sind, die im Prinzip schon im Himmel sind! Wenn wir an die Warnungen des Hebräerbriefs denken, dürfen wir nicht vergessen, wie oft der Schreiber hervorhebt, dass sie schon gerettet sind. Unser Schreiber hat es nicht mit einer Art Halbchristen zu tun, die erleuchtet, aber nicht gerettet sind. Er sagt, dass sie nicht zum Sinai gekommen sind. *22Im Gegenteil! Ihr seid zum Berg Zion gekommen und zur Stadt des lebendigen Gottes, zum himmlischen Jerusalem und zu Zehntausenden von Engeln in festlicher Versammlung. 23Ihr seid zur Gemeinde der erstgeborenen Söhne und Töchter gekommen, deren Namen im Himmel aufgeschrieben sind. Ihr seid zu Gott, dem Richter aller, gekommen und zu den Geistern der vollendeten Gerechten und zu Jesus, dem Mittler eines Neuen Bundes und zum Blut der Besprengung, das Besseres redet als das Blut Abels.*

1. **Christen sind zu einer Stadt gekommen.** Viermal im Hebräerbrief (11,10. 16; 12,22; 13,14) wird uns gesagt, dass das Volk Gottes sich auf ein neues Land mit einer neuen Stadt freut. Das mosaische System wird vom Christen nicht buchstäblich befolgt, sondern im Evangelium erfüllt.

Auf ähnliche Weise sind das Land Israel und die Stadt Jerusalem Schatten geistlicher Erfahrung. Ich meine nicht, dass die geistliche Erfahrung geisterhaft oder immateriell ist. Der neue Himmel und die neue Erde werden gegenständlich sein, ebenso wie der Auferstehungsleib (obwohl dieser sehr wohl neue und ungewöhnliche Fähigkeiten haben kann). Aber das Land Israel deutete hin auf die neue Erde, die kommen soll. Und die Stadt Jerusalem deutete hin auf das himmlische Hauptquartier des Reiches Gottes. Jerusalem wurde von David erobert und wurde zum Hauptquartier seines Reiches. Es war eine von Gott erwählte Stadt (1. Könige 11,36). Sie war berühmt für ihre Einheit (Psalm 122,3 spricht von Jerusalem als von `einer fest zusammen gebundenen Stadt´), für ihre Sicherheit (Psalm 125,2), ihre zentrale Rolle in Gottes Absichten (Jesaja 2,3) und für ihre Beständigkeit (Jesaja 33,20 stellt fest, dass es eine Stadt gibt, die ein unbewegliches Zelt ist, deren Pflöcke nie herausgezogen werden und deren Stricke nie reißen). Diese Stabilität beruht darauf, dass die Stadt ein Fundament hat. Selbst die Edomiter sprachen von ihrem Fundament (Psalm 137,7). Doch das alles war nur ein Schatten der himmlischen Wohnung Gottes, des himmlischen Jerusalems. Christen sind unterwegs dorthin (siehe 13,14), und doch sind sie in gewissem Sinn schon dort. Sie gehören zu ihr. Für sie ist es ihre Heimat. Das großartige Kennzeichen dieser Stadt ist, dass Gott dort lebt. Ebenso wie Gott sich im Allerheiligsten der Stiftshütte offenbarte, so ist er (obwohl überall gegenwärtig) jetzt auf intensivere Art in der himmlischen Stadt. Sie hat dieselben Merkmale wie Jerusalem (Einheit, Sicherheit, Beständigkeit).

2. **Christen haben einen Vorgeschmack der Gemeinschaft mit den Engeln.** Gottes Leute sind schon jetzt in der himmlischen Stadt, ebenso wie die Engel, die bekannt sind für ihre Freude und ihre Anbetung. Wir sind schon jetzt Teil des himmlischen Chores, der himmlischen Anbetungsmannschaft, die Gott dient.

3. **Christen haben schon einen Vorgeschmack der zukünftigen Gemeinde, der Gemeinde in ihrer vollen Herrlichkeit.** Die Gemeinde der `erstgeborenen Söhne und Töchter´ Gottes ist die Gesamtzahl der gehorsamen Leute Gottes. Ihre Namen sind zu ihrer Ehre aufgeschrieben. Das heißt: (i) sie sind die Erwählten Gottes, und (ii) sie wurden von Gott belohnt. Sie haben ihre Belohnung nicht verloren. Der Hebräerbrief konzentriert sich hier auf Christen, die ihre Belohnung erhalten haben. Erstgeborene Söhne erhalten einen doppelten Anteil des Familienbesitzes und das Recht, innerhalb der Familie zu herrschen. Die Versammlung, an die unser Schreiber denkt, besteht aus denen, die allen Widerstand überwunden haben. Wer überwindet, wird das Erbe erhalten (Offenbarung 21,7). Das war der Grund, weshalb Esau die Familie Isaaks verlor. Die himmlische Gemeinde ist die gereinigte Gemeinde, die Gemeinde `in herrlicher Gestalt, ohne Flecken oder Runzel oder etwas Ähnlichem´ (Epheser 5,27). Man könnte fragen: was passiert mit denen, die `Schaden leiden´ und `nur wie durchs Feuer gerettet´ werden? Sie sind immer noch gerettet. Aber mehr

darüber können wir nicht sagen. Wäre es eine Hilfe, mehr zu wissen?

4. Christen sind zu Gott gekommen und bilden schon einen Teil der Leute, die verherrlicht worden sind. Ihr seid zu Gott gekommen, sagt der Verfasser. Gott hat uns schon gerechtfertigt und uns als gerecht bezeichnet. Wir sind schon so gut wie im Himmel! Obwohl noch etwas mehr geschehen wird, bevor wir schließlich den Himmel genießen, gehören wir schon zu den Leuten, die von Gott positiv beurteilt wurden. Im Himmel sind die Gerechten vollendet; sie haben Jesus schon gesehen, sie haben ihr Gericht schon hinter sich. Ich würde sogar behaupten, dass sie schon einen Auferstehungsleib haben (der Tag des Endgerichts ist der Tag, an dem verkündet wird, was schon geschehen ist). Der Schlüssel zu allem ist, dass wir zu Jesus gekommen sind, dem Mittler, der eine ewige Beziehung zu uns hat, dessen Blut nicht nach dem Gerichtsurteil ruft wie das des Abel, sondern uns aufs Äußerste zusichert, dass wir für immer von Gott, unserem Vater, angenommen sind. Wir sind schon angekommen! Im verbleibenden Teil unseres Lebens geht es einfach darum, uns fest anzuklammern an dem vollen Segen der Stellung, die wir schon innehaben und die nie verloren gehen kann.

74

An der Gnade festhalten
Hebräer 12,25 - 13,1

Wir dürfen Gottes Stimme nicht abweisen, sagt unser Schreiber (12,25), denn bald wird alles erschüttert und verzehrt, was nicht Gott gehorsam ist (12,26-29).

1. **Wir sind dafür verantwortlich, auf Gottes Stimme zu antworten.** *25Achtet darauf, dass ihr den, der redet, nicht abweist oder ihm ausweicht.* Der Schreiber legt die Verantwortung auf uns. Das ist etwas, was wir zu tun haben. `Achtet darauf!´, sagt er.

2. **Der Neue Bund ist mit größerer Verantwortung verbunden als der Alte Bund.** Gottes Wort abzulehnen, hat schwere Folgen. Er fährt fort: *Denn wenn sie nicht entkamen, als sie den ablehnten, der sie auf der Erde warnte, wie viel weniger werden wir entfliehen, wenn wir uns von dem abwenden, der vom Himmel spricht?* Das ist das letzte warnende Wort in dem Brief; es ähnelt 2,1-4 (siehe auch 3,6b-4,13; 6,3-8; 10,26-31; 10,38-39; 12,15-17). Der Alte Bund war weitgehend irdisch; er hatte sehr viel mit Israel zu tun, mit nationaler Moral, mit irdischen Strafen und Bußen, mit dem Ausschluss aus dem Land Israel oder der Freude an diesem Land und seiner sichtbaren Stiftshütte. Die Warnungen Gottes, die vom Sinai kamen, waren begleitet von einem kleineren Erdbeben. Die Segnungen und Warnungen des Evangeliums sind unvergleichlich größer. In Israel war es möglich, irdischen Segen zu verlieren, ohne geistlichen Segen einzubüßen (Mose verlor das Vorrecht, das Gebiet Kanaans zu betreten, aber er hat nicht die himmlische Herrlichkeit verloren). Aber die Sünde gegen das Evangelium hat ewige Folgen, nicht nur irdische. In dieser Welt kann man das Vorrecht verlieren, Gottes Stimme zu hören; in der kommenden Welt kann man das Erbe verlieren. Wenn Gläubige (und unser Schreiber spricht **nur**

zu seinen gläubigen hebräischen Freunden) sich von Gott abwenden, wird ihr Schaden groß sein und über das Grab hinausgehen.

3. **Bald wird alles Unwürdige zerstört.** Am Berg Sinai bebte die Erde in der Gegenwart Gottes. *Damals erschütterte seine Stimme die Erde...* Aber das war ein blasser Schatten von etwas viel Größerem, das noch kommen wird. Wenn Jesus in seiner Herrlichkeit kommt, wird das ganze Universum von der Herrlichkeit seiner Gegenwart erschüttert. *[26]Damals erschütterte seine Stimme die Erde, aber jetzt hat er versprochen: `Doch noch einmal werde ich nicht nur die Erde, sondern auch den Himmel erschüttern´.* Das Gesetz erschütterte die Erde; das Evangelium erschüttert auch noch den Himmel! Satan wurde niedergeworfen hinsichtlich jeder Art von Autorität im geistlichen Bereich. Gott war zufrieden gestellt mit dem Blut seines Sohnes. Durch Jesus hat Gott alle Dinge mit sich selbst versöhnt, ob auf der Erde oder im Himmel. Das gesamte Universum ist unter den Schutz des Blutes des Herrn Jesus Christus gestellt. Der gesamte Kosmos wurde in eine neue Position gerüttelt, als Jesus starb.

Die Erschütterungen haben seitdem nie aufgehört. Für die, die Augen haben zu sehen, ist völlig klar, dass unsere Welt nie zur Ruhe kommen kann. Sie wird ständig erschüttert. Gerade, wenn man denkt, dass alles gut ist, kommt eine neue Erschütterung! Ein politischer Führer wird getötet. Eine lang eingeführte Tradition erweist sich als korrupt. Eine Bombenexplosion erschüttert die nationale Sicherheit. Etwas, was wir für dauerhaft halten, währt nur wenige Stunden! Die Wirtschaft bricht zusammen und riesige Vermögen gehen verloren. Die Erschütterungen gehen weiter!

Wenn Jesus kommt, wird die Erschütterung noch viel stärker werden als je zuvor! *[27]Und dieser Ausdruck `Doch noch einmal´ bezieht sich auf die Beseitigung dessen, was erschüttert werden kann – nämlich auf erschaffene Dinge – damit die unerschütterlichen Dinge fest bleiben.* Alles, was nicht von Gott ist, wird zertrümmert und zerstört werden. Die Natur selbst wird zu ihrem Ende kommen und wird neu erschaffen werden müssen in einem neuen Himmel und einer neuen Erde.

Die Frage ist: Gehört unser Leben zu dem, was erschüttert werden kann oder zu dem, was unerschütterlich ist? Wer den Willen Gottes tut, bleibt in Ewigkeit. Unser Briefschreiber weiß, dass seine Leser entmutigt sind, er glaubt aber, dass sie zu dem Reich gehören, das nicht erschüttert werden kann. *[28]Darum, weil wir ein Reich empfangen, das nicht erschüttert werden kann, lasst uns an der Gnade festhalten, durch die wir Gott auf wohlgefällige Art mit Ehrerbietung und Gottesfurcht anbeten. [29]Denn unser Gott ist ein verzehrendes Feuer. [1]Lasst die Bruderliebe bleiben!*

Das ist seine zentrale Botschaft: **Lasst uns an der Gnade festhalten!** Lasst uns zum Thron der Gnade kommen und noch mehr Gnade finden! Wenn wir von der Gnade leben und dabei auf das Blut Jesu Christi vertrauen, um (i) unsere ewige Errettung zu schützen, (ii) unser Gewissen zu reinigen und (iii) uns zur ewigen Belohnung zu bringen, dann sind wir Gott wohlgefällig. Wir haben immer noch Fehler und Makel – aber wir sind jetzt Gott wohlgefällig, im Blut Christi! Deshalb – so sagt er – lasst uns an der Gnade festhalten und Gott in allem, was wir tun, weiterhin anbeten.

Die Alternative ist schrecklich. Gott wird alles Böse ausrotten. Lasst uns an der Gnade festhalten. *[29]Denn unser Gott ist ein verzehrendes Feuer.* Alles, was nicht von Gottes Gnade kommt, ist dem Untergang geweiht.

Es lohnt sich, Hebräer 12,29 bis 13,1 zu lesen, ohne die Kapiteleinteilung zu beachten. *[29]Denn unser Gott ist ein verzehrendes Feuer. [1]Lasst die Bruderliebe bleiben!* Unser Schreiber hat gerade in 12,27 gesagt, dass einiges `bleibt´, selbst wenn Gott den Kosmos erschüttert. Drei Verse später sagt er: `Lasst die Bruderliebe bleiben!´ Etwas, was nicht erschüttert werden kann, ist wahre christliche Liebe. Sie wird am Gerichtstag bestehen, wenn alles andere zusammenbricht.

75

Unsere Errettung ausarbeiten
Hebräer 13,1-6

Die Hauptargumente unseres Schreibers sind zu Ende – aber er kann noch nicht aufhören! Das christliche Evangelium hört nicht auf, wenn wir ans Ende unserer Argumentation über Lehrfragen gekommen sind. Es hat immer Auswirkungen darauf, wie wir leben. Theologen hören vielleicht gerne mit dem Kapitel 12 auf, aber echte Theologie ist lebensverändernde Theologie. Sie sagt etwas wie: `Lasst die Liebe weitergehen. Vergesst nicht, Fremden Liebe zu zeigen... Denkt an die Menschen im Gefängnis... Lasst die Ehe hoch geachtet werden... Haltet euch frei von der Geldliebe...´. All diese Aufforderungen sind nicht besonders intellektuell, aber alles, was unser Schreiber in Hebräer 1-12 gesagt hat, ist wertlos, wenn es nicht auf das hinausläuft, was in Hebräer 13 steht! Der ganze Sinn der Erlösung besteht darin, `sich ein Volk zum Besitz zu reinigen, das eifrig ist zu guten Werken´ (Titus 2,14). Die vielen Kapitel unseres Briefes sind alle dazu bestimmt, uns zu dem Punkt zu bringen, wo wir Gnade finden zur Zeit der Not, und wo wir lernen, `an Gottes Heiligkeit teilzuhaben´ (12,10). Heiligkeit ist keine Gesetzlichkeit, Freudlosigkeit oder Strenge im Umgang mit Menschen; sie ist Gerechtigkeit, Friede und Freude im Heiligen Geist. Sie wirkt sich konkret aus in Dingen, die unser Brief im Folgenden nennt. Er nennt sechs Themen in Hebräer 13,1-6.

1. **Liebe.** Er sagt: ¹*Lasst die Bruderliebe bleiben!* Es überrascht nicht festzustellen, dass die Liebe zuerst genannt wird, weil sie in allen neutestamentlichen Beschreibungen des christlichen Charakters die höchste Stellung einnimmt. Sie ist die Quelle und das Herz der Sanftmut, die Freundlichkeit in Beziehungen zu anderen. Sie ist Freiheit von Neid, Demut. Sie ist das Gegenteil

unnötigen Ärgers oder eines unnötig kritischen Geistes. Sie macht uns willig, alles zu ertragen, alles zu glauben, alles zu hoffen, alles auszuhalten. Die Liebe, die unser Schreiber besonders wünscht, ist die *philadelphia* – die Liebe zu Brüdern und Schwestern in Christus, einfach weil sie in Christus mit uns verwandt sind.

2. **Gastfreundschaft**. [2]*Vergesst nicht die Gastfreundschaft zu Fremden, denn dadurch haben einige Menschen Engel bewirtet, ohne es zu wissen.* Wenige Dinge prüfen unsere Liebe mehr als die Unterbrechung unserer Routine, und wenige Dinge unterbrechen unsere Routine mehr als die Gastfreundschaft! Sie ist besonders nötig in Zeiten der Verfolgung, und besonders nötig für reisende Prediger! Sie tritt oft als Störung oder Unterbrechung auf, doch führt sie auch oft zu unerwartetem Segen und Nebenwirkungen. Weil Abraham gastfreundlich war, kam er dazu, Engel zu bewirten, die gekommen waren, um ihm zu bringen, was er Jahrzehnte lang gewünscht hatte (siehe 1. Mose 18!).

3. **Fürsorge für Gefangene und Betrübte**. Gefangene und Leidende fühlen sich gewöhnlich verlassen. Unser Schreiber sagt: [3]*Denkt an die Gefangenen, als wärt ihr mit ihnen im Gefängnis, und an die, die misshandelt werden, da ihr auch einen Körper habt.* Das ist echte Frömmigkeit. Wenn unser Herr Jesus Christus ein großer Hoherpriester ist, der uns nicht vergisst, so müssen wir uns zweifellos anderen gegenüber ähnlich verhalten. Frömmigkeit ist in vieler Hinsicht Gott-Ähnlichkeit. Was Gott für uns getan hat, müssen wir für andere tun. Das verlangt Denken und Phantasie (`als wärt ihr mit ihnen im Gefängnis´). Es verlangt Identifizierung. Da `ihr auch einen Körper habt´, dürfte es nicht zu schwer sein, sich vorzustellen, wie wir uns fühlen würden, wenn wir schlecht behandelt würden oder in Not wären.

4. **Hochachtung vor der Ehe.** [4]*Die Ehe werde in jeder Hinsicht in Ehren gehalten und lasst das Ehebett unbefleckt sein; denn Gott wird sexuell Freizügige und Ehebrecher richten.* Nach der Bekehrung zu Christus ist die Heirat das bedeutsamste Ereignis in unserem

Leben. Sie bringt die größten Freuden und die größten Schmerzen – oder eine Mischung von beidem. Unser Schreiber möchte, dass sie geehrt wird (als göttliche Ordnung betrachtet, mit viel Gebet vorbereitet und von Liebe und Hochachtung geregelt). Er weist warnend darauf hin, dass Gott Unmoralische und Ehebrecher richten wird. Er spricht zu Christen. Offenbar hält er es für selbstverständlich, dass Christen die Warnung brauchen.

5. **Freiheit von Habsucht.** *5Haltet euer Leben frei von Geldgier, und seid zufrieden mit dem, was ihr habt. Denn Gott hat gesagt: `Ich will dich nie aufgeben und nie im Stich lassen´. 6Daher können wir zuversichtlich sagen: `Der Herr ist mein Helfer; ich will mich nicht fürchten; was kann mir ein Mensch tun?´* Die nächste Sorge des Schreibers ist das Geld. Die meisten Menschen lieben es zu sehr, sie sind unehrlich, wenn sie es bekommen, und leichtsinnig, wenn sie es ausgeben. Unser Schreiber möchte, dass wir darüber nachdenken und uns davor hüten, habsüchtig zu werden.

Hinter all diesen Dingen steht unser Festhalten an Gott – und unser Verständnis dafür, wie Gott uns festhält. Wenn wir wirklich glauben, dass Gott ständig für uns da ist, dann wird es sich praktisch auswirken darauf, wie wir mit Geld umgehen, ganz zu schweigen vom Umgang mit dem Ehepartner oder dem unerwarteten Fremden, der Hilfe braucht. Unser geistlicher Freund, der Verfasser des Hebräerbriefs, möchte, dass wir Gott vertrauen, uns auf seine Gnade verlassen und darauf, dass er uns nie im Stich lässt. Er möchte, dass es unser Reden beeinflusst (`wir können zuversichtlich sagen…´). Er möchte, dass es uns gegenüber Verfolgung oder Kritik von jeder Furcht oder Angst befreit. Paulus würde das `das Ausarbeiten unserer Errettung´ nennen (Philipper 2,12-13). Das ist Heiligung. Es ist keine Frage des Rückzugs aus der Gesellschaft, der Unnachgiebigkeit oder der Religiosität. Das sind die praktischen Auswirkungen im Leben: Liebe, Fürsorge, Achtung vor der Ehe, Freiheit von Habsucht, Vertrauen auf Gott. Wir werden merken, dass wir in der Gnade wachsen, wenn wir davon überzeugt sind, dass wir einen großen Hohenpriester haben, der für uns sorgt.

76

Gestärkt durch Gnade
Hebräer 13,7-9

Unser Schreiber gibt uns nun einige abschließende Anweisungen.

1. **Selbst im Leid sollen christliche Führer gute Beispiele sein.** Unserem Schreiber ist es ein Anliegen, dass wir vom Beispiel derer lernen, die uns Gottes Wort gebracht haben, selbst wenn – und vielleicht gerade wenn – sie leiden. *7Denkt an eure Leiter, die euch Gottes Wort gesagt haben.* Viele meinen, dass das bedeutet, dass die Leiter dieser Gemeinschaft bereits gestorben sind. Jedoch gibt es keinen Hinweis darauf, dass jemand wegen seines Glaubens umgekommen ist (wir denken an Hebräer 12,4), und das Datum des Briefes (vor 70 n. Chr.) scheint zu früh, als dass alle Führer gestorben sind. Vers 3 weist eher darauf hin, dass die Führer dieser Gemeinschaft im Gefängnis waren. Die Christen sollen daher für ihre leidenden Leiter beten, ihnen soweit möglich helfen und dankbar sein, dass sie dieser Gemeinschaft hebräischer Christen das Wort Gottes gebracht haben. Sie sollen über den Glauben ihrer Leiter nachdenken, ebenso wie sie über den Glauben der alttestamentlichen Helden nachdenken. *Beobachtet das Ende ihres Verhaltens und ahmt ihren Glauben nach.* Wenn sie ihre Leiter beobachten, werden sie sehen, dass sie dem Namen Jesu Ehre gemacht haben, dass Gott alles zum Guten mitwirken lässt und dass das Reich Gottes vorankommt. Gefangenschaft und Leiden sind nicht unbedingt ein Nachteil für das Evangelium. Unser Schreiber ist zuversichtlich, dass, wenn sie ihre Führer im Gefängnis beobachten, sie immer noch viel von ihnen lernen.

2. **Sie sollen auf die Beständigkeit des Herrn Jesus Christus vertrauen.** *8Jesus Christus ist derselbe, gestern, heute und für immer.*

Unser Herr Jesus ist beständig und treu. Wenn wir **einmal** gesehen haben, wie er ist, dürfen wir wissen, dass er immer so sein wird. Haben wir ihn `gestern´ gesehen – in der Heiligen Schrift, wie er das Volk Gottes in vergangenen Jahren getragen hat? Er ist immer noch derselbe. Sehen wir ihn `heute´? In unserer heutigen Erfahrung ist er gut zu uns, und wir freuen uns über seine Treue und seine hohepriesterlichen Gebete. Aber er bleibt immer derselbe. Es ist keine vorübergehende Erfahrung. Wir haben nicht `Glück gehabt´, dass er heute gut zu uns ist, und müssen nun damit rechnen, dass er morgen vielleicht nicht so gut zu uns ist. Seine Güte und Barmherzigkeit werden uns folgen alle Tage unseres Lebens.

3. **Noch einmal betont unser Schreiber: sie sollen sich nicht unter Druck setzen lassen und sich weigern zum Judentum zurückzukehren.** Aus verschiedenen Aussagen in dem Brief scheint sich zu ergeben, dass die Verfolger dieser hebräischen Christen selber `Hebräer´ waren, und dass das Leben für die Christen leichter gewesen wäre, wenn sie bereit gewesen wären, größeren Schutz im Judentum zu suchen. Wenn sie Jesus nur als Engel behandelt hätten (siehe Hebräer 1) und von ihrer Bewunderung des Judentums so gesprochen hätten, als hätte Jesus seine Aufgabe im Judentum **nicht erfüllt**, dann hätten ihre Verfolger sie nicht so gehasst. Die Leute setzten diese hebräischen Christen unter Druck, das Judentum noch sichtbarer zu unterstützen. Wenn sie sich ein **jüdisches** `Nachahmungs-Christentum´ mit einer niedrigen Sicht von Jesus zu eigen machen würden, könnten ihnen einige Schwierigkeiten erspart bleiben.

Unser Schreiber sagt aber, dass sie das nicht tun können. Es wäre eine `Abwendung vom lebendigen Gott´, das nur zu versuchen. Sie können nicht zugleich `Juden im alten Stil´ und `Christen im neuen Stil´ sein. Das ist unmöglich. Jesus hat das vor-christliche Judentum in den Hintergrund gedrängt und ersetzt. Als Christ kann man nicht innerhalb des Judentums bleiben, das Christus ablehnt, ja, es nicht einmal vortäuschen. Diese hebräischen Christen müssen von der Gnade leben und nicht von jüdischen Essensvorschriften (13,9). Sie müssen an einem anderen Altar leben als dem in Jerusalem (13,10). Sie müssen `außerhalb des Lagers´ des Judentums und nicht innerhalb dieses Lagers leben (13,11-14). Sie können Jerusalem nicht als ihre geistliche Heimat betrachten. Die Opfer, die sie bringen, sind nicht materiell, sondern sie bestehen in geistlicher Anbetung (13,15).

Eine naheliegende Möglichkeit, so zu tun, als wären sie jüdischer als sie wirklich waren, lag darin, jüdische Essensvorschriften einzuhalten. Aber unser Schreiber sagt: *9Lasst euch nicht irreführen durch vielfältige und fremdartige Lehren, denn es ist gut, wenn das Herz durch Gnade gestärkt wird und nicht durch rituelle Speisen, die für die wertlos sind, die so leben.*

Christliche Gemeinden werden oft durch Lehren verführt, die mit dem Anspruch zu uns kommen, christlich zu sein, aber die orthodoxe Lehre der Vergangenheit zu verbessern. Sie sind unendlich vielfältig, weil sie nie zu einer Entscheidung kommen können, was sie als Alternative zum echten christlichen Glauben ansehen. Sie sind `fremdartig´, weil sie nicht aus der biblischen Offenbarung oder der Lehre der ersten Apostel hervorgehen, wie wir sie im Neuen Testament finden. Solche Versuchungen haben oft einen seltsam attraktiven Anstrich und wir neigen dazu, uns `mitreißen´ zu lassen.

Diese hebräischen Christen wurden eingeladen, ihre jüdische Art zu zeigen, indem sie pedantisch mit Speiseregeln umgingen. Unser Schreiber sagt: Was wir brauchen, sind nicht kleinliche Speiseregeln, sondern reichere und tiefere Erfahrungen der Gnade Gottes. Er möchte, dass wir zum Gnadenthron gehen (4,16) und Gnade finden zur Hilfe in Notzeiten (siehe 4,16). Er möchte, dass niemand es versäumt, Gottes Gnade zu erhalten (siehe 12,15). Wir erhalten Kraft, wenn wir Gottes Gnade im Herrn Jesus Christus finden – und auf keine andere Art. Alle anderen Angebote sind dem Evangelium fremd. Vom Gnadenthron kommt mehr Gnade als von tausend kleinen Regeln derer, die möchten, dass wir eher alttestamentliche Gläubige sind als Christen, die ihr Leben auf Jesus gründen.

77

Da sein, wo du hingehörst
Hebräer 13,10-13

Es ist immer dumm, innerhalb einer religiösen Gruppe zu bleiben, und zu versuchen, so zu tun, als wären wir etwas anderes, als wir wirklich sind. Die jüdischen Christen waren anscheinend in Versuchung, so zu tun, als wären sie eher jüdisch als christlich, weil sie als Juden weniger Verfolgung ausgesetzt sein würden. Aber eigentlich gehörten sie nicht zum Judentum alten Stils. Als Christ kann man nicht in einem Judentum bleiben, welches Christus ablehnt, und das auch nicht vortäuschen. Dasselbe Prinzip gilt für viele andere religiöse Gruppen. Als Christ kann man nicht in einer Gemeinde von Menschen bleiben, die Christus ablehnen. Vielleicht sagst du: `Ich bleibe dort, um ein guter Zeuge zu sein´ – aber dein Zeugnis wird misslingen (wie Lots Zeugnis nur ein Witz gewesen zu sein scheint – 1. Mose 19,14). Vielleicht sagst du: `Ich möchte sie für etwas Besseres gewinnen´ – aber ist dir das schon einmal gelungen? Eher gewinnen sie dich! Und wenn du Kinder hast, wie kommen sie dabei weg? Werden sie dadurch gesegnet, dass du sie in einer Umgebung festhältst, zu der du nicht wirklich gehörst und die du dauernd kritisierst? Die Wahrheit ist: Unser Schreiber weiß, dass es das Richtige ist, mit der jüdischen Vergangenheit zu brechen und klar und eindeutig Christ zu sein – ganz gleich, was das kosten mag. Die hebräischen Christen müssen von der Gnade leben, nicht nach jüdischen Speiseregeln (13,9). Halte dich nicht an etwas, was deiner Identität im Herrn Jesus Christus widerspricht. Lebe lieber von Gottes Gnade.

Sie müssen von einem anderen `Altar´ leben als von dem in Jerusalem. [10]*Wir haben einen Altar, von dem die Anbeter in der Stiftshütte kein Recht haben zu essen.* Im Opfersystem der

Stiftshütte im Alten Israel gab es Opfer (zum Beispiel Speiseopfer), die weitgehend den Priestern zur Nahrung dienten. Sie – und sie allein – durften die `Schaubrote´ essen, die auf dem Tisch im Heiligtum der Stiftshütte lagen. Dem gewöhnlichen Anbeter war es verboten, etwas vom Speiseopfer oder vom `Schaubrot´ zu essen. Unser Schreiber gebraucht das als Bild. **Wir Christen** haben das Vorrecht, einen Altar zu besitzen, von dem die, die noch am mosaischen Bund festhalten, nichts bekommen!

Was ist der `Altar´ der Christen? Es ist bestimmt nicht das sogenannte Messopfer! Es ist zweifellos Jesu Tod am Kreuz. Wir essen Jesu Leib in dem Sinn, dass wir davon leben, dass er uns mit Gott versöhnt hat. Wir trinken sein Blut in dem Sinn, dass wir darauf vertrauen, dass sein Blut uns ewige Erlösung, tägliche Reinigung und Schutz bringt auf unserem Weg zum ewigen Erbe.

Diese Privilegien sind völlig anders als die zur Zeit Moses. Unter dem Gesetz hatten die, die in der Stiftshütte arbeiteten, besondere Vorrechte. Die Menschen mussten sich damit abfinden, dass der Weg zum Heiligtum ihnen verwehrt war. Aber jetzt ist es umgekehrt. Denn für alle, die auf Jesus vertrauen, gibt es freien Zugang zu den Segnungen Jesu. Die das Opfersystem der Stiftshütte und das Gesetz des mosaischen Bundes lieben, schließen sich vom Neuen Bund aus und verpassen dessen Segnungen! Wenn du wie ein `alttestamentlicher Christ´ lebst, der besessen ist vom Gesetz, von Zeremonien und ritueller Religion, dann versäumst du den Segen der Kraft des Heiligen Geistes. Dann versäumst du die Freude der Gemeinschaft mit dem Herrn Jesus Christus. Wir haben einen Altar, von dem gesetzliche Christen keine Ahnung haben!

Sie müssen `außerhalb des Lagers´ und nicht `innerhalb des Lagers´ des Judentums leben. [11]*Denn die Leiber der Tiere, deren Blut durch den Hohenpriester ins Heiligtum getragen wird, werden außerhalb des Lagers verbrannt.* [12]*Deshalb hat auch Jesus, um die Menschen durch sein eigenes Blut zu heiligen, außerhalb des Tores* *gelitten.* Wieder benutzt der Schreiber die Symbolik des Alten Testaments, aber mit einer überraschenden Anwendung. Bei den Zeremonien am Versöhnungstag wurde das Blut der Opfertiere zum heiligsten Ort – zum Allerheiligsten gebracht. Aber die Leiber der Opfertiere wurden außerhalb des Lagers verbrannt, einem Ort, der verachtet war und als unrein angesehen wurde. Der Schreiber gebraucht das als Bild für Jesus. Sein Blut wurde Gott im Himmel dargeboten und macht die Versöhnung wirksam für alle, die glauben. Aber gleichzeitig wurde der Herr Jesus Christus von der Mehrheit des Volkes Israels total verachtet. Sein Blut wurde Gott im Himmel vorgelegt, aber er wurde außerhalb der Stadtmauern Jerusalems gekreuzigt – weil die Menschen den Gedanken verabscheuten, dass eine Kreuzigung innerhalb der Stadt erfolgte. Aber damit Gottes Leute `für immer geheiligt´ werden (siehe 10,10) war es ein Leiden, das Jesus willig ertrug.

[13] *Lasst uns daher* – sagt unser Schreiber – *aus dem Lager zu ihm gehen und seine Schmach tragen.* Wenn Jesus um unsertwillen das Lager verlassen hat, lasst uns bereit sein, um seinetwillen `aus dem Lager´ des Judentums alten Stils zu gehen. Wir wenden dieses Prinzip auf unsere eigene Situation an. Wir gehen `aus dem Lager´ der Welt, der toten Religion, aus allem hinaus, das nicht wirklich zu unserer Beziehung zum Herrn Jesus Christus passt.

Innerhalb des Lagers des Judentums (oder was auch immer für uns `innerhalb des Lagers´ ist) gab es Ansehen, Akzeptanz durch `das Establishment´, Aussicht auf Karriere und auf weltlichen Erfolg, evtl. auf finanziellen Wohlstand und ein leichtes Leben. Was ist `außerhalb des Lagers´ (des Judentums – oder was auch immer für uns `außerhalb des Lagers´ ist)? Vielleicht Unverständnis, Ablehnung und Spott. Oder der Verlust unseres guten Rufes, Einbußen beim Einkommen oder bei der `Altersrente´ oder der Verzicht auf weltlichen Erfolg. Vielleicht erleben wir Beschimpfungen, wenn wir `aus dem Lager´ gehen. Vielleicht verachtet uns unsere Familie oder unsere Freunde verlassen uns.

Aber es gibt zwei gute Gründe, weshalb wir, wo nötig, `aus dem Lager´ gehen sollten. (i) Es ist wahrscheinlicher, dass wir etwas für Gott erreichen. Kompromisse, Ansehen und leichtes Leben haben langfristig nie viel für Gott ausgerichtet. Vielleicht denken wir, dass wir etwas erreichen, wenn wir in einer sicheren Umgebung bleiben und Kompromisse eingehen – aber wir werden Gottes Segen nur erhalten, wenn wir Gott treu bleiben, was es auch kosten mag.

(ii) Das Größte von allem ist: Jesus ist dort. Jesus ist außerhalb und nicht innerhalb des Lagers. Wir werden Jesus nie finden, wenn wir innerhalb `des Establishments´ bleiben oder innerhalb der respektablen, aber Christus ablehnenden `High Society´. Die Juden, die Jesus kreuzigten, verpassten den größten Segen ihres Lebens. Diese hebräischen Christen, die so viel zu leiden hatten, hatten etwas, von dem ihre Kritiker und Verfolger nichts ahnten. Sie hatten Jesu Gegenwart in ihrem Leben. Unser Schreiber sagt ihnen: Verliert das nicht! Bleibt fest im Glauben, ganz gleich, mit welcher Verfolgung ihr rechnen müsst. Ertragt die Schande, wie Jesus sie ertrug. Denn wenn ihr `außerhalb des Lagers´ seid, wird Jesus zu euch kommen und euch gebrauchen. Verlasst Pharaos Palast, falls nötig, und schließt euch denen an, zu denen ihr wirklich gehört.

78

Sein, was du bist
Hebräer 13,14-17

Die hebräischen Christen müssen von Gottes Gnade leben, nicht von jüdischen Speisegesetzen (13,9). Sie müssen an einem andern `Altar´ leben als dem Altar in Jerusalem (13,10). Sie müssen `außerhalb [und nicht innerhalb] des Lagers´ des Judentums sein (13,11-14).

Die hebräischen Christen können Menschen, die Christus verachten, nicht als ihre wahre geistliche Heimat ansehen. Unser Schreiber sagt: ¹⁴*Denn wir haben hier keine dauerhafte Stadt, sondern wir suchen eine Stadt, die kommen wird.* Christliche Errettung ist letztlich weltfremd. Zwar kommen wir in **dieser** Welt zur Errettung, unser Leben ist betroffen in **dieser** Welt und wir haben Einfluss in **dieser** Welt. Doch obwohl das so ist, konzentrieren wir uns letztlich überhaupt nicht auf diese Welt! Abraham wurde das Land Kanaan versprochen, aber am Ende seines Lebens, als Sara starb, hatte er nicht einmal einen Ort in Kanaan, an dem er seine Frau begraben konnte. Aber er wusste, dass sein endgültiges Erbe nicht nur Wohlstand in dieser Welt war. Er freute sich auf die Stadt, die ein Fundament hat, deren Planer und Erbauer Gott ist (siehe 11,10). Die `hebräischen Christen´ fanden es offensichtlich schwer, von ihren jüdischen Nachbarn gesagt zu bekommen, dass niemand in Jerusalem sie billigte. Das irdische Jerusalem und seine Führung würden sie nur verfolgen, weil sie Christen geworden waren. Es ist schwer, von den eigenen Leuten abgelehnt zu werden. Es ist schwer, jüdisch zu sein und doch zu spüren, dass man nicht zu Jerusalem gehört!

Und doch hat der Christ eine Stadt, zu der er gehört! Sie ist noch nicht auf der Erde. Es ist eine Gemeinschaft von Menschen, die an einen Retter glauben, der im irdischen Jerusalem gekreuzigt wurde, der im irdischen Jerusalem auferstanden ist und der im irdischen Jerusalem den Heiligen Geist über seine Jünger ausgoss. Aber dieser Herr Jesus Christus ist jetzt im himmlischen Jerusalem. Zu dieser Stadt gehören wir – jüdische Gläubige und alle, die durch den Glauben an Jesus `Kinder Abrahams´ geworden sind. Eines Tages wird sie auf den Planeten Erde herunterkommen (siehe Offenbarung 21,2). Wir freuen uns schon jetzt auf diesen Tag.

Die Opfer, die wir bringen, sind nicht buchstäblich, sondern geistlich. Unser Schreiber sagt: *15Lasst uns dann durch ihn Gott ständig ein Lobopfer bringen – die Frucht von Lippen, die sich zu seinem Namen bekennen. 16Und vergesst nicht, Gutes zu tun und, was ihr habt, mit anderen zu teilen. Denn solche Opfer gefallen Gott.* Das Lobopfer des Christen ist nicht mehr eine Frage des Schlachtens von Tieren. Vielmehr ist es eine Frage des Lobes und der Anbetung. Das Lob wird Gott durch Jesus dargebracht; nur so ist es für Gott annehmbar. Eine zweite Art des Opfers besteht darin, Gutes zu tun und unseren Besitz und unser Geld mit anderen zu teilen. Diese Opfer sind wirklich Opfer; sie kosten den Gläubigen etwas. Die hebräischen Christen hatten manchmal schwere Kämpfe und viel Leid zu ertragen (10,32). Und sie hatten fröhlich die Enteignung ihrer Güter ertragen (10,34). Die Bereitschaft, materiellen Besitz mit anderen zu teilen, musste ihnen zur Gewohnheit werden, und (in vielerlei Hinsicht) wird Gott uns wahrscheinlich in dieselbe Lage bringen.

Soweit wir können, sollen wir unseren geistlichen Führern folgen. *17 Folgt euren Leitern und ordnet euch ihnen unter; denn sie wachen über euch als Menschen, die Rechenschaft ablegen müssen. Gehorcht ihnen, damit sie ihre Arbeit fröhlich und ohne Kummer tun können; denn das würde euch nichts nützen.* Die neutestamentlichen Anweisungen über Gemeindeleiter zeigen zwei Seiten. Einerseits wird ihnen gesagt, dass sie über die ihnen Anvertrauten nicht herrschen sollen (1. Petrus 5,3). Andererseits werden die Christen aufgefordert, loyal zu ihnen zu sein. Natürlich gibt es Grenzen für unsere Unterordnung. Niemand hat das Recht, uns zur Sünde zu verleiten. Wir müssen gelegentlich `Gott mehr gehorchen als Menschen´ (Apostelgeschichte 5,29). Aber von Ausnahmesituationen abgesehen wird von uns verlangt, dass wir denen folgen, die uns in den Dingen Gottes leiten. Sie haben gewaltige Verantwortung. Sie sollen nicht nur predigen, sondern sich auch um die Menschen kümmern, zu denen sie predigen! Sie haben darauf zu achten, was ihr Predigen und ihre Leitung im Leben der Menschen bewirkt. Kirchen sind keine Universitäten, wo wir einfach Wissen weitergeben. Sie sind Gottes Kreationen zur geistlichen Reifung seiner Leute, bis wir alle `erwachsene Menschen´ werden, `bei denen sich die ganze Fülle zeigt, zu der wir durch Christus gelangen´ (Epheser 4,13b). Das Volk Gottes muss zur Einheit zusammenfließen und dazu gehört Loyalität gegenüber unseren Leitern. Das heißt nicht, dass wir sie als unfehlbar oder als Superheilige betrachten. Sie sind in vieler Hinsicht normale Leute, aber wenn Gottes Ruf über ihrem Leben steht, sollten wir zu ihnen stehen und ihnen die Freude eines fruchtbaren Dienstes geben.

Nebenbei erwähnt unser Schreiber das größte Vorrecht christlichen Dienstes. Es ist die Freude an der geistlichen Reife, die wir bei Christen finden. Der wahre christliche Leiter lebt nicht fürs Geld oder seinen Bekanntheitsgrad. Er lebt für den geistlichen Fortschritt seiner Leute. `Denn was ist unsere Hoffnung oder Freude oder Krone vor unserem Herrn Jesus bei seinem Kommen? Seid ihr es nicht?´, sagt der Pastor zu seinen Leuten (siehe 1. Thessalonicher 2,19). Die Christen sind mit ihren Leitern eng verbunden. Sie sind ihre Ehre und ihre Freude (1. Thessalonicher 2,20). Deshalb – sagt unser Schreiber – schadet nicht der Freude eurer Leiter. Ihre Aufgabe ist es, die Christen in der Freude an ihrer Errettung zu erhalten. Die Leiter werden selbst froh, wenn sie sehen, wie das geschieht.

79

Die Gebete der Leiter und der Gemeinde
Hebräer 13,18-21

Unter anderem ist es unserem Schreiber wichtig, dass die Leiter und die übrigen Christen füreinander beten.

1. **Die Leiter in Gottes Arbeit brauchen die Gebete der Christen.** Er sagt: [18]*Betet für uns. Denn wir sind sicher, dass wir ein reines Gewissen haben und in allem ehrbar handeln wollen.* Hier ist eine große Herausforderung für alle christlichen Prediger und Leiter. (i) Der Schreiber weiß, dass er Gebet braucht und dass er eine solche Beziehung zur Gemeinde hat, dass er sie um ihre Gebete bitten kann. Es ist nicht einfach eine Formsache. Er weiß, dass er von ihnen abhängig ist. Jeder wahre Pastor empfindet ebenso. (ii) Er kann mit seiner Bitte um Gebet kühn sein, weil er weiß, dass er ein aufrichtiger und ehrlicher Mann ist. Es gibt keine Täuschung in seinem Leben, keine Manipulation des Geldes wegen, keine Ausbeutung seiner Leute zum eigenen Vorteil. (iii) Es macht ihm Freude, persönlich in ihrer Nähe zu sein. Er sagt: [19]*Ich bitte euch umso dringlicher, das zu tun, damit ich noch eher zu euch zurückkehren kann.* Er ist offensichtlich fleißig in Gottes Arbeit, wo er auch ist. Er ist nicht im Gefängnis (wie Vers 23 klarmacht), aber etwas verzögert seinen Besuch bei ihnen. Doch ist ihm sein persönlicher Kontakt zu ihnen noch mehr wert als das Schreiben dieses Briefes. Jedoch sind wir dankbar, dass er ihn schreiben musste!

2. **In Gottes Reich braucht die Gemeinde die Gebete ihrer Leiter**. Er möchte nicht nur, dass sie für ihn beten. Er sagt ihnen, wie er für sie betet. [20]*Und möge der Gott des Friedens, der mit dem Blut des ewigen Bundes den großen Hirten der Schafe, unseren Herrn Jesus Christus, von den Toten heraufgebracht hat, [21]euch zu allem*

Guten befähigen, damit ihr seinen Willen tut – indem er in euch wirkt,
was ihm wohlgefällig ist, durch Jesus Christus. Ihm sei die Ehre für
immer. Amen!

Er beschreibt Gott. Er ist der Gott des Friedens – der möchte, dass wir mit ihm versöhnt sind und Herzensfrieden finden mitten in denselben Nöten, denen die frühen hebräischen Christen ausgesetzt waren.

Er erinnert uns an das, was Gott im Herrn Jesus Christus getan hat. Er setzt als bekannt voraus, dass Jesus für uns gestorben ist. Der Vater hat den, der unsere Sünden getragen hat, von den Toten auferweckt, um für jeden Gläubigen ein lebendiger Erretter zu sein. Gottes Segnungen aus der Errettung erfahren wir nur durch Christus, nur durch das, was in seinem Tod und seiner Auferstehung geschehen ist.

Er erinnert uns an das Wesen und an das Werk des Herrn Jesus Christus. Unser Erlöser ist `der große Hirte der Schafe´. Wir, seine Leute, haben schafsähnliche Merkmale: Dummheit, eine Neigung wegzulaufen, Schwachheit. Er hat die Merkmale eines Hirten: Anteilnahme, wachsame Betreuung, die Bereitschaft, sich um den einzelnen Verirrten zu kümmern, und die Fähigkeit, den Verirrten aus Schwierigkeiten zu retten.

Er erinnert uns daran, wie Jesus sein Blut im himmlischen Heiligtum dargebracht hat. Die Übersetzer streiten sich darum, ob es hier heißen muss `durch das Blut...´ oder `mit dem Blut...´. Letzteres ist wahrscheinlicher, weil es ein Hauptthema des Hebräerbriefs gewesen ist. Jesus ist von den Toten auferstanden, aber er stieg noch weiter hinauf und brachte sein Blut ins himmlische Heiligtum. Wir haben gesehen, was das Blut Christi zustande gebracht hat. Es bringt ewige Erlösung, tägliche Reinigung des Gewissens und befähigt uns, Gottes Zusagen zu erhalten.

Die Bundesbeziehung zu Gott ist ewig. Sie kann nicht aufgelöst werden. Ihr größter Segen ist der Augenblick, in dem Gott einen Eid schwört und sagt: `Ich werde dich wirklich segnen´. Aber schon vor dem Eid ist die Beziehung unerschütterlich. Nichts bringt ihn dazu, sein Versprechen aufzulösen, für immer unser Gott zu sein. Er sagt zu uns, was er zu David sagte: `Ich will meinen Bund nicht brechen oder das Wort ändern, das von meinen Lippen kam´ (Psalm 89,34). Das Blut des Herrn Jesus Christus im himmlischen Heiligtum schützt uns für immer.

Vers 21 berichtet uns vom Inhalt des Gebets. Er betet, dass Gott diese hebräischen Christen wiederherstellt. Das Wort hier bedeutet sowohl `wiederherstellen´ als auch `versorgen´. Sie brauchen eine gewisse Wiederherstellung, da sie sehr entmutigt sind. Aber Gott ist bereit, sie wieder aufzubauen und zu versorgen. Er denkt vor allem an geistlichen Segen. Sie müssen Gottes Barmherzigkeit, Gottes Gnade und Gottes Befähigung kennen. Sie brauchen ein so starkes Empfinden der Gegenwart Gottes, dass sie in der Lage sind, die verschiedenen Berufungen, die Gott ihnen auferlegt hat, zu erfüllen.

Gott überlässt uns nicht unseren eigenen Fähigkeiten, ihm zu dienen. Er arbeitet das in unser Leben ein, was wir brauchen, und was ihm gefällt. Deshalb ist es so lebenswichtig, dass wir immer zum Gnadenthron kommen, um Barmherzigkeit und Hilfe zu finden. Das ist der uns bestimmte Weg zu leben. Der Pastor betet für seine Leute – nach dem Gebetsvorbild, das wir hier haben – und sein Gebet ist auch ein Vorbild dafür, was wir für uns selbst erbitten sollen. Gott ist bereit, uns zu geben, was wir brauchen, um die Berufung zu erfüllen, die er uns zugedacht hat. `Befiehl, was du willst und gib, was du befiehlst´, so betete Augustinus von Hippo. So leben wir – wir kennen den Willen Gottes und gehen dann zum Gnadenthron, um die Barmherzigkeit und die Gnade zu bekommen, die wir nötig haben. Alles bekommen wir durch den Herrn Jesus Christus und er empfängt das Lob und die Ehre dafür – für ewig.

80

Miteinander in Verbindung bleiben
Hebräer 13,22-25

Der Verfasser dieses Briefes schließt mit einem Gebet (13,20-21), einer Bitte (13,22), einer Mitteilung (13,23), weiteren Grüßen (13,24) und einem Segenswort zum Schluss (13,25). Das alles scheinen ziemlich unwichtige Dinge zu sein, aber eigentlich sind sie wichtiger als wir meinen. Denn sie sind Beispiele dafür, welche Mühe sich die frühen Christen gaben, im Kontakt miteinander zu bleiben. Sie taten das mit Grüßen am Briefanfang und mit Nachrichten und Grüßen am Briefende. Es ist höchstwichtig, dass Christen in Verbindung miteinander bleiben und diese Nachrichten und Grüße waren ihre Art, das zu erreichen. Sie hatten keine modernen elektronischen Kommunikationswege, aber sie fanden Mittel und Wege, einander mitzuteilen, was in ihrem Leben geschah.

Betrachten wir seine Bitte. *22Nun bitte ich euch dringend, Brüder und Schwestern, dies Wort der Ermutigung geduldig aufzunehmen; denn ich habe euch kurz geschrieben.* Es ist eine interessante Beschreibung des Wortes Gottes und der Art, wie wir es aufnehmen sollen. (i) Es ist kurz. Das Wort Gottes scheint vielleicht lang zu sein, das ist es aber nicht. Es ist tatsächlich hoch komprimiert. Es ist nicht so sehr dazu gedacht, es zusammenzufassen als es **auszulegen**. Unser Schreiber hätte viele Monate lang über diese Dinge reden können. Stattdessen schickt er ihnen eine kurze Zusammenfassung dessen, was er viel ausführlicher hätte sagen können. Deshalb sollte uns nicht daran liegen, die Bibel zusammenzufassen. Sie ist schon zusammengefasst!

(ii) Es ist ein Wort der Ermutigung. Das heißt, es ist nicht einfach ein Vortrag, der sich an unseren Verstand wendet, und wir sollten es nicht rein intellektuell sehen. Ich bezweifle, dass über die Bibel jemals Vorträge gehalten werden sollen. Sie sollte nur gepredigt werden. Sie wendet sich an unsere ganze Persönlichkeit. Sie verlangt, dass man ihr gehorcht.

(iii) Er fordert sie daher auf, sich die Zeit zu nehmen, seinem kurzen Brief die Aufmerksamkeit zu schenken, die sie verdient. Wir neigen dazu, mit allem Schriftlichen ungeduldig zu sein, aber er bittet uns, Zeile für Zeile darüber nachzudenken und, was er sagt, geduldig und aufmerksam aufzunehmen.

Betrachten wir seine Mitteilung. Er sagt: *23Ihr solltet wissen, dass unser Bruder Timotheus frei gelassen wurde. Wenn er rechtzeitig kommt, wird er bei mir sein, wenn ich euch besuche.* Dieser Vers beweist, dass unser Brief von einer Person aus dem Freundeskreis des Paulus geschrieben wurde. Ja, dieser Vers klingt wie Paulus! Aber wenn Paulus für diesen Brief verantwortlich ist, dann hat er einen seiner Freunde gewonnen, ihn für ihn zu schreiben. Das Griechisch dieses Briefes ähnelt sicher nicht dem Griechisch der übrigen dreizehn Briefe, von denen man weiß, dass sie vom Apostel Paulus stammen. Wahrscheinlich starb Paulus um 66 n. Chr. Und dieser Brief wurde irgendwann zwischen 66 und 70 n. Chr. geschrieben, als der Tempel in Jerusalem von den Römern zerstört wurde. Das zeigt uns, (i) dass der Freundeskreis des Paulus auch nach dessen Tod den Gemeinden weiterhin gedient hat, (ii) dass Timotheus anscheinend Paulus' Rat befolgte, sich des Zeugnisses über unseren Herrn Jesus nicht zu schämen und notfalls Gefangenschaft auf sich zu nehmen. Paulus sagte ihm, er solle `durch Gottes Kraft mitleiden für das Evangelium´ (2. Timotheus 1,8) und genau das tat Timotheus. Wer der tatsächliche Schreiber des Briefes auch gewesen sein mag (Lukas? Barnabas? Apollos?), er übernahm Verantwortung für diese `hebräischen Christen´ und wollte sie mit Timotheus bald besuchen.

Betrachten wir seine Grüße. Er sagt: *24Grüßt alle eure Leiter und alle Heiligen. Die aus Italien kommen, senden euch Grüße.* Wie in anderen Briefen des Neuen Testamentes wurden `Leiter´ in den

Hauptteilen des Briefes kaum erwähnt. Dass sie existieren, entdecken wir erst, wenn wir zum Ende des Briefes kommen. Das hat insofern Bedeutung, als die neutestamentlichen Briefe nicht an Gemeindeleiter geschickt wurden (nicht einmal 1. Timotheus, 2. Timotheus, Titus, Philemon). Sie wurden an alle Christen in dem Gebiet geschrieben, wohin die Briefe geschickt wurden. Der Schreiber sagt den Leuten, sie sollen ihre Leiter grüßen. Mit anderen Worten, der Brief ist an die Gemeinde gerichtet. Das ist wichtig. Das Neue Testament ist für normale Christen! Es wurde nicht für den Klerus oder für Prediger geschrieben. Es ist die Aufgabe des Predigers, jedem dabei zu helfen, das zu verstehen, was Gott ihm in der Schrift sagt, aber das bedeutet nicht, dass die Bibel nur oder vor allem für Prediger geschrieben ist. Die gesamte Gemeinde untersteht direkt dem Wort Gottes. Deshalb sollte das Neue Testament in die Sprache des Volkes übersetzt werden. Prediger sind nicht unfehlbar. Wenn sie zu viel Macht bekommen und anfangen zu behaupten, dass nur sie die Autorität haben zu erklären, was die Bibel sagt, dann geht es ihnen bald nur noch um Geld und weltliche Macht. Das ist in der Kirchengeschichte schon oft vorgekommen. Das ist der wichtigste Grund, weshalb jeder normale Christ dafür verantwortlich sein muss, das Wort Gottes für sich selbst zu lesen.

Andererseits sind Leiter wichtig und unser Schreiber bleibt in Verbindung mit ihnen, durch diesen Brief, der nicht nur an die Leiter, sondern an die ganze Gemeinde gerichtet ist. Auch die bei ihm sind, senden ihre Grüße (sind es Italiener, die unterwegs sind, oder schreibt er ihnen von Rom aus?).

Betrachten wir sein Segenswort. Es ist fast unumgänglich, dass er zum Schluss die Gnade erwähnt. [25]*Die Gnade sei mit euch allen*, sagt er. Natürlich! Man kann nicht anders leben.

Weiterführende Literatur

(für Leser, die englisch verstehen)

Ich habe den Eindruck, dass die christliche Gemeinde im Hinblick auf den Hebräerbrief immer noch in den Kinderschuhen steckt. Es gibt nur wenige Kommentare, die ich geistlich für befriedigend halte. Bei technischen Fragen sind folgende Kommentare hilfreich: *Hebrews* von A.W. Attridge (Hermeneia; Fortress 1989), *Hebrews 1-8* und *Hebrews 9-13* von William Lane im *Word Biblical Commentary* (1991), *Epistle to the Hebrews* von Paul Ellingworth im *New International Greek Testament Commentary* (Paternoster/ Eerdmans, 1993) und *Hebrews* von Craig Koester in der *Anchor Bible*. Prediger erhalten direkt von ihnen nur geringe Hilfe, und der Gedankenfluss im Brief sollte zum Verständnis entscheidender sein als sprachliche Spitzfindigkeiten. Die technischen Kommentare erklären einige Alternativen, aber der Verkündiger wird mehr im Hebräerbrief entdecken, wenn er dem Gedankenfluss sorgfältig folgt und zu verstehen sucht, welche Botschaft für seine Gemeinde darin enthalten ist. Die Bücher des Neuen Testamentes sind dazu gedacht, gewöhnlichen Christen zu helfen. Deshalb ist die Frage, wie man sie predigen kann, ein Maßstab für die Richtigkeit der Auslegung. Wenn eine Auslegung niemand hilft oder wenn man sie nicht predigen kann, so ist sie wahrscheinlich falsch.

Der zweibändige französische römisch-katholische Kommentar von Charles Spicq (1952-53) ist immer noch wertvoll; seine katholische Orientierung muss man berücksichtigen, wenn man ihn gebraucht. Meiner Meinung nach enthält das Werk *Exposition of Hebrews* von A. W. Pink (2 Bde, Baker 1963) viel Erstaunliches vermengt mit viel Gesetzlichkeit und Konservatismus. Wer sich weigert zu glauben, dass die Erde um die Sonne kreist, muss schon ein bisschen konservativ sein (siehe Seite 72)! P. E. Hughes *Hebrews* (Eerdmans 1977) ist eine klassische Autorität. Das gleiche gilt für F. F. Bruces Werk (1964). B. F. Westcotts klassischer Kommentar *Hebrews* (3. Aufl., 1903; verschiedene Nachdrucke) ist veraltet, hat aber den Vorteil, dass er bei der Sache bleibt und lieber biblische Parallelen zitiert als die von modernen Kommentaren so beliebten außerbiblischen Parallelen. Moderne Kommentare tun zweifellos gut daran, biblische Bücher in ihrem historischen Umfeld zu betrachten, aber Westcotts Erklärungen enthalten immer noch viel Wertvolles.

Im London des 17. Jahrhunderts waren William Gouges Predigten über den Hebräerbrief eine Art Touristenattraktion. Große Massen kamen, um ihn zu hören. Besucher von London legten Wert darauf, nach Blackfriars zu gehen, wo er dreißig Jahre lang mittwochabends über den Hebräerbrief predigte. Kregel Publications (Grand Rapids) haben einen modernen Nachdruck (*Commentary on Hebrews*) mit 1000 oder mehr Din-A4 Seiten ausführlicher Auslegung. Aber der Kommentar sind nicht die Predigten! Es ist nur die komprimierte Version, die er schrieb, während er predigte! Ich bin nicht immer einer Meinung mit Gouges Auslegungen, aber er ist ungeheuer wertvoll für den Ausleger, wenn er dem, was Gouge sagt, zustimmt, denn er erklärt es so ausführlich, wie es einige von uns befriedigt!

Meine erste Wahl für Prediger ist Zane Hodges `Hebrews´ in *The Bible Knowledge Commentary*, das vom Lehrkörper des Dallas Seminars verfasst und herausgegeben ist. Hodges' Ansatz auf wenigen Seiten ist eine viel befriedigendere Auslegung als einige viel schwerere Bände.

Mir persönlich gefällt die Arbeit des Stiftshütten-Experten David Gooding – *An Unshakeable Kingdom. The Letter to the Hebrews* (IVP, 1989). M. R. De Haan *Hebrews* (Zondervan, 1959) ist skizzenhaft, aber hat viel Hervorragendes zu sagen und ich schätze seine Auslegungen zu Hebräer 6 und 10. R. T. Kendalls *Believing God* (die Ausgabe von Zondervan ist die beste) ist gut für Hebräer Kapitel 11. Erwähnenswert sind die neueren Arbeiten von David A. Silva, *Perseverance in Gratitude: A Commentary on Hebrews* (Eerdmans 2000). William R. Newell wurde einmal von Moody gesagt, er solle seine ganze Zeit dem Lehren der Bibel widmen. Das war ein guter Rat, wie Newells *Hebrews* (Moody 1947) zeigt. G.H. Langs *Hebrews (1954)* hat viele gute Ideen neben einigen exzentrischen Gedanken, aber es ist heutzutage schwer aufzutreiben. Mir gefällt seine Unterscheidung zwischen Rechtfertigung und Erbe.

Weniger wichtig sind die Arbeiten von Jean Hering (ET 1970), Gromacki (1984), W. Guthrie (1983), Kistemaker (1984), L. Morris (1983), und vielen anderen.

Der Autor - Dr. Michael Eaton

Dr. Michael Eaton ist ein international anerkannter und respektierter Theologe, Autor, Prediger und Lehrer.

In London / England geboren und aufgewachsen, studierte er unter J.I. Packer, J.A. Motyer und Professor Adrio König, einem der führenden Theologen Südafrikas.

Als Mitglied der „Westminster Chapel", London, profitierte er von seinen Pastoren Dr. Martyn Lloyd-Jones und Dr. R.T. Kendall.

Dr. Eaton hat Abschlüsse der Universitäten in London, Sambia und Süd-Afrika und studierte „Altes Testament" am „Tyndale House", Cambridge, wo auch sein Kommentar zum Buch „Prediger" als „Tyndale-Commentary" veröffentlicht wurde.

Dr. Eaton promovierte unter dem Thema:
„Der Christ und das mosaische Gesetz" - heute in seinem Buch „No Condemnation – A Theology of Assurance of Salvation" veröffentlicht.

Seine Mitgliedschaft und Verbindung zur „Westminster Chapel" in London reicht Jahrzehnte zurück und in weiteren Büchern befasst er sich u.a. mit den Puritanern und der Theologie von Dr. Martyn Lloyd-Jones.

Dr.Michael Eaton unterrichtete am „Baptist Theological College" in Süd-Afrika, der „Nairobi Evangelical School of Theology" und der „Nairobi International School of Theology". Er war Pastor der „Lusaka Baptist Church" in Sambia und der „Nairobi Baptist Church" in Kenia. In seinen Jahren als Pastor in Johannesburg / Südafrika gehörte er zu den Pionieren der gemischtfarbigen Kirchen und Gemeinden.

Seit 1986 gehört er zu den Leitern der „Chrisco Fellowship of Churches" in verschiedenen Ländern Afrikas, Europas und Indiens.

Heute ist Dr. Michael Eaton als Prediger weltweit unterwegs.

Dr. Michael Eaton und seine Frau Jenny Eaton leben in Nairobi/ Kenia, wo er 1992 von Präsident Daniel Arap Moi die kenianische Staatsbürgerschaft erhielt.

Sie haben vier erwachsene Kinder.

„Durch die Bibel predigen"

… ist eine Reihe biblischer Auslegungen, zugeschnitten auf eine weltweite Leserschaft. Der Aufbau, durch eine klare Gliederung, kommt denen entgegen, die ihr Material gern in klaren Punkten formuliert lesen möchten, oder – wenn sie Prediger sind - es in dieser Form weitergeben möchten. Die Einfachheit des Stils bedeutet aber keinesfalls Einfachheit des Inhalts! Obwohl diese Auslegungen, oberflächlich betrachtet einfach gehalten sind, basieren sie doch auf einem hohen wissenschaftlichen Fundament und versuchen die theologische und praktische Botschaft jedes biblischen Buches klar und sachlich zu formulieren. Einfachheit des Stils bedeutet nicht Einfachheit des Inhalts, denn Gottes Wort muss gründlich ausgelegt werden, aber die Sprache muss einfach und verständlich bleiben.

Der Autor Michael Eaton versteht es, diesen Weg zu gehen.

Innerhalb der Serie „Durch die Bibel predigen" hat der Autor bisher bereits alle 66 Bücher der Bibel kommentiert und in englischer Sprache sind diese auch veröffentlicht oder in der Vorbereitung dazu.

Darüber hinaus hat Dr. Michael Eaton verschiedene weitere Bücher veröffentlicht. Eine komplette, ständig aktualisierte Liste finden Sie auf seiner Webseite. Hier finden Sie auch weitere Information, sowie viele seiner Predigten kostenlos zum herunterladen.

Als Telliton-Verlag freuen wir uns, die Auslegung zum „Brief an die Hebräer" als erstes Buch von Dr. Michael Eaton in Deutsch herauszugeben. Wenn sie diesem Buch nicht bereits beiliegt, senden wir Ihnen gern **kostenlos** die englischsprachige Vortrags-CD eines Live-Mitschnittes von Dr. Michael Eaton zum Thema: „Introducing Hebrews"(Einführung in den Hebräerbrief) zu.

Webseiten und Adressen:
www.michael-eaton.de / e-mail: info@michael-eaton.de
www.telliton.de / e-mail: info@telliton.de

Notizen

Notizen

Notizen

Notizen

Notizen

Notizen